精致教育
——新乡市第三十中学教育实践与探索

屈新红 著

河南大学出版社
HENAN UNIVERSITY PRESS
·郑州·

图书在版编目（CIP）数据

精致教育：新乡市第三十中学教育实践与探索 / 屈新红著. -- 郑州：河南大学出版社，2024.9. -- ISBN 978-7-5649-6080-3

Ⅰ.G632.0

中国国家版本馆 CIP 数据核字第 2024CP6512 号

精致教育——新乡市第三十中学教育实践与探索
JINGZHI JIAOYU——XINXIANG SHI DI-SANSHI ZHONGXUE JIAOYU SHIJIAN YU TANSUO

学术顾问	王新年
责任编辑	陈　炜
责任校对	王丽芳
封面设计	高枫叶

出版发行　河南大学出版社
　　　　　地址：郑州市郑东新区商务外环中华大厦 2401 号
　　　　　邮编：450046
　　　　　电话：0371-86059752（大众文化出版中心）
　　　　　　　　0371-86059701（营销部）
　　　　　网址：hupress.henu.edu.cn

排　版	河南大学出版社设计排版中心
印　刷	郑州市今日文教印制有限公司
版　次	2024 年 9 月第 1 版
印　次	2024 年 9 月第 1 次印刷
开　本	710 mm×1010 mm　1/16
印　张	20
字　数	340 千字
定　价	60.00 元

（本书如有印装质量问题，请与河南大学出版社营销部联系调换。）

追寻精致教育　促进品质发展（代序）

2018年1月26日，我调任新乡市第三十中学书记、校长。作为学校的掌舵人，来到一所新学校，首先要思考的就是如何在继承和发扬学校传统优势的基础上，突破瓶颈，内涵发展。那么，尽快确定发展目标，明确办学定位显得尤为重要。在对学校发展沿革的上下求索中，在对全校师生进行细致入微的了解后，在不断征求老师意见和建议的过程里，学校发展规划逐步清晰，办学定位逐渐明确，那就是：追寻精致教育，促进品质发展。

一、"精致教育"的提出与确定

我校是一所全日制公办初中，建校于1991年，占地面积25亩，现有30个教学班，1580名学生。建校时间不长，校园面积不大，学生人数适中，精致教育更适合我们这样规模的学校。另外，初中阶段的学生处于叛逆期，但可塑性很强。因此，初中教育必须做实、做细、做精致，既要统筹规划，又要因材施教，这样的教育才是对学生终身负责的教育。同时，《国家中长期教育改革和发展规划纲要（2010—2020年）》也明确指出，要"把提高质量作为教育改革发展的核心任务"。精致教育无疑是确保教育质量的最佳选择。

二、"精致教育"的内涵与追求

所谓精致教育，是指对教育全过程的精细和精心，可以理解为一种精巧细致的、追求完美的、关注个性发展的、尚善求真的教育。优质的初中教育应该是精致的，这种精致不仅是一种严谨认真的态度，一种精益求精的文化，更是一种对教育规律、教育本质的尊重，对教育全过程的精心设计和对教育发展的精准把握。

精致教育追求以人为本。作为教育工作者，我们必须正视学生的个体差异，如天资差异、性格差异、认知差异等。我们不能无视差异，追求同一标准的优秀或卓越，这是对孩子、对教育的不负责任！精致教育则要求正视学生个体差异，尊重学生的天资、个性、兴趣和认知，挖掘学生的潜能，为不同学生的成长提供适宜的土壤和气候，让每个学生在精致教育理念下，获得最大限度的发展。

精致教育重视教育细节。我们想通过精美的校园文化、精细的管理过程、精实的课堂教学、精彩的德育活动、精当的校本课程及精良的教师队伍，用心打造精致教育。同时对每一个孩子倾注情感，"用一个灵魂去触动另一个灵魂"，通过一个表情、一句话、一个动作或一个场景，给予孩子关怀、帮助、熏陶和影响。其实，正是一个个教育的细节才能雕琢出一块块璞玉，继而成为一块块瑰宝！

精致教育的落实重在教师。首先，教师要树立一种服务意识，要为学生的发展当一个细心的服务员。其次，教师在综合素质上要不断提高，你无法想象一个不紧跟时代步伐、墨守成规的老师能赢得好奇喜新、思维活跃的当代中学生的好感。所以，精致教育是对每一名教师务必终身学习、全面学习的激励和鞭策。

三、"精致教育"的实践与探索

（一）建设精巧校园

校园环境与校园文化是一所学校的名片，对学生有着巨大的潜移默化的影响与教育意义。结合我校校园面积不大，但基本布局还算合理的现状，我们提出了打造精巧校园的思路。围绕人文化、园林化、数字化的建设目标，整体规划校园文化，全面改善和提升校园环境，打造精美校园，让校园环境舒心怡人。我们围绕"精致教育"命名楼宇及景观园，如办公楼为"精志楼"，教学楼为"精识楼"，综合楼为"精艺楼"；四个景观园分别命名为"精华园""精承园""精耕园"和"精勤园"。另外，我们努力让校园的每一面墙都会"说话"，充分发挥一草一木的育人功能，培养学生的人文气质。升级优化智慧校园网络系统，全面实现智能教学、智能教研、智能管理的深度融合，使我校教学、德育、行政、安全、后勤管理等各项工作进入"互联网+"时代。

（二）推行精细管理

精致教育的办学思想要想进一步强化并转化为全体教职工的自觉行为，学校就要在科学管理、制度管理和文化引领的前提下，充分体现出三性，即全员性、全面性、全程性，注重学校发展的全过程的每一个环节，不断更新管理理念，不断改进管理办法，不断丰富管理模式，努力营造科研强校、文化优校、特色兴校的工作氛围，形成和谐、竞争、自信的人文环境。目前，我们全校上下已达成以下共识：

1. 办学目标

以全面提高教育教学质量为核心，坚持做好思想政治工作，重视科研引领，深化课堂改革，努力提升师生成就感及社会认可度，力争全国文明校园争创成功。

2. 培养目标

品德高尚：阳光向善、明理感恩的优良品质。

学业优良：自主合作、质疑探究的学习能力。

乐观自信：全面发展、知能并举的自信学子。

3. 行政管理

关怀与约束，促进校园和谐。

互助与配合，优化团队协作。

争先与创优，强化竞争意识。

自律与担当，细化教师职责。

4. 教学管理

减负增质，稳步提升。在教学常规管理、作业管理、课后服务管理中探索出一套行之有效的科学管理方法；在优化课堂结构，加强教学研究，引领教师成长中逐步形成我校教学特色和文化积淀；在各年级综合测评和中招考试中争取做到教学成绩稳步提升。

5. 德育建设

精准德育，管理为要。坚持"严、勤、细、实"抓德育。以"五育"并举为抓手推进学生多元发展，以校园文化底蕴为载体润染精品育人。

6. 教育科研

进一步增强教师的科研意识，提高教师教研参与度，重视课题研究的过程性管理，确保课题研究的质量；有序进行课题成果的推广，体现课题研究的价值。

通过这些管理目标的制定，有效落实精致教育。

（三）实施精品育人

1. 精实课堂，提升教育教学品质

在课堂管理方面坚持以学生为主体、教师位为主导，培养学生良好的学习习惯、较强的学习能力；坚持信息技术与学科教学深度融合，实现课堂教学信息化、高效化；坚持进行网络教研、协同备课，促进教师互助共赢、快速成长。深入探索班级小组建设，提高课堂内外小组学习实效；深入探索体现教师主导的"设置问题链导学"的课堂教学设计。围绕学生"核心素养"，培养学生综合能力：自主学习，合作探究；大胆质疑，勇于创新；素质全面，综合发展。将素质教育落到实处，学校教学成绩稳步提升。

我校借助互联网将信息技术和学科教学深度融合，利用信息技术点亮智慧课堂，提高教学效果。电子书包、3D课件、仿真实验、在线课堂、作业盒子等教学形式使课堂学习绚烂多彩，能够不断激发学生学习兴趣，持续吸引学生学习注意力，随时利用大数据测评学生学习效果。在学习任务清单、云平台、微课的引领下，学生都能够按照要求完成学习任务，并且课堂学习思维活跃，参与度高、表现欲强，学习状态积极主动，学习成绩显著提高，综合素质得到加强。学情诊断报告可以随时将学生的学习情况通过手机发给家长，使家长能够及时了解孩子在校的学习情况，明白孩子努力的方向，有效指导家长对症下药，真正实现家校合作。

我校智慧课堂被教育部命名为"智慧教学试点项目"；我校荣获首批河南省中小学数字校园标杆校。

2. 精彩德育，引领学生健康成长

一是实施"三文"德育教育项目，培养具有文明、文化、文艺气质的学子。通过"我身边的文明之星"主题演讲，校报开辟"文明礼仪"栏目，进行"我为文明代言"志愿者服务，文明班级、文明学生、文明教师评选活动等措施，建设文明校园；通过聘请校外文化学者，为师生进行中华优秀传统文化讲座，推进中华优秀诗词诵读活动，开展书法名家进校园活动，推进戏曲进校园活动等形式，建设文化校园；利用我校专职艺术教师资源，发挥得天独厚的师资优势，培养艺术人才。我校舞蹈、美术、书法等艺术社团定期开展活动，学生作品硕果累累。此外，我校还组建了合唱、礼仪、摄影、编织等艺术社团，培养学生艺术气质，建设文艺校园。

二是加大心理健康教育，培养阳光自信学子。我校学生的组成比较复杂：一部分学生来自市民家庭，另一部分学生来自进城务工人员家庭。城市儿童、流动儿童两个群体共同生活、学习在一个校园，如何促成他们的亲密交流，促进他们心灵的健康成长，是我校教育教学工作面临的重要问题，也是我校心理健康教育工作面临的极大挑战。我校成立了心理学科组，兴建了乐心吧（箱庭室）、益心坊（个体咨询室、团体辅导室）、宁心苑（教师心理休息室）、怡心斋（心理图书室）以及心理发泄室等心理健康教育功能室，心理软件、测试量表等配套设施齐全。学校开设心理健康教育课，成立学生心理协会，开设一对一学生心理咨询，开展心理团辅。同时，也开展教师心理健康教育和家长心理健康教育，并要求教师和家长作为志愿者，走进社区开展社区心理健康教育，提高居民心理健康意识。

我校被评为首批"河南省中小学心理健康教育示范校"；我校心理学科组组织编写的河南省留守儿童教育读本《乐小天和他的伙伴们·九年级》通过省教育厅的教材审查，面向全省学校发行。

三是继续推进书香班级与书香校园的建设，培养书香少年。扩建纸质图书阅览室，丰富图书馆藏书；更新楼层开放式书架、班级书架；充分利用电子阅览室、校园电子书报阅览终端，创设优良的阅读条件，满足多样的阅读需求。我们巧妙利用精艺楼大厅建起了漂亮温馨的开放式"悦读吧"，四层教学楼每层新建了"图书角"，学生在课余时间随时随地可以在舒适的环境中读书。另外，还利用学校微信公众号、学生校报、微信读书App开展各种读书活动，宣传、推荐优秀读物，让学生、家长共同参与到读书活动中。

四是创新学生管理评价体系，做到科学全面评价学生。建立健全各项学生管理规章制度和学生综合素质评价体系，做到量化、细化、精化，做到推陈出新、与时俱进。运用移动互联网技术，引进学生综合素质评价网络平台，在班级进行推广使用，做到动态评价、过程评价、全面评价。

五是家长学校成效显著，荣获"河南省教育系统卓越家长学校"称号。我校现有国家级家庭教育指导师17人，学习指导师6人，有51位骨干教师担任家庭教育教学工作。

3. 精当课程，促进学生个性发展

为使学生更加热爱学校生活，发展个性特长，我校开发了丰富多彩的校本课程。"物理科学院""生物探究社"等学科类课程，舞蹈、合唱、模特礼仪、素描、书法等艺术类课程，足球、篮球、乒乓球、素质训练等体育类课程，无人机、编程摄影等科技类课程，满足了学生的兴趣爱好及个性发展。每周五下午，学生可以在足球场、篮球场上驰骋，可以在练功房起舞，可以在实验室动手探究，还可以在创客空间发挥神奇的想象，控制机器人完成各种复杂动作。此时的校园像一个小小加油站，让学生能量十足、充满活力，也为他们种下了更多兴趣的种子。

随着校本课程的深入开发，我校素质教育也绽开了芬芳的花朵。近几年来，学校多名篮球、足球、艺术特长生被省市重点高中正式录取。篮球队、足球队多次荣获新乡市中学生联赛（初中组）冠亚军；舞蹈队多次荣获新乡市青少年素质展演一等奖，连续受邀参加新乡电视台春晚表演；书法社团学生作品屡获省市级比赛一等奖；经典诵读社团和戏曲社团也在市级比赛中崭露头角。学校被命名为省级体育传统项目（篮球）学校，国家级足球试点学校。

4. 精良队伍，促进学校内涵发展

一是锻造干部队伍。首先，明确层级管理定位。校长全力做好思想化管理，副校长谋求思路化管理，中层干部实施措施化管理，而师生要落实好行为化管理。作为各级领导干部，能否将思想化管理、思路化管理、措施化管理落实到位，就是衡量是否称职的标准。当然，在层级管理的过程中，离不开相互的提醒和帮助。其次，抓实干部作风。明确精致化标准：做过、做到、做全、做细、做精致。要求老师做到的，干部首先要做到，而且要做好。第三，抓实干部培训。我们利用每周五的行政例会，从提高站位、统一思想、能力提升等方面对中层以上干部进行培训，提高干部高屋建瓴地观察问题、分析问题、解决问题的能力。

二是打造教师队伍。首先，着力加强师德师风建设，引导教师树立和践行社

会主义核心价值观，规范教育教学行为，提升教育教学水平，引导和帮助教师走上专业化成长之路。其次，完成教师等级评定，根据教师教学表现及教学业绩，将教师分为成熟型、成长型、学习型三个等级。指导成长型、学习型教师制订专业成长计划，通过拜师结对提高教学能力。通过开展业务培训、教学管理指导等活动，提高成长型、学习型教师的教育教学能力，让成长型教师脱颖而出，学习型教师达到合格。第三，建立名师工作室，吸引更多优秀教师加入并承担课题研究，成为推进教育教学创新的主力军。

三是培养班主任队伍。首先，初步构建三种平台，即合作学习的交流平台、先进做法的展示平台、优秀成果的助推平台。其次，提高青年班主任的育人能力，在青年班主任中开展业务培训、班级管理研讨、拜师结对等活动，让青年班主任脱颖而出。第三，增设名班主任工作室，吸引更多优秀教师加入，承担课题研究，培养成为推进学生发展的主力。

"精心"是态度，"精细"是过程，"精品"是结果。我们坚信，精益求精的事业态度，加上细致入微的教育过程，润物无声的德育渗透，必将打造出更加精致卓越的新乡市第三十中学！

屈新红

2024 年 1 月

目　录

第一篇　精致教育概论

第二篇　精致教育·精巧校园

第一章　精致教育　人文化校园 ……………………………………… 025
　　第一节　楼宇命名　富含"精致"寓意 …………………………… 026
　　第二节　大厅展示　显彰"精致"理念 …………………………… 027
　　第三节　书香文化　浸润"精致"思想 …………………………… 030
　　第四节　廊道作品　打造"精致"特色 …………………………… 032
　　第五节　班级文化　凝聚"精致"志向 …………………………… 035
　　第六节　围墙创作　体现"精致"风貌 …………………………… 036

第二章　精致教育　园林化校园 ……………………………………… 037
　　第一节　精华园——"为学"以"筑梦" ………………………… 037
　　第二节　精勤园——"勤奋"以"精致" ………………………… 038
　　第三节　精耕园——"耕耘"以"励志" ………………………… 038
　　第四节　精承园——"传承"以"自信" ………………………… 039

第三章　精致教育　数字化校园 ……………………………………… 040

第三篇　精致教育·精细管理

第一章　精心党建　凝心聚力 049
第一节　八个第一　体现先锋作用 049
第二节　思想精管　促进"精神成长" 053
第三节　廉政精密　落实"一岗双责" 054

第二章　精良队伍　团队协同 064
第一节　锻造干部队伍　提升领导力 064
第二节　引领教师队伍　保障执行力 069
第三节　打造班主任队伍　确保协同力 105

第三章　精彩德育　课程思政 125
第一节　构建框架　拓展育人途径 125
第二节　课程思政　引领青春梦想 131
第三节　家长学校　形成教育合力 137
第四节　心理健康　学会悦纳自我 143
第五节　闪耀团徽　承担青年使命 154
第六节　丰富课程　赋能少年成长 158

第四章　精实课堂　高效学习 180
第一节　建构"一体两翼"，明确三大概念 180
第二节　明确课改理念　探究教学指向 183
第三节　融合信息技术，点亮智慧课堂 193
第四节　实行"推门""点课"　助推"精致"成长 196
第五节　作业分层创新　促进"双减"落地 198
第六节　打造精品课例　贵在六项要素 202

第四篇　精致教育·精品育人

第一章　学生成才　追逐梦想 ········· 219
- 第一节　"五育"并举　成效显著 ········· 219
- 第二节　感谢恩师　陪伴成长 ········· 224

第二章　教师成长　职业幸福 ········· 231
- 第一节　互联网＋助力精致教学 ········· 236
- 第二节　优质课成就专业成长 ········· 237
- 第三节　"六条线"完善教学设计 ········· 238
- 第四节　敬业奉献就是幸福所在 ········· 239
- 第五节　师德标兵且看"新乡好人" ········· 241
- 第六节　融入团队　加速专业成长 ········· 243

第三章　学校成功　分享幸福 ········· 244
- 第一节　硕果累累　见证"精致"成效 ········· 244
- 第二节　文明校园　彰显"精致"魅力 ········· 254
- 第三节　社团德育　成就"精美"风景 ········· 268
- 第四节　图书品牌　达成"精致"境界 ········· 278

后　　记 ········· 295
- 践行精致教育　成就精彩人生 ········· 295

第一篇
精致教育概论

精致是一种负责态度；

精致是一种自我要求；

精致是一种教学方式；

精致是一种基本规范；

精致教育是一种教育情怀!

讲精致教育，我们会想到的词语是精心、精细、精巧、精当、精粹、精简、精湛、精进、精髓、精彩等。理论与实践之间，存在着一个巨大的落差。要践行精致教育，就必须明白与精致相关的词语，它们有着自己严格的定义，明确的概念，也还有细微的差别，还有独特的文化内涵，更有教育实施的操作要领。

理论与实践相结合的难点就在于理解文化内涵，明确操作要领。

一、精致教育的概念解读

（一）精致

1. 精

（1）经过挑选或提炼出来的上品、精品，"食不厌精"，精心备课是教师的基本职责；

（2）提炼出来的精华物质；

（3）达到一种完美境界或最好程度，这是教育追求的目标，每位教师都应当有自己的精品课例，每所学校都应当有自己的精品课程；

（4）用心做事，做到精细、周密的程度，这是教育的基本要求，用心备好每堂课，用心上好每堂课，用心推敲每堂课，用心反思每堂课，用心感悟每堂课；

（5）技艺娴熟，精通某种手艺，这是名师的专业素养与专业技能；

（6）形容精气神的良好状态，精神矍铄，神采奕奕，这是教师的精神状态；

（7）形容妖魔鬼怪，这是灵动思维的教学想象；

（8）形容动物有灵性，谓之成精，这是教学的精巧创意。

2. 致

（1）送达、到达，教师的情意要送到学生的心上，教师的关爱要被学生所认同；

（2）向某人表达（情意等），教师的善意要为学生所理解，教师的善心要被学生所感动；

（3）集中（力量、意志等）于某个方面，教学要关注主问题，突破主阵地，抓住主渠道，提升主旋律；

（4）情趣，教学设计要联系生活，结合生活经历，调动学习兴趣，体验学习乐趣，丰富学习情趣，培养学习志趣；

（5）用心做事的递进程度，精细、精准、精当、精到、精巧与精致。

3. 精致（主要指教学过程的精巧与细致）

精准目标为导向；

精巧设计为过渡；

精细过程为抓手；

精当评价为要素；

精良结果为收获；

精彩人生为归宿。

在教学上表现为精细盘算，精巧设计，精妙构思，精心指导，精美布局。

（二）精致教育

在努力办好人民满意的教育背景下，我们不忘初心、牢记使命，积极探索，发现并追求基础教育最本质、最重要的系列问题，坚持以教育规律办教育，以认知规律育英才，以成长规律推名师，让教育回归教育之本性，让教育体现精致之本分，让教育生成应有之精彩。

教育的本质是什么？用省教育厅厅长毛杰的话说"就是生命对生命的尊重，人格与人格的平等，情感与情感的共鸣，此爱与彼爱的交融，智慧对智慧的点燃，文化与文化的润泽"。

1. 精致教育的背景

办人民满意的教育，客观上提出了更高的评价标准。满意的标准是要达到人民群众心目中理想的教育层次。教育在客观上存在五个层次：

（1）规范教育。严格遵守教育法规，依法治校，依规办学；我们学校已经获得"河南省义务教育规范化管理示范校"的荣誉称号。

（2）适合教育。适合环境，适合定位，适合学生的发展需求，适合人民群众的满意标准。在某种意义上说，适合学生的教育是最好的教育；我们坚持以人为本，尊重个性差异，实施个性化教学，业已取得显著成效。

（3）优质教育。成绩突出，效果显著，社会声誉良好，是老百姓心目中的好学校。我们学校取得了很多省市级荣誉，争取在学校文化方面有所突破，扩大

（4）精致教育。既体现教学执行力，又体现中层协调力，更彰显校长领导力。执行到位，思考全面，领导认同，形成共同努力的一种局面。这是我们当下全力以赴争取的理想境界。

（5）无痕教育。正所谓大爱无声，推崇生活教育、自然教育、环境教育与生态教育的自然和谐。这是我们向往的教育状态。

2. 精致教育的主旨

关注每一位学生的发展；

陪伴每一位学生的成长；

欣赏每一位学生的努力；

拓展每一位学生的潜能；

成就每一位学生的精彩！

3. 精致教育的内涵

基于以人为本的理念，学生主体地位的尊重，全面发展的分解，立德树人的担当，个性教学的实施，要求在教育教学工作中必须做到：

关注细节的严谨；

个别指导的精细；

学生潜能的拓展；

因材施教的落实；

生命意义的唤醒；

润物无声的境界；

职业价值的体现；

生命意义的绽放；

教学相长的努力；

彼此成就的精彩；

争创一流的努力；

追求卓越的奋进。

4. 精致教育的实施

把所有教育原理、教育规律与教育要求，都本着"可执行、可分解、可操作、可评价"的原则，提炼出一套执行公式，用最简洁的方式表达最复杂的概念。例如，有效德育、以文化人的操作公式＝知识传授＋情感认同＋主动执行＋理解概念＋提炼方法＋铸造品质＋提升素养＋凝练精神。

二、精致是一种负责态度

我们说"不忘初心、牢记使命"，体现在教学工作上，初心就是一种态度，认真对待每一天的工作，全力以赴做好每一项任务。遇到困难不逃避，遇到麻烦不推责。面对领导交代的任务，敢于迎难而上。第一回答是"保证完成任务，绝不辜负领导的期望"；第二回答是"执行，没有任何借口"；第三回答是"领导放心，等着我胜利的消息"。这样的下属，哪个领导不喜欢，哪个领导不重用！

三、精致是一种自我要求

对待教育教学工作，绝不能敷衍了事，得过且过，而要有一个清晰的评价标准和追求卓越的自我要求。凡事全力以赴，力求完美。即：

（一）做过

听从领导吩咐，事情我做了，但什么结果不知道，对与错也不知道，这是一种混日子的做法。

（二）做完

在规定时间完成任务，只要能够按时交差，结果如何暂且不论，这是一种得过且过的态度。

（三）做全

按照要求该做的都做了，就算自己尽心尽力了。但是总有粗心大意造成的瑕疵存在，不能让人十分满意。只能出正品，距离精品尚有一定差距。换句话说，这就是一个合格员工，距离优秀员工尚有一定距离。

（四）做对

对照标准，答案似乎没有什么差错，结果似乎也没有什么大问题。但是缺少创意，缺少出彩的地方，在人才竞争的背景下，难以给领导留下深刻印象。

（五）做细

关注细节，尤其是在别人容易忽视的地方。精心设计、精雕细琢、独具匠心，体现专业水准，形成自己的风格。

（六）做精致

大处着眼，小处着力，精雕细琢，力求完美无缺。

四、精致是一种教学方式

（一）精准的目标定位

要把课程目标、学科目标和课时目标完整地组合在一起；同时，对学生的学习目标有一个明确的分类，80%的学生通过自主学习完成80%的学习任务；10%的优秀学生通过合作学习帮助其他同学完成其剩余10%的学习任务；在教师的精心指导下，通过探究学习所有学生完成其剩余10%的学习任务。

（二）精当的学法指导

能力比知识更重要。在掌握自主学习，合作学习和探究学习的基础上，顺应课程改革的要求，大力推进项目学习、深度学习、大单元教学、跨学科主题学习和教学评一体化。

（三）精彩的课堂讲解

语言精练，形象生动，细致入微；

内容精当，深入浅出，化繁为简；

讲解精彩，情感共鸣，求知渴望；

习题精巧，构思新颖，启发思考。

（四）精教的课堂导向

破解题目，发现意义，引导深度学习；

词义解析，追根溯源，概括基本特征；

细心观察，比较差异，掌握分析方法；

把握原理，创新应用，开启智慧之门。

（五）精练的"六化"要求
1. 理解消化，根在生活联系，形成主见；
2. 练习强化，难在明确概念，掌握方法；
3. 结构优化，贵在思维引导，层次分明；
4. 思维转化，巧在融会贯通，综合应用；
5. 主题深化，高在价值导向，生命意义；
6. 素养内化，旨在终身发展，提升能力。

五、精致是一种基本规范

作为一种教学规范，要做到可分解，可执行，可检测，可评价。
关注学校的每一位师生，关注教学的每一个环节；
关注导学的每一个问题，关注教室的每一个角落；
关注学生的每一点进步，关注校园的每一点变化。

六、精致教育是一种教育情怀

（一）情怀的基本概念
情怀可以理解为情感、志向、抱负与胸怀的集合体，它不仅是人性根本、专业志向、生活情趣和道德境界的体现，也是一种积极的心理品质、热爱的情感基础的体现。情怀就是念念不忘，牵挂于心。大到人类命运、祖国前途，中到专业志向、专业贡献，小到个人兴趣、业余爱好，都是情怀的范畴。拥有某种情怀，意味着敢于承担责任，肯于额外努力，乐于分享成果，志于做出贡献。

情怀是指高尚感情，优雅情趣，远大志向，博大胸怀与坚定志向的心境。

（二）情怀的八种分类
1. 自然情怀：向往自然，寄情山水；
2. 历史情怀：经验教训，探幽溯源；
3. 道德情怀：为人师表，严于律己；

4. 职业情怀：忠诚事业，敬业至精；
5. 学生情怀：以人为本，成就梦想；
6. 家国情怀：家国一体，荣辱与共；
7. 教育情怀：为国育才，精益求精；
8. 天下情怀：牵挂人类，关注未来。

（三）教育情怀的四种内涵

教育情怀是教师对教育事业的一种质朴、真诚、深沉、持久、难以割舍的感情。可以舍弃更好的环境，拒绝名利的诱惑，甘愿困守清贫，忍受寂寞，倾心于自己的事业，陪伴学生的成长。

1. 源自内心深处的热爱，立足三尺讲台，坚守信仰，不为所动，立志为国育才；
2. 表现在对岗位的热爱，潜心研究教育，不懈努力，终身学习，甘愿燃烧自己；
3. 归结于教育梦想的真爱，职业情意，甘愿付出，融入时代大潮；
4. 升华于无悔付出的大爱，坚守教育岗位，不图名利，只为信仰，奉献毕生精力。

（四）教育情怀的四个层次

1. 关注学生个体差异。尊重每一位学生，发现学生的优势特长和潜在能力，给予恰当的指导和点拨。从这个意义上说，教育就是尊重，教育就是发现，教育就是陪伴，教育就是点燃，教育就是激励。

2. 关注学生的全面发展。坚持党的教育方针，牢记立德树人的根本使命，坚持德、智、体、美、劳五育融合，积极尝试课程思政化教学，系好人生的第一粒扣子。遵循认知规律、成长规律和教育规律，统一协调成长与成才、成功与成就的关系。既着眼当前的发展，又考虑终身的发展；既考虑智育的发展，又考虑五育的融合。

3. 关注自身的专业发展。过去人们常用红烛来形容教师职业，"燃烧了自己，照亮了别人"。现在的教育观、事业观和成就观，要求我们不仅照亮学生，还要照亮自己的前程，做一种完整幸福的教育生活。只有教师的发展，才有学生的发展；只有教师更好的发展，才有学生更好的发展；只有教师的全面发展，才有学生的全面发展；只有教师的终身发展，才有学生的终身发展。

4.关注教育事业的发展。必须投身于课程改革的实践当中，致力于完成学习方式的"革命性变革"，学习态度的"根本性好转"，学习内容的"系统性整合"，学习评价的"有效性激励"。更加关注并积极践行项目学习、深度学习、大单元教学、跨学科主题学习，教学评一体化的实践探索。

七、精致教育的品质特征

践行精致教育的情感基础，因为热爱，所以坚守；
投身精致教育的精神支柱，因为信仰，所以忠诚；
研究精致教育的成功因素，因为用心，所以执着；
反思精致教育的疑难问题，因为感悟，所以发现；
发展精致教育的动力源泉，因为相信，所以努力；
感悟精致教育的真知灼见，因为研究，所以提高；
成就精致教育的不懈努力，因为奋进，所以幸福；
概括精致教育的理论贡献，因为实践，所以精彩。

八、精致教育的核心要素

（一）把教育对象视为一个生命成长的有机体

尊重个体差异，承认个体差别，宽容个体差错，坚持因材施教，制定精准目标，实施精心指导，培育健全心智，锻造优秀品质。

（二）把教育过程视为一个知行合一的统一体

精致教学着眼于六个方面的努力，创设学习情境，唤醒求知渴望，发现生命意义，提供参与机会，致力问题解决，启发哲理思考。

（三）把教育内容视为一个生命体验的复合体

精致教育的口诀就是，给学习增加生活的联系，注入情感的色彩，插上想象的翅膀，掌握思维的方法，感悟哲学的原理，通达人生的智慧。

（四）把师生关系视为一个合作学习的共同体

教师要从课程的执行者变成课程的研发者和设计者，从课堂的主宰者变成课堂的组织者和参与者，从学习的控制者变成学习的陪伴者和引导者。在教学实践中逐步学会学习，学会合作，学会沟通，学会表达，最终达成"教学相长"的理想境界。

（五）把学习途径视为一个要素覆盖的组合体

引导学生走出课本、走出教室、走出校园、走向社会、走向自然、走向心灵，积极开展项目学习，跨学科主题学习，积极倡导研学旅行、劳动教育和科学实验，拓宽学习的途径，扩大学习的视野，调动学习的兴趣，提升学习的热情。向书学与智者对话，向人学与同伴交流，向事学与实践总结，向网学与时代同步，向己学与心灵沟通。

（六）把人生志向视为一种立志报国的承载体

志向就是以后要做什么人，要干什么事，取得什么成就，要干多大事业的意愿和决心。精致教育要引导学生探索人生奥秘，追求人生意义，坚定人生信仰，播种人生梦想，培养富有家国情怀，立志报效祖国的栋梁之材。

九、精致教育的核心理念

（一）一个核心

共同努力，追求卓越。

（二）两个指向

取精用弘，由博返约。

（三）三项宗旨

教育与社会生活相结合；

教育为未来人生做准备；

教育使人类生活更美好。

（四）四大工程

教学精巧的奠基工程；

专业精进的成长工程；

课程精练的出彩工程；

信念精致的铸魂工程。

（五）五种功夫

知识转化为能力，人生才有发展力；

特长强化为优势，发展才有竞争力；

个性优化为品质，未来才有感召力；

学习内化为素养，探究才有创新力；

学识进化为智慧，思想才有影响力。

（六）六个指向

学有所得，知识积累，扩大眼界；

学有所获，认知结构，知行合一；

学有所思，问题启发，深度探究；

学有所悟，通透原理，举一反三；

学有所长，优势发展，潜能拓展；

学有所成，关键能力，必备品格。

（七）七个强调

因材施教，教学匹配，发挥所长；

因情施教，情感共鸣，情感认同；

因困施教，放心放手，破解堵点；

因时施教，恰逢其时，点拨迷津；

因需施教，创造需求，主动学习；

因标施教，核心素养，课程落地；

因梦施教，融入时代，追逐梦想。

十、精致教育的操作秘诀

方向决定结局，方向不对，努力白费；
策略决定速度，策略不详，东奔西忙；
思考决定行动，谋后而动，事半功倍；
匹配决定和谐，因材施教，相得益彰；
团队决定效能，共同努力，同心协力；
细节决定品质，精雕细琢，必出精品；
创意决定体验，联系生活，启迪思考；
心态决定命运，不甘平庸，努力奋进；
思想决定境界，不忘初心，为国育才；
学习决定未来，终身学习，精彩人生。

十一、精致教育的研究方向

（一）生活化学习的立体呈现

生活经历，知识联系，启发思考，主动参与，调动兴趣，自主学习，让学习引导生命成长。

（二）思政化设计的铸魂工程

目标引领，主题凝练，学科融合，价值导向，精神信仰，人生选择，让学习明确意义导向。

（三）结构化思维的能力培养

假设先导，界定问题，罗列要素，逻辑判断，给出方案，思维导图，让学习聚焦思维方式。

（四）项目化实施的团队合作

重大活动，要素整合，专业分解，技术保障，团队合作，解决问题，让学习实现简洁高效。

（五）跨学科教学的课程实践

主题教学，整合资源，关联思考，立体思维，突破障碍，聚焦难点，让思考更有穿透力。

（六）数字化转型的前景展望

数字校园，一键管控，信息科技，深度融合，教育智慧，凭风借力，让发展驶入快车道。

十二、精致教育的发展定位

既要继承传统教育的优良品质，又要汲取国际教育的有益营养；
既要符合三十中学的办学定位，又要追逐我们自己的教育梦想；
既要达成人民满意的评价标准，又要打造精致教育的品牌效应；
既要适应社会变迁的时代要求，又要契合社会发展的未来趋势。

十三、精致教育的理论依据

适合教育。适合学生的教育是最好的教育。适合学生就需要教师精心设计、精准指导、精细讲解、精巧提问、精辟结论。

生活教育。学习除了课本之外，还有生活、社会、诗歌、田园、网络、梦想和远方。

选择教育。成功取决于你做出的选择以及为此付出的努力。选择教育的核心在于选择适合学生的方法，它包括正确的目标、恰当的方法、有效的互动、灵巧的启发。正确的选择可以让教育事半功倍。

和谐教育。和谐是有效教学的情感基础和心理基础。遵循规律，秩序井然，敬畏道德，和谐融洽，它包括人与人、人与社会、人与自然、人与心灵的和谐统一。

情境教育。情境是有效学习的催化剂。置身教育情境，才会有学习目标、学习动力、学习兴趣和积极的学习体验。这是精致教育大显身手的地方。

快乐教育。生活注入快乐的基因、情感，增强快乐的联系。

幸福教育。生命中最永恒的幸福就是平凡，生活中最长久的拥有就是珍惜。

多元智能。每个学生都有自己的优势潜能,每个学生都是一个有待点燃的火把,每个学生都具有生命的巨大能量,每个学生都有创造奇迹的无限可能,每个学生都承载着一个家庭的美好希望。如果能够唤醒学生潜在的热情,拓展潜在的优势,每个孩子都有成功的可能。

成功教育。体验成功的快乐,积累成功的经验,生成成功的向往,坚守成功的信念。成人取决于道德品质,成才取决于人生志向,成功取决于不懈努力!

掌握学习与建构主义。掌握学习,让后进生得到同样的发展。为掌握而教,重在目标;为掌握而学,贵在反馈;为掌握而练,巧在点拨;为掌握而进,适在激励;为掌握而用,高在方法。建构,强调从原有经验出发,生成新的经验,完成意义建构的过程。

所以,精致教育倡导尊重每一位学生的天性,欣赏每一位学生的努力,发现每一位学生的潜质,拓展每一位学生的优势,激励每一位学生的奋进,成就每一位学生的梦想。

十四、精致教育的实施路径

突出党建,抓牢思想建设,夯实思想基础,承担历史使命,形成战斗堡垒。
理论培训,理解核心要素,破解基因密码,掌握操作要领,强调用于促学。
共同愿景,明确奋斗目标,制定发展规划,打造名师团队,引领共同努力。
课程研发,整合课程资源,研发校本课程,打造精致特色,形成竞争优势。
精致教研,精准学习目标,精巧教学创意,精讲课堂要求,精致教学品质。
数字校园,适应时代发展,借助科技力量,实现弯道超车,打造学校品牌。
海纳百川,传承民族教育,潜心教育实践,提炼教育主张,丰盈精致理论。

十五、精致教育的执行准则

(一)尝试和坚持

帮助学生增强自信,鼓励学生磨炼自己的勇气、耐心和毅力,理解坚持不懈的概念,就是绝不服输,不懈努力,直到完成某种任务。

1.做事情要有始有终,让人感觉靠谱。

2.行动之前先做规划，有条不紊则事倍功半。

3.借鉴别人的经验，学习别人的做法，拜能者为师，是做事的捷径。

4.从你已经做得比较好的事情中总结成功的经验。

5.碰到困难，不要急于放弃，尝试不同的做法，就有成功的可能。

6.碰到难题，不妨暂时休息，放松一下思想，调整一下情绪，变一种思路，然后重新尝试。

7.面对挑战，多坚持一段时间，在坚持之中，我们可以看见胜利的曙光。

8.尝试从错误中汲取教训，建立自己的错题集，改正错误尤其是不犯同样的错误，就是增加了成功的机会。

9.不论碰到任何问题，都要学会控制自己的情绪，不妨闭目养神，做几个深呼吸。

10.踏实学习，一步一个脚印，稳扎稳打，泥泞的道路上留下的脚印最清晰。

11.必要时可以寻求帮助，同学、老师、家长、书籍、网络，都是我们可以求助的对象。

（二）沟通和解决问题

学生在生活中会出现各种各样的问题，学会与人相处，有效沟通与和平的解决冲突非常重要。

解决问题的四个步骤：

1.谈论彼此对问题的看法，坦诚地交换意见。

2.倾听他人意见并理解他人思想，有效沟通，避免产生误解、误会，在讨论中减少分歧，统一认识。

3.思考解决方案，彼此妥协，形成最大公约数。

4.选择最佳方案，比较省心、省时、省力、省事地解决问题。

（三）加入我们，一起玩耍

结交新朋友，适应新环境，融入班集体，和大家一起玩耍，这是很有趣的事情，会让学校生活很有乐趣。

精巧课堂就在捕捉"教学契机"，这是美国心理学家布罗菲提出的认知心理学术语，指未经事先计划而出现的，学生表现出强烈兴趣，非常愿意学习新知识的灵动时刻。游戏中常常会出现"教学契机"。

1.想加入游戏，应如何沟通？

你在做什么呢？

我能和你一起玩吗？

让我玩一次好吗？

如果你不玩了，可以让我玩玩吗？

你愿意和我一起玩吗？

2.同学之间发生冲突，应如何处理？

告诉别人你的感受。

忽略他人的举动，不予计较，不放到心上，专注于自己喜欢做的事。

让老师和家长来处理同学之间的矛盾。

想一个办法，下次见到别人时，表现得友好一些。

善意地提醒同伴，要遵守游戏规则，保持有序环境。

学会微笑，微笑是最好的名片。

面对别人不友好的行为，要冷静，不要随便发脾气或者抱怨。

（四）保持冷静，平息怒火

愤怒是一种负面情绪，是拿别人的错误来惩罚自己。我们要理性地认识愤怒，并提供各种有效的策略来帮助学生建设性地应对自己的怒气，克制自己的情绪。

1.保持冷静的方法

不用急于发泄，从1数到10，或者做几个深呼吸。

转移注意力，去画一幅画，或者欣赏一段舒缓的音乐。

阅读一本你喜欢的书，做有意义的事情。

到户外散步或参加体育活动，忘却烦恼。

调暗灯光，躺下休息，一切事情都回头再说。

回忆快乐的事情，做自己喜欢做的事。

2.平息怒火的方法

和对方坦诚地交换意见，进行沟通。

换位思考，尝试理解对方的立场。

找信任的朋友或家长进行倾诉，排除负面情绪，听取他人意见。

如果不是原则性问题，选择原谅那个让我生气的人。

保持平和心态，接受自己无法改变的事情。

努力学习工作，尽力弥补犯下的错误。

（五）接纳和欣赏他人

随着时代的进步，人们的思想正变得越来越丰富，价值取向也越来越多样化，社会也变得越来越多元化，这也体现在我们的日常生活中。同学们要学会与人相处，就要学会尊重不同，寻求相似，包容大度，欣赏他人。我们不能用自己的观点、兴趣和爱好来要求别人。欣赏他人，可以汲取别人的优点，成就更好的自己。

欣赏他人的十个技巧：

1. 学会并保持微笑，充分表达善意，把人多往好处想，友善地对待每一位同学。

2. 找到人与人的共同点、相似点、认同点、共鸣点，尤其是利益结合点。

3. 跳出自己的舒适圈，学会接纳身边新的人和事物，学会接纳新事物和新观点，这样，朋友会越来越多，生活会越来越丰富，精神会越来越丰盈。

4. 突破孤独的自我封闭状态，学着给予别人帮助，同时也要学会接受别人的帮助，接纳别人的善意，以此传递人间的温暖与美好。

5. 坚持自己个性的同时，也欣赏他人的个性；既欣赏自己的与众不同，也欣赏别人的独特风格。

6. 从大处着眼，提高站位，具备宏观视野，看主流、看整体、看大局，忽略事物间细微的差异，不过分在意和计较细微的不同。

7. 当发生分歧时，切勿固执己见，杜绝一意孤行，要学会交流和倾听，用更全面的观点看问题，争取达成统一意见，至少允许"求同存异"。

8. 学会换位思考，明白一个道理——"要想公道，打个颠倒"，改变一下立场，试着去理解别人的感受，可能会有新的认知，就可能改变自己当初坚持的观点。

9. 被别人伤害时，要学会原谅。原谅就是你决定不再去责备使你受到伤害，或者给你带来麻烦的人。善良不是忍耐而是一种厚道，原谅不是懦弱而是一种大度，原谅不是胆怯而是一种慷慨。

10. 重视团队中的每一位成员，每一位成员都有自己的优点和长处，都在团队合作中具有独特的价值，只是可能我们暂时没有发现而已。只有重视每一位成员，尊重每一位成员，每一位成员才能发挥自己的最大作用，才能形成一个坚强的团队，形成共同努力的局面，去追求卓越。

（六）善解人意，关爱他人

善解人意是一种体验他人情绪和感觉的重要能力，能够很好地领会了解他人的心意，在与人交往中，是一种宝贵品质。

善解人意表现在三个方面：

1. 在日常生活中，能够准确地理解他人的情绪和感受，敏锐地察觉到他人情绪的变化，并理解这种感受；
2. 遇到麻烦时，体谅他人的处境和困难，能够设身处地地为他人着想；
3. 具有同情心，对别人表示同情关怀，给予关心帮助，同时尽力解决困难。

善解人意的人总是受到大家的欢迎和喜欢。怎样能够做到善解人意？精致教育提供五个建议，供大家参考：

1. 保持耐心，不打断别人的话，礼貌地观察他人，并且聆听他人的诉说；
2. 接着当事人的诉说，回忆你与当事人的相同经历或感受，产生一种情感共鸣，取得情感认同；
3. 如果你没有类似的经历，想象你如果经历相同事件时，可能会产生的感受，是否会产生同样的情绪，拥有同样的看法；
4. 在发表自己看法的时候，要照顾并询问当事人的感受，如果让别人不高兴，就要及时住口，不能为逞一时口舌之快，给别人带来你想象不到的伤害，"祸从口出"就是这个道理；
5. 公众场合发表意见，要适时表达你对当事人的关注、关切、关爱和关心。

（七）克服恐惧，保持心理健康

学生常常会对想象中的一些事物或现实中存在的某些人、事、动物或自然灾害产生恐惧感，这是人类及生物的心理活动状态，是我们面临某种危险情境，企图摆脱而又无能为力时所产生的情绪体验，它让人感到担惊受怕、手足无措甚至是内心绝望。恐惧是人类的自然反应，有恐惧感也是一种正常反应。精致教育就是要教会我们应对恐惧的方法。

这种恐惧感就是通常所说的"害怕",它会形成对人们身心健康危害最大的恐惧心理,会使人的知觉、记忆和思维过程发生障碍,以致失去对当前情境的分析、判断能力,使人产生懦弱、胆怯的心态并诱使人们的行为失调、思维失序、行动失措、精神失常。

克服恐惧的十一种有效方法:

1. 追根溯源,求得问题的根本解。产生恐惧的根源在于我们对事实的不了解、不确定、不清楚。所以提高认知能力,扩大认知视野,判定认知缘由,认识客观规律,提高学生的认知力、预见力,增强心理承受力,所谓"智者无惧",这是克服恐惧的根本办法。

2. 了解事实,给学生提供有效帮助。倾听并提问,对学生的恐惧感表示关切,可以令学生感到踏实,产生心理依赖,增强安全感。家长和老师应当仔细并耐心倾听学生的想法,同时重视学生的感受,要学会用孩子的视角看待问题、理解问题,切勿低估学生的忧虑造成的心理伤害。我们可以尝试和学生讨论:"你为什么会害怕呢?""你是不是担心会发生什么不好的事情?""你能和我谈谈让你害怕的事情吗?"通过交谈可以帮助我们判定学生感到恐惧的缘由,以便对症下药,有效地解决问题。

3. 营造氛围,提供心理安全。老师和家长要保持平和温柔的语调、平静关切的神态,根据学生的学习经历、理解能力和社会阅历来解答他们的疑虑,缓解他们的焦虑。提供心理安全,需要一种真诚,让学生理解老师和家长会竭尽所能为他们提供最好的保护。

4. 理性地看待恐惧,培养学生的勇敢精神。如果我们确认学生并没有处在危险之中,或者危险性很小,就应当告诉他们不必惊慌,保持冷静,尝试自己处理问题。在某种情形下,意外与事故是一种客观存在,但老师和家长肯定会竭尽全力保护学生的安全,所以不必过分担忧。防止意外的最佳方法就是遵守规则,杜绝事故的最好方法也是遵守规则。例如,交通事故会时常发生,难以杜绝。但是,只要我们遵守交通规则,不在大路上追逐打闹,不突然横穿马路,按红绿灯信号走路,我们就不会存在交通安全的问题,就不用担心交通安全带来的恐惧。

5. 培养乐观的人生态度和坚强意志,有意识地在艰苦环境下磨炼意志和胆量,培养勇敢顽强的作风,树立强大的自信心。面临未知的危险时,能够凭借稳定的心理素质,沉着冷静,科学判断,寻找方法,机智应对。

6. 有意识地进行心理训练,提高心理素质,提高心理适应性和平衡性,以大无畏的精神克服恐惧、战胜恐惧、战胜自我。

7. 关爱学生,就要了解学生的动态,预判学生的心理,做好心理疏导,随时提供帮助。学生有可能会在任何时候感到恐惧,他们可能会害怕一些即将发生的、突然发生的或者是想象中会发生的,甚至是个人臆想中不存在的事物,都会让他们感到莫名的恐惧与惊恐。出现类似状况时,老师应当尽可能保证在现场,以便及时提供帮助和安慰学生。教师的关爱,有时就是一种陪伴。

8. 面临危险时,要让学生知道向谁求救,老师、家长的陪伴会让学生产生安全感。如果我们不得不暂时离开学生,就必须把他们托付给熟悉的可靠的亲切的人,同时还要明确地告诉他们我们回来的时间,让他们产生一种安全的心理预期。

9. 克服恐惧心理,来自老师和亲人的肢体语言、肢体接触也很重要。亲人的肢体动作,握手拥抱,轻轻拍一下后背,点一下额头,碰一碰拳头,挥一挥手势,都能让学生感到安心,能让他们感受到老师和家长的爱与关心。

10. 保持健康的生活习惯,确保学生得到充足的睡眠,经常呼吸新鲜空气,坚持锻炼身体,维持膳食平衡,适时补充饮水,这些良好的生活习惯都有助于维持学生生理与心理的平衡。有规律的体育锻炼、游戏娱乐、家务活动、亲子阅读,可以帮助学生建立自信以及在学校、家庭中的存在感。有序的生活计划、学习计划、锻炼计划,可以为学生的生活设定平稳的节奏。

11. 监控学生的视频游戏,对他们接触的游戏内容应当严加审核。涉及暴力内容的画面和声音很容易引起学生的恐惧感;含有暴力倾向的视频游戏,也会对学生产生类似的负面效果。家长要督促把时间更多地用在有意义的活动上,陪伴他们共同游戏,共同阅读,共同锻炼,也不失为消除疑问、缓解恐惧的好办法。

十六、精致教育的预期成果

(一)预计5到8年,实现办学目标

办一所特色鲜明,成效显著,硕果累累,人民满意的卓越学校。

（二）怎样消弭当下办学现状与办学目标之间的差距

明确办学的目标，形成共同的愿景；

采取正确的策略，应用科学的方法；

打造奋进的团队，采取积极的行动；

付出不懈的努力，给予适当的激励。

外加一个督导评比的时间表。

（三）教学质量大幅度稳定提升是精致教育的第一目标

全校师生共同努力，使各科成绩进入并保持在全市前25%的范围内。

（四）教师队伍的专业能力，专业素养和专业情意是实施精致教育的重要条件

通过理论引领、实践跟进、教研反思、经验总结，优化名师工作室建设，推出一批精致教育的精品课例，尤其是跨学科主题学习，科学实践，研学旅行和劳动教育等方面的精品课程。

（五）精致教育的课程体系建设是推进精致教育的关键步骤

学校组织人力，精心研发精致教育的校本课程，在国家课程的基础上，形成自己的课程体系，打造自己的教学特色。

（六）精致教育的课堂教学模式是推进精致教育的重点环节

精致德育＝知识＋行为＋习惯＋品质＋卓越。

精致智育＝学识＋能力＋反思＋通透＋智慧。

精致体育＝项目＋规则＋竞争＋团队＋品质。

精致美育＝生活＋情趣＋创意＋作品＋审美。

精致劳育＝活动＋参与＋点拨＋意识＋精神。

（七）促进基础教育的优质均衡发展

办好人民满意的教育，为新乡经济发展培养后备人才，为河南基础教育积累办学经验，为精致教育实践提供优秀范本。

第二篇
精致教育·精巧校园

古人云:"景美则心旷,心旷则神怡,神怡则智清,智清则学佳。"校园环境与校园文化是一所学校的名片,对学生具有无声的熏陶感染作用,寓精神激励于潜移默化之中,产生"润物无声"的育人效果。

第一章　精致教育　人文化校园

　　新乡市第三十中学建校于 1991 年，是新乡市教育局直属的一所初级中学，30 个教学班，114 名在职教师。学校占地面积 16675 平方米，建筑面积 11218 平方米，校园基本呈规则的正方形，布局紧凑合理，区域动静分离。自东向西，依次是教学区（含园林区）、活动区，互不干扰，动静相宜。

　　教学区和园林区融为一体，相互映衬，整体位于校园东部。教学区由三栋主体建筑组成，以办公为主的"精志楼"、以教学为主的"精识楼"、以教辅为主的"精艺楼"，通过封闭的玻璃窗连廊连为一体，为师生遮风挡雨、遮蔽骄阳。园林区由四个精美的园林组成。精华园位于办公楼东南侧，小路通幽，花草丛生，锦鲤畅游。精承园、精耕园、精勤园点缀分布于办公楼与教学楼之间，分别以"中华传统文化""学生劳动实践""课余读书交流"为主题，是孩子们的"乐园"。

　　运动区位于校园西部，由两个标准篮球场、一个多功能足球场、一个学生综合性活动场地组成。运动区与教学区以校园主干道为分界线有序分离，教学区安静怡人，运动区热火朝天，互不干扰。

　　我校秉承分区域、分功能进行主题定位的理念，空间布置注重主体建筑的规整性、园林点缀的灵动性、环境氛围的文化性，力争让每一面墙壁都会说话，每一处廊道都能育人，每一个角落都充满书香，于细节之处彰显内涵，用浓厚的文化氛围来引领师生文化素养与学校的发展同步提升。

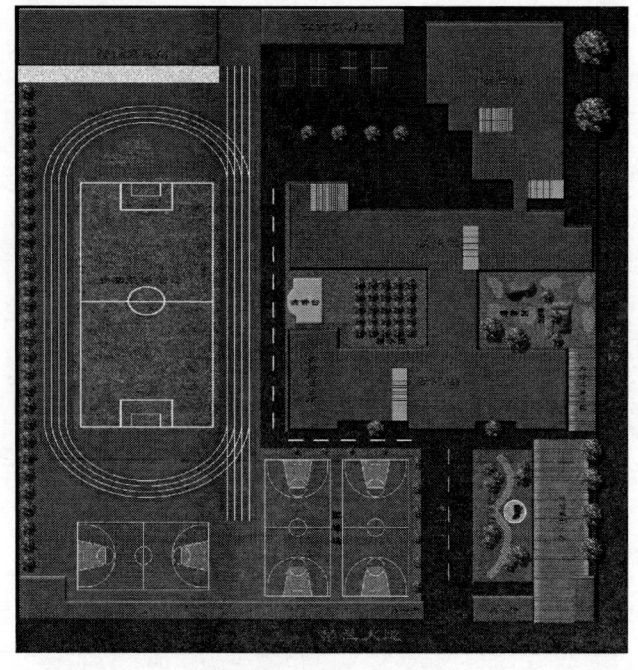

结合我校校园面积不大，但建筑布局紧凑、区域划分合理的特点，我们提出了打造精巧校园的思路。围绕园林化、人文化、数字化的建设目标，整体规划校园文化，全面改善和提升校园环境，打造精美校园，营造科学、人文、美观、和谐的氛围。

第一节　楼宇命名　富含"精致"寓意

一、"精志楼"——学校办公楼

精志，意思是至诚的心志。见宋代叶适《安集两淮申省状》："守以精志，行以强力。"办公楼是校长等学校各级领导办公的场所，也是教师的教研活动之处。以"精志"命名，体现学校在精致教育理念的引领下，真心诚意做教育，一心一意谋发展，全心全意为学生，以鸿鹄之志博美好未来。

二、"精识楼"——学校教学楼

精识,意思是见解精确。语出三国魏刘劭《人物志·材理》:"辩给之人辞烦而意锐,推人事则精识而穷理,即大义则恍愕而不周。""精识"是人才素质的重要组成部分,它使人思想独立,看问题更全面、更长远。以"精识"命名,意在激励师生主动思考,培养自己的创新意识,以博学多识筑国家栋梁。

三、"精艺楼"——学校综合楼

精艺,精湛的技艺。艺,原指孔子"六艺",这里指习得的各种现代技艺。除教室外的各类阅览室、理化生实验室、录播教室、微机、书法、陶艺、美术、音乐、舞蹈等功能性教室都集中在精艺楼。以"精艺"命名,是激励学生学以广博、多才多艺,以德艺双馨促全面发展。

第二节 大厅展示 显彰"精致"理念

"精志楼"一层大厅为师生出入必经之地,也是学校对外展示办学理念与实力的窗口,位置十分重要,因此设计本着庄重典雅、肃穆有度的原则进行。根据大厅面积及空间布局,共设计了三处墙面。每一处墙面的设计风格保持一致,并适当添加极具古典韵味的图案点缀,使大厅更为雅致,文化氛围更为浓郁。

一、理念墙

正中墙面以方正、有力的"精致教育"四个大字直观展现学校理念核心,作为指导教学行为与管理活动的最高价值标准,可让师生时时刻刻地感受到其独特的感染力、凝聚力和震撼力。文字上方以回纹图案为底版,展示学校校徽,带给师生深刻润泽。文字下方为"精巧校园 精细管理 精品育人"十二个小字,是对"精致教育"的细化和注解。

二、文化墙

醒目展示学校核心文化。

校训：爱国、树德、博采、思远。

校风：尚德、求真、务实、拓新。

教风：科学、严谨、敬业、爱生。

学风：乐学、会学、勤学、博学。

三、展示墙

分别展示校徽、校歌、师生风采。

校徽：如右图。

创作者：何昱（我校美术教师）。

校徽由"松树""光环"和我校中英文校名组合而成。校徽外围由中英文校名组成深绿色圆环，寓意我校全体教师耕耘于希望的苗圃。金色光环寓意收获，浅绿色圆环表明我校办绿色学校的理念。校徽中心为一棵松树，由汉字"三十中"变化而成。"松树"由五个向上感极强的箭头首尾相连组成，象

征我校师生朝气蓬勃携手共创美好未来的时代精神。

校歌：《绿色校园之歌》，由我校语文教师许家利作词，新乡市音乐家协会副会长胡大华老师谱曲。

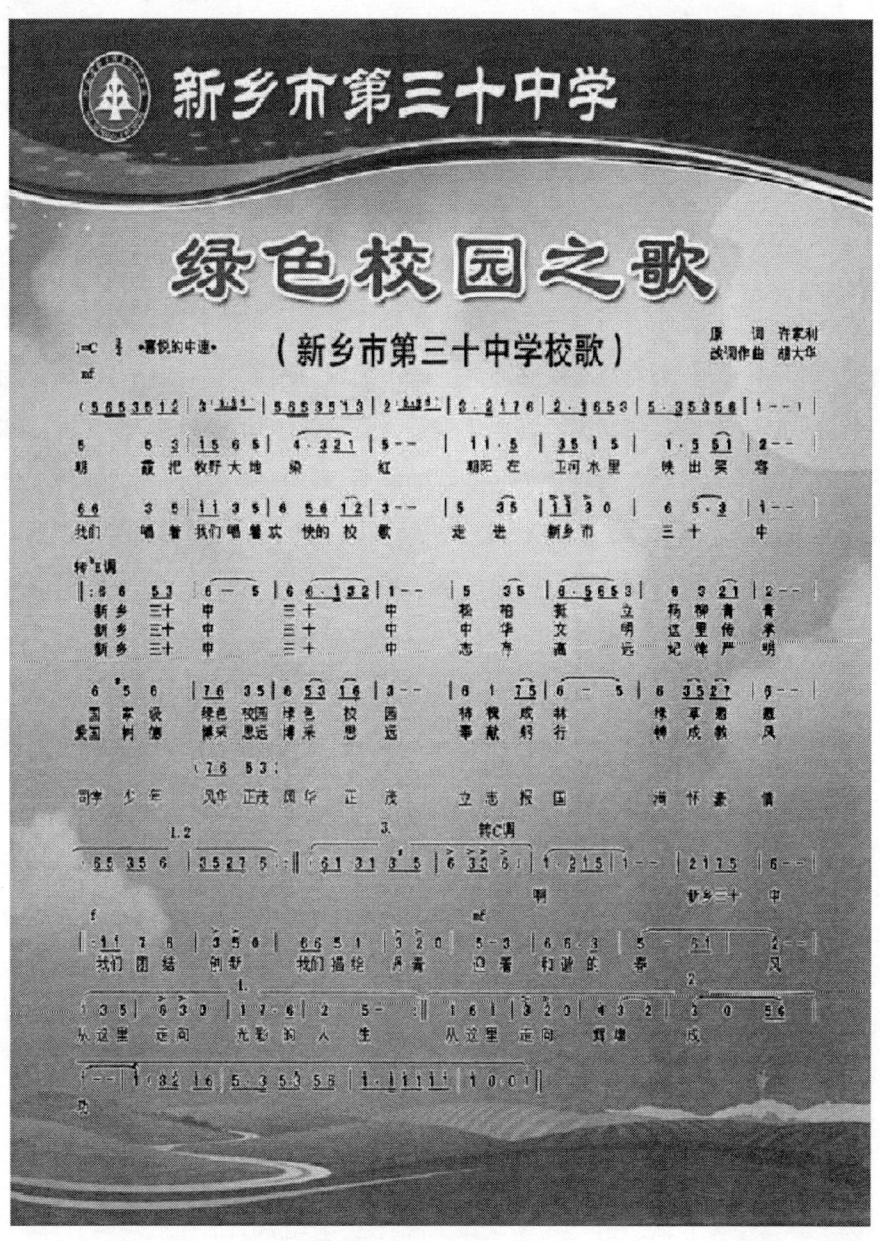

第三节　书香文化　浸润"精致"思想

一、悦读厅

悦读厅面积 100 平方米，位于精艺楼一层，藏书 12000 册。主体框架以大面积玻璃构成，加以白色纱帘，温馨稳重，大气淡雅，书香氛围浓郁，与学校"精致教育"理念高度契合，兼顾实用的同时，可带给师生心灵上的深刻润泽。充分利用楼梯侧墙、转台处墙面、立柱，使空间层次丰富，有趣有序。楼梯侧墙处设计为"荐书台"，左侧为几块层层递进的软木黑板，用于书写推荐书目；右侧是读书名言，辅以飞鸟等图案点缀，强化主题，砥砺师生勤于阅读。楼梯下方则根据空间情况设计为书架，可放置一些推荐的好书。"荐书台"两侧的立柱上分别展示读书名言，其他立柱设计为不同造型的书架，既节约空间，又富有创意。读书厅正中间则错落有致地摆放一些小型书架和座椅，方便师生在此安静阅读。

二、楼层图书角

"精识楼"为四层建筑，每层设置一个约 20 平方米的楼层图书角，共计藏书 8500 册。根据楼层中央大厅布局，巧妙利用空间将大厅内墙面做"阅读"主题设计。一侧墙面底部设计有书架，与座椅连为一体，节约空间的同时方便师生静下心来阅读。书架上方为读书名言"书到用时方恨少，事非经过不知难"，周边辅以书本、行舟、木条等各种造型点缀，让学生从中体会到读书的重要性，与书为友，并于潜移默化中接受熏陶，提高文化修养。另一侧墙面的设计风格保持一致，在墙面书架周边辅助各种造型点缀，强化"阅读"主题。

三、图书馆

图书馆位于精艺楼一层，70 平方米，共计藏书 40000 册。专职管理员两人，图书馆全部馆藏图书文献及合订本期刊均按照《中国图书馆分类法》进行分类、编目及馆藏排架，按知识门类区分为五个基本部类，22个基本大类。22个大类用22个英文字母表示。

一部：A 马克思主义、列宁主义、毛泽东思想、邓小平理论。

二部：B 哲学。

三部：社会科学（C 社会科学总论；D 政治、法律；E 军事；F 经济；G 文化、科学、教育、体育；H 语言、文字；I 文学；J 艺术；K 历史、地理）。

四部：自然科学（N 自然科学总论；O 数理科学和化学；P 天文学、地球科学；Q 生物科；R 医药、卫生；S 农业科学；T 工业技术；U 交通运输；V 航空、航天；X 环境科学、劳动保护科学）。

五部：Z 综合性图书。

丰富的藏书量，广泛的藏书门类，为满足学生借阅，不断汲取知识的营养提供了强大的阅读储备，也为我校的书香校园建设奠定了雄厚的物质基础。

四、书吧

书吧于精艺楼一楼，65平方米，藏书4000册。在新时代教育理念下，书香校园的构建，阅读应转变为一种生活方式、一种人文情怀、一个知识流动的场所、一个人文互动的场所、一个休闲学习的场所。

我校书吧主体突出现代、简约、温馨。一是基于藏书容量，南墙和西墙连为一体为通体书架，贮存各种信息源如书籍、期刊等。书架正立面为半弧形，犹如一本张开的书本，东边依靠窗户墙体为波浪形书架，寓意书海遨游。二是满足人与人之间、人与文化知识之间自由沟通和互动的需要。室内以T字形为主体设计读书吧台，分软座区和硬座区，北侧讲台以上为"书"不同风格的字体浮雕，讲台改为榻榻米阅读区和水吧。通过色彩、艺术品、绿植、音乐以及文化元素来充分提升书吧的氛围。其之于师生，不仅仅是提供纸质书籍与知识，更是通过阅读空间的营造、文化氛围的烘托，打造真实阅读场景及舒适的体验感。

第四节　廊道作品　打造"精致"特色

一、师生作品

精志楼楼梯墙面，每层设有八个木质展板呈阶梯分布，展示每学期师生社团活动中优秀的编织、陶艺、刺绣、国画、油画、工笔画、剪纸、书法、篆刻等作品。丹青翰墨、妙手生花，将知识性、观赏性、艺术性融为一体，充分体现了师生深厚的美学艺术功底。

二、党建廉政

党建廉政文化旨在展现党的传统和历史，反映新时代党的建设和发展的特点，帮助广大党员、教师更好地学习和理解党的文化精神。以"廉洁、公正、诚信、自律"为核心理念，以廉洁文化涵养清风正气，通过丰富的展示形式和内容，营造浓厚的党风廉政文化氛围，引导广大党员教师树立正确的价值观和人生观。

精志楼二层廊道，是校级办公区域，也是学校党建廉政宣传学习的主阵地。走廊东西设立两个开放式书架，主要存放各类党建刊物供教师阅读学习。利用走廊南侧墙体以及北侧柱子进行布局设计，主体以中国红和金黄为主色调，以简洁的中式文化设计为基础，附以祥云、天安门、和平鸽、红丝带、党徽以及荷花等设计元素。整体以卷轴方式展现，白色墙体与实木结合突出红色字体内容，不规则字体排列使画面内容丰富且突出层次感。内容依次涵盖不忘初心、牢记使命，社会主义核心价值观，廉政文化，党的发展历程，党员的权利与义务以及一些新的时政热点等，让广大的党员干部更好地学习贯彻党的文化精神。

三、师德师风

师德师风是教师在教育教学和道德规范方面的修养，是教育工作中的重要组成部分，是学校教师队伍建设的一项基础性工作。学校应时时处处提醒并强调教师的职业道德和精神风貌，凸显师德师风诚信、责任、爱心等核心价值，营造良好的师德师风教育氛围，促进教师队伍积极健康发展。

精志楼一、三、四层是教职员工集中办公所在地，也是师德师风学习的主阵地。一层是行政处室集中办公区域，廊道东西设置两个开放式书架，以教育管理、学生管理、德育、社团活动等刊物为主。廊道墙体以照片加文字简介的形式展示我校雄厚的师资力量和丰富多彩的社团活动，以及师德师风的总体要求。三、四层是教师办公区，每层廊道东西设置两个开放式书架，以各学科教育教学、教研论坛、教师成长等刊物为主。三楼主墙体设计以"四有好老师"大幅版面为主，四楼主墙体设计以"学高为师，德高为范"大幅版面为主。每个学科组办公室外墙体为弘扬师德师风的古今格言，如《岳阳楼记》中的"不以物喜，不以己悲"，陶行知的"捧着一颗心来，不带半根草去"等。办公室对面廊柱上为本学科组对学生的寄语，如数学组："学习数学需要耐心和毅力。对于每一个难题，每一次失败，都是一次机会，一次成长。"历史组："历史犹如一面镜子，让我们汲取前人的智慧和经验，勇往直前，书写属于你的人生传奇。"每一名教师都是学生的榜样和引路人，每一名教师都承载着培养学生成长成才的重任。学高为师，德高为范，第三十中学的每一名教师都立志做一名学生满意、家长满意、人民满意的好教师。

四、习惯养成

墙体制作为学生养成教育的八大习惯为主题的版面，呈阶梯形排列，每层四块版面为一组。主要体现文明礼仪、学习习惯、健体习惯、卫生习惯、阅读习惯、劳动习惯、生活习惯等。使学生通过每天的耳濡目染逐步强化于心，自觉养成良好的行为习惯。

五、修身明理

新形势下的廊道文化，不仅仅是传统的宣传教育、文化展示空间，也是学习空间的有效补充。我校紧跟课改需求，在每个班级外墙设计浅阅读区、作业展示区、交流学习区等非正式学习空间。非正式学习空间，为素质教育提供了多姿多彩的第二课堂。

"精识楼"教育版面突出明礼、立志、勤学、修身、拼搏五大主题。

一层：和乐明礼。"不学礼，无以立。"展板内容为各种礼仪常识的展示，可以让学生感知到无处不在的礼仪文化，进而树立知礼、明理、行礼的意识，提升综合素质，为学生健康成长奠定基础。

二层：言近旨远。青少年是祖国的未来、民族的希望。展示内容为"习近平寄语青少年"，以体现国家领导人对学生健康成长的殷切希望，同时砥砺全体学生胸怀理想、志存高远，积极投身中国特色社会主义伟大实践。

三层：勤学惜时。设计为勤学惜时名言警句的展现，激励学生勤奋好学、珍惜时间、锲而不舍，为获得成功而不懈努力。

四层：修身养德。设计为修身养德名言警句的展示，对学生进行品德教育，以中华传统美德滋养中学生成长，激励学生更好地完善自己，丰富自己的道德涵养。

五层：志存高远。设计内容为志存高远的名言展示，激励师生树立远大的人生目标，不断磨炼意志，拼搏进取，终有所成。

六、安全教育

根据初中学生活泼好动的特点，利用每层楼护栏位置，设置五十块精美的安全提醒标语，学生走出教室随处可见，时刻警醒学生安全的重要性，心中时刻有平安，增强学生防范意识，营造校园安全环境。

七、古今名人

各楼层悬挂古今中外的历史名人画像及简介，引导学生认识和端正自己的世界观、人生观、价值观，竖立远大理想，提高自身的文化修养。

"唐诗半河南"系列：张说、崔颢、杜甫、岑参、白居易、刘禹锡、元稹、韩愈、李商隐、李贺。位于"精识楼"二楼。

"伟大的探索者"系列：蔡伦、张衡、祖冲之、沈括、郭守敬、徐光启、牛顿、达尔文、居里夫人、爱因斯坦。位于"精识楼"三楼。

"国士无双"系列：李四光、侯德榜、钱学森、钱三强、邓稼先、于敏、黄旭华、孙家栋、袁隆平、屠呦呦。位于"精识楼"四楼。

第五节　班级文化　凝聚"精致"志向

"环境育人，环境造就人。"班级文化是影响学生健全人格的隐性课程和重要途径，也是班级风貌的综合体现。学生个性化发展是我校精致教育理念下精品育人的重要组成部分，在班级这个学生成长的主阵地建设上提出了"把班级还给学生"指导思想。在板块统一的基础上，充分给予各班彰显个性的空间，自主思考、自主发挥、自主布置，构建风格各异的班级文化。设计中体现三个层面：物质文化建设（表层）；制度文化建设（幔层）；精神文化建设（深层）。

四个标准：以人为本、洁净雅致、实用美观、自主创新。

教室内色调以中国红、北京蓝、象牙白为主。统一配备符合人体工学的升降课桌凳，多功能教学一体机，音响、空调、电扇、LED 护眼照明灯，前后独立推拉黑板等基本教学设备。配置劳动工具存放柜、班级书架、班主任专用桌椅等辅助设施。教室西墙主教学黑板上方统一定制国旗和班训，黑板南侧悬挂"心语"信箱；南墙是《中学生行为规范》和《中学生守则》；北墙统一定制磁吸式版面《我们的班级》和《我们的小组》，用以展示班级小组建设内容。

教室外是班级名片，包含班名、班徽、班级口号、班风、班规、班主任寄语等内容，集中展示各班的核心文化。窗台外墙为作业展示区和交流学习区，特色作业、思维导图、作品展示等精彩纷呈。

总之，班级文化建设力争突出班级特色，形成独特的班级文化，努力营造健康向上、富有成长气息的班级文化氛围。

第六节　围墙创作　体现"精致"风貌

一、中华优秀传统文化墙

学校是传统文化教育的主阵地。近年来,加强传统文化教育,推动优秀传统文化进课堂、进校园是学校必须做好的一项工作。优秀传统文化进校园不仅仅是为了文化传承,更是为了实现国家、民族的复兴,是当下时代发展中的需要,也必将是未来教育工作的重点。我校"中华优秀传统文化"长廊位于篮球场南侧,设计风格典雅厚重,精心遴选先秦诸子、传统文学、国粹艺术等内容,引领师生穿越历史的星空,与伟大的灵魂相遇,接受文化的熏陶,感悟国粹的魅力,增强中华优秀传统文化的认同感和自信心,提升文化传承的自觉性与紧迫感,并以此启迪心智、培养美德、陶冶品行。

二、体育运动文化墙

足球场围墙以白色墙体配红色图案,图案设计为球类、体操类、游泳类、田径类以及中考体育测试类等七大类二十个体育项目的运动符号展示,简单而充满力量,以此激发师生的运动热情。

中华优秀传统文化墙和运动文化墙首尾相连,成为学校围墙文化一道亮丽的风景线。

第二章　精致教育　园林化校园

"园林化"概念是精巧校园环境建设的重要组成部分。明确表达了将园林概念融入规划设计中，以"园"为特征，形成现代化、园林化、生态化的学校环境。在学校中形成大大小小、有主有次、主题鲜明的园林组团，使园林包围建筑，建筑建在园中，按照校园整体布局自然分布，形成人、建筑、自然和谐统一的氛围。精华园、精勤园、精耕园、精承园，四个园林景观既主题鲜明又互为依托，既区域独立又脉络相承，充分体现了我校园精巧校园建设的文化精髓，达到了校园环境与学校文化、教育内涵的统一。

第一节　精华园——"为学"以"筑梦"

精华园位于学校大门东侧，占地约 600 平方米。精华，指事物之最精粹、最优秀的部分，也有精神元气的含义。刘向《九叹·惜贤》云："扬精华以炫耀兮，芳郁渥而纯美。"该景观园内植物繁盛，生机盎然，蕴藉着满满的自然精华。以"精华"命名，激励师生在苍翠润泽的自然环境中，提升精神生命，变得更加健康、更加优秀。园中两块大小不同刻有"为学"和"筑梦"的石雕点缀其中，象征着师生以梦为马，不负韶华，携手奋进共筑三十中美好未来。园内有棕榈、石榴、桃树、杏树、银杏树、海棠树以及蜡梅、垂丝海棠、红叶石楠等六大类十二个品种。一年四季繁花似锦，春华秋实，勃勃生机，象征着学校日新月异，不断发展的新面貌。

第二节 精勤园——"勤奋"以"精致"

精勤园位于学校精志楼和精识楼之间，主教学区东侧，占地400平方米。韩愈有言："诗书勤乃有，不勤腹空虚。"勤是学校教育以及学生求学到达精致的必由之路。以"精勤"命名，激励师生读书穷理、循序致精。园内建有廊架、蘑菇亭，适于师生在此读书、休闲，因此，围绕学校"精致教育"理念，将其命名为"精勤园"，并以此内涵进行园内设计。廊架入口处直观展示花园名称，立柱上刻有读书名言，均以木条形式承载，清雅大气、端庄风华。花园一角设计为一弧形带状半展开式竹简墙，下面放置几本书，并直观呈现花园名称，以此激励学生与书为友，勤读启智。两侧分别是宣传栏和休闲座椅，同时在廊架和蘑菇亭的座椅上添加了合适材质的坐垫，方便师生在此舒适阅读。

第三节 精耕园——"耕耘"以"励志"

精耕园源于弘扬中华传统的"农耕"文化，唯精耕细作方能丰衣足食。精耕园主要为开展学生劳动实践活动，体验中华传统农耕文化而建设。通过劳动观念教育、劳动技能教育、劳动精神教育、劳动习惯教育，使学生全面发展。精耕园位于精勤园内部，占地200平方米，是小中见大的园中园。该园边缘用竹子造型勾勒出园区基本轮廓，与精勤园既区分又融合。模仿田间地头用防腐木制作阶梯式休息区和传统农耕用具展示区，烘托出农耕劳作的氛围。园区中央以不规则形状，配以白色矮篱笆墙划分果蔬区、花卉区、中草药三大种植区，区域间青石板蜿蜒小路与精勤园文化回廊相汇通。学校以班级为单位划分责任田，从耕地、施肥，到播种、浇水，再到最后的采摘、收获，全部是学生在老师的指导下自主进行，孩子们虽一身土、一脚泥，但兴趣浓厚，收获满满。学生在学习和实践的过程中，逐步养成积极向上的劳动美德，对践行和培育社会主义核心价值观，传承和弘扬中华民族优良传统，培养担当民族复兴大任的时代新人，具有重大意义。

第四节　精承园——"传承"以"自信"

精承园位于学校精志楼和精识楼之间，主教学区西侧，占地400平方米。"精承"，传承中华文化之精髓，延续五千年文明之辉煌。中华传统文化是中华民族世代继承发展，具有鲜明特色的先进文化。学校教育作为整个教育体系的基础，将优秀传统文化融入校园的环境布置之中，以优秀传统文化为元素，用学生乐于接受的形式与载体，营造一个良好的传统文化学习氛围，潜移默化之中帮助学生了解和传承优秀民族文化传统，培养学生的民族自豪感和文化自信心。

精承园，竖立古典牌楼风格的雕塑，隶书园名。园林中央依托原有柿子林为主体，将24棵柿子树设计为二十四节气并配有文字释义。园林北侧是中国传统戏曲文化区和脸谱文化雕塑。南侧和东侧，利用楼道立柱的四面，设计包括武术、中医、扎染、饮食、剪纸、皮影、书法等32个具有代表性的传统文化项目的介绍版面。园区整体采用下沉式设计，依托走廊台阶用防腐木搭建文化交流区，西侧设计为大型浮雕党的教育方针，下面采用花岗岩垒砌三个花池，种植海棠花，三个花池之间设计为休息连椅。将传统文化作景观化处理，在充分具备教育职能的同时，又为校内师生提供交流、休闲的场所，达到舒缓压力、疏松心理的作用。

第三章　精致教育　数字化校园

在当前教育数字化转型时期，我校加快数字校园建设步伐，努力将教育教学与数字化深度融合，实现了数字化管理、数字化教学，提高了学校行政管理效率，优化了备课、上课、听课等环节，课堂效果得到显著改善。

一、专家引领　规划先行

我校是新乡市窗口学校，在数字化和教育教学深度融合的今天，更是明确了建一所面向未来的数字学校的办学愿景。学校邀请多位专家领导莅临我校调研指导，问诊把脉，确立课题，研制规划。进一步明确了抢抓"数字化"给学校带来的发展机遇期，从线上、线下两个维度，从教师的教、学生的学、学校的管三个方面，从规划、设计、建设和应用四个层面，全面系统推进学校数字校园建设的发展目标。

得益于专家领导科学的论证与顶层设计，我校在数字校园建设与发展中，将"创新、协调、绿色、开放、共享"作为学校在"数字化"时代的发展理念。做到了设计施工与科研规划同步，硬件环境与软件应用同步，资源配置与教师培训同步，教育传承与创新发展同步。为学校面向未来的发展初步确立了先发优势。

二、硬件建设　提供保障

我校互联网接入带宽1200M，局域网带宽1000M，校园Wi-Fi全覆盖。录播教室1间，多媒体教室35间，信息技术学习室2间。云桌面办公系统为教师线上办公、资源共享提供了极大便利，教师在办公室、教室、家庭登录账号即可移动办公，展示教学资源。

三、数字办公　效率提升

我校使用了"企业微信"办公OA系统，实现了公文审批、工作计划、公告通知、功能室预约、物品报修、设备采购等日常教育教学工作的数字化运行，学校教职工无论身在何处，都能通过智能终端了解学校工作、处理办公事务，将学校的办公工作转移到了手指触动屏幕的瞬间，既保留了工作痕迹，又提高了工作效率。

四、智慧课堂　数字助力

我校智慧课堂的理论思想为：数字化环境下，基于广泛的学习资源，以教师为主导、以学生为主体、以训练为主线，为学生创造美好的学习与发展体验。

智慧课堂的两个核心：一是给学生学习的工具，即广泛的学习资源；二是为学生提供学习的阵地，即高效学习小组。

智慧课堂的七个度：

融合度：学科教学与信息技术深度融合的程度。

参与度：学生的全员参与、全程参与和有效参与。

亲和度：师生之间愉快的情感沟通与智慧交流。

自由度：学习的方式上更尊重学生的个性选择。

整合度：即整体地把握学科知识体系。

练习度：学生在课堂上动脑、动手、动口的程度。

开放度：在知识整合的基础上向广度和深度开放，从课堂教学向社会生活延伸。

具体实施策略如下：

（一）建设班级文化，提高学生"学习力"

为了提高学生的"学习力"，智慧课堂在课堂支撑——班级文化建设方面，将班级信念、小组建设、师友互助、自主学习能力、自我展示能力等分类别、分批次制作成微课，通过分享"二维码"的形式在学校中交流、在家长中分享，通过交流分享，使教师、家长、学生将班级文化内敛于心，家校共同努力、共同督导，以家校共育的形式提高学生的"学习力"。

（二）开展协同备课，发挥集体智慧

为了进一步提高教师的教育教学水平，促进各个班级的教育资源均衡，帮助年轻教师快速成长，发挥集体备课的智慧，提高教师备课效率，我们采用了线上线下相结合的网络协同备课形式。

备课过程由主备课人发起备课任务，同学科其他教师共同参与，分工协作、责任到人、即时反馈，在云平台上讨论交流，共享资源。这样就使教师们的教研不仅发生在面对面交流时，还可以发生在触动手机屏幕的每一个瞬间，使教师们随时随地都能进行交流、教研，备课效率得到极大提升，也从根本解决了智慧课堂中教师备课资源准备难的问题。

（三）借助课前学习，优化课堂教学

线上预习，就是学生根据教师准备的课前学习任务清单自主进行微课、习题检测等数字资源的课前学习，并借助互联网进行在线交流答疑。

学生完成预习并在规定时间提交作业后，在学情分析平台的帮助下，作业的提交情况、完成情况、每道题的正确率以及整体预习效果等诊断报告便会马上反馈到学生和教师的智能终端。根据诊断报告学生能即时进行再预习，教师也能对第二天的课堂做出即时调整与改善，为课堂教学提供了有力的数据支撑，与常规教学相比，作业的评价反馈效率得到了极大提高。

（四）整合学习资源，强化师生互动

课中教学，就是基于广泛的学习资源，以教师为主导、以学生为主体、以训练为主线，以设疑和答疑为主要内容的课堂教学。

课堂上，教师利用课前大数据诊断分析的结果，先进行课前预习答疑，包括学生小组合作答疑和教师集中答疑，突破本节课的重点、难点、易错点。然后在教师的引导下进行课中其他知识的学习与重难点的强化训练，整个课堂采用学生小组合作、生生讨论、互提问题、互帮答疑、强化训练、教师解疑的形式进行，教师只是课堂的组织者、引导者，从真正意义上实现了教师的主导作用和学生的主体地位。具体流程如下：

一是课堂激励。全班学生起立，共同诵读本学科的学习激励语言，使学生以饱满的精神进入课堂学习。

二是课堂导入。教师用简洁明快的语言实现旧知向新知的导入，唤起学生新知的兴趣与好奇心。

三是课前反馈。教师根据课前学生微课学习和互动性题目检测，以大数据的形式精准反馈学生的课前学习情况，指出本节课学生需克服的知识点薄弱环节，根据课前学情状况重构的课堂教学进行授课。

四是互助答疑。教师下发学习提纲，学生按照课堂学习提纲上的路线图自读课本、观看微课、自学深思、勾画圈点、分析归纳、小组合作、师生互助、展示讲解，攻克课前学习出现的问题。

五是巩固拓展。教师出示深层次题目，学生先自行解答，电子书包统计反馈；然后小组合作，生生师友互助，完善答题结果。

六是互辩共展。在课堂上，充分体现学生的主体作用，辩解与展示同步进行，全面落实"五个我"，即"我展示、我补充、我质疑、我点评、我自清"。

七是点评提高。学生激情展示结束后，教师开始精准讲解，对本节课知识进行梳理，使学生在认知上得到提高。

八是检测练习。教师对本节课的知识进行课堂检测，使学生学以致用、举一反三。

（五）提交在线作业，数据驱动学习

在线作业，就是教师利用云平台布置数字作业或让学生在云平台上自主设计当天或章节性的作业，学生利用智能终端在线完成作业并提交，教师依托云平台接收和批改学生作业，采用线上线下相结合的方式解答学生疑问，全时帮助学生。此外，学情分析平台能即时将学生作业的完成情况和知识点掌握情况形成诊断报告，供教师评阅，克服了教师批改作业周期长、反馈慢的难题，同时也利于教师对成绩优劣和成因进行分析研究，查找学生学习中存在的问题，从而提高学习质量。

（六）探索"二维码"评课，促进专业成长

课堂评价，我们创新了评价方式——二维码评课，就是教师之间可以通过扫描个人二维码的形式进行线上评课，同时结合线下评课，全时高效。

智慧课堂实施以来，学校组织了大量的校内优质课活动，校内校外的许多领导、专家和教师到班上听课考察，传统的评课方式很难做到节节点评、人人交流。二维码评课方式对其是一种很好的补充和发展。每一位听课者都可以借助互联网，利用问卷星免费资源，即时精准地把自己听课后的评价、感受、建议传递给讲课教师并进行交流讨论，使讲课教师能获得更多的原汁原味的点评和建议，从而使教师之间的评课发生在触动屏幕的弹指间，教师的成长孕育在彼此的点评中。

对于教学管理者，二维码评课方式更方便教师发展中心掌握每一位教师完成听课任务的数量和质量。在后台我们可以查阅教师听课的具体时间和评课内容，从而杜绝了教师为完成听课任务而突击听课、虚假听课，实现了教师听课的真正意义，使教师听课逐步由被动到主动，促进了教师的专业成长。

五、课题引领　荣誉兼收

在学校数字化发展过程中，荣誉与成效双收。与数字化相关的省级结项课题7项、省级优秀成果8项，CN类刊物发表论文8篇，市级课题、成果若干；学校先后荣获河南省教育信息化应用示范校、教育部在线教育研究中心"智慧教学试点项目"单位、河南省首批中小学数字校园标杆校、新乡市教育信息化工作先

进单位、全省教育信息化工作先进集体等荣誉称号。

近几年来,我校依托数字化,有效实现了学校管理方式的转变、教学方式的转变、学习方式的转变,为落实精致教育,促进品质发展助力添彩!

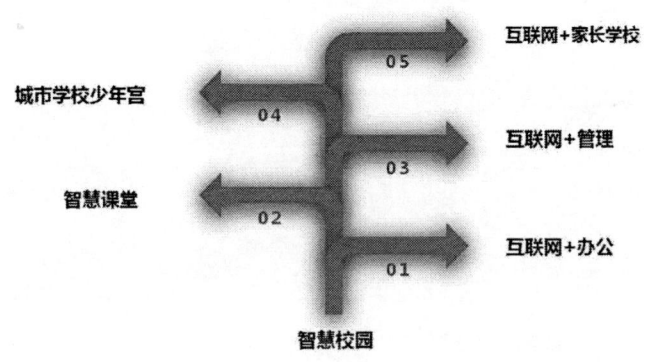

新乡市第三十中学智慧校园

第三篇
精致教育·精细管理

　　学校的精细化管理涉及多个层面,无不需要我们一步一个脚印地去探索和实践。精细管理是一种境界,它既不能一蹴而就,也不是高不可攀,它就存在于日常工作的每一个细节之中。我们必须不断改变粗放的工作方式,事事力求"精细",持之以恒、长期坚持,行为就会形成习惯,习惯就会成为品质。我们相信,当"精细化"成为每一个教育人内在的一种品行时,它将不只是一种管理体制,也不仅是一种思想方法,它必将作为一种生存方式,对我们的工作和生活产生深远的影响。同时,我们坚信,精益求精的事业态度,细致入微的教育过程,润物无声的德育渗透,必将打造出更加精致卓越的新乡市第三十中学!

第一章　精心党建　凝心聚力

中共新乡市第三十中学支部委员会新一届领导班子由屈新红同志任书记，王军同志任组织委员、李新华同志任宣传委员、胡威同志任纪检委员。截至2024年，共有党员75名，其中在职党员59名，退休党员16名。支部党员有中小学高级教师职称36人，中小学一级教师29人。研究生学历5人，本科学历66人。

中共新乡市第三十中学支部委员会以习近平新时代中国特色社会主义思想和党的二十大、二十届二中全会为指导，坚持马克思主义指导地位，贯彻习近平新时代中国特色社会主义思想，坚持社会主义办学方向，落实立德树人的根本任务，坚持教育为人民服务、为中国共产党治国理政服务、为巩固和发展中国特色社会主义制度服务、为改革开放和社会主义现代化建设服务，扎根中国大地办教育，同生产劳动和社会实践相结合，加快推进教育现代化、建设教育强国、办好人民满意的教育，努力培养担当民族复兴大任的时代新人，培养德智体美劳全面发展的社会主义建设者和接班人。

第一节　八个第一　体现先锋作用

一、坚持"第一议题"学习制度

重点学习习近平新时代中国特色社会主义思想、习近平总书记视察河南重要讲话指示精神，习近平总书记关于教育的重要指示批示精神，结合工作实际，人人谈学习感受。

组织党员教师采用集中学习与自主学习相结合的方式学原文、悟思想。积极参加"喜迎二十大 中原更出彩"学习强国答题比赛，《我怎样学习好、落实好党的二十大精神》征文活动，"学习二十大 教育在行动"校长访谈。召开了"深入学习习近平总书记视察安阳重要讲话精神，大力弘扬红旗渠精神"专题组织生活会。组织学生开展了"喜迎二十大，奋进新征程，永远跟党走"离队入团活动、"献礼二十大，争做好队员"主题活动，以及"谈感悟、树理想""学习党的二十大精神"线上主题团课教育活动。

党员学习常态化并做到学深悟透、系统全面、融会贯通，通过开展系列活动深化对党的创新理论的理解与运用，引领干部队伍能吃苦、会干事，党员队伍勇争先、做表率，教师队伍师德高、业务精，青年学生有理想、求上进，教育效果显著。

二、拓展"第一主题"学习内容

学习习近平总书记在党史学习教育动员大会上的重要讲话精神，教育局党史学习教育动员大会会议精神，集体观看党史学习教育专题片《百年红印》，组织全体党员学习《习近平论共产党历史》《中国共产党简史》等，每周安排两次学习，撰写学习笔记。开展"党史上的今天"专题党史教育，每天在党员群发送学习链接，供党员自主学习。全体党员坚持利用"学习强国"平台认真学习党史及习近平新时代中国特色社会主义思想。突出课堂主渠道，在语文、政治、历史等学科教学中，自主安排一定数量的党史内容，并将党史教育与学科教学有机融合。

三、抓住"第一节点"推进学习

抓好以"党史学习教育"为主题的"第二课堂"，充分利用校园广播站、学校社团、社会主义核心价值观大讲堂、爱国主义教育基地、团队室等阵地，紧紧抓住清明节、"五四"、"七一"等重要时间节点，采取手抄报、黑板报、座谈会、成果展演、红歌传唱等形式，在师生中扎实开展党史学习宣传教育活动。

四、落实"第一责任"回应学习

把"我为群众办实事"实践活动作为党史学习教育重要内容，既着眼长远解决好困扰学校发展的重大问题，又积极回应群众关切并解决好群众急难愁盼的具体问题。认真组织好课后延时服务，做好提质扩面的工作；开展师德师风专项整顿活动，开展自查自纠，加大查处力度，坚决制止违规办班、收受节礼、收取回扣、有偿补课等违纪行为；围绕中小学生作业、睡眠、手机管控、体质、读物等热点问题，积极探索拿出解决的办法。

五、规划"第一项目"突出主题

学习贯彻习近平新时代中国特色社会主义思想主题教育。成立主题教育领导小组，下设办公室，形成了"领导小组总牵头、办公室统筹联动、党小组积极参与"的工作格局。制定印发主题教育学习方案、学习计划，做到"规定动作"一个不少，"自选动作"务实管用，确保主题教育各项工作环环相扣、无缝衔接、一体推进。

领导领学、专题研讨、视频学习等形式丰富多彩。在必读党章、党的二十大报告和《习近平新时代中国特色社会主义思想专题摘编》的基础上，融入教育特色，增加了习近平总书记对教育的重要讲话、重要批示精神等内容，使学习更接地气，更富成效。

六、深入"第一前沿"解决问题

中层以上领导深入教学一线听课评课，把脉问诊、解剖麻雀，及时发现并解决问题。征集学生、班主任、教师关于社团、办公桌、作业布置、职评量化方案、无线网使用等内容意见建议47条，24个社团满足了学生的个性化需求，30张办公桌满足了班主任办公的需求，白板清灰除尘满足了教学需求，升级数字监控满足了安全管理需求。开展社区治理恳谈，解决帮扶社区制作版面、慰问社区困难群众、认领社区居民微心愿……坚持为群众办好事实事，确保把调研成果转化为推动教育教学高质量发展的实际行动和积极成效。

坚持把检视整改贯穿于主题教育始终，支部委员以刀刃向内的自我革命精神，坚持边学习、边对照、边检视、边整改，重点围绕组织开展主题教育、执行上级党组织决定、严格组织生活、加强党员教育管理监督、联系服务群众、抓好自身建设等方面，深入查找问题短板、深刻剖析问题根源，形成问题清单。检视整改问题7个，制定措施7条，明确整改措施、整改时限、责任人和责任部门，对问题清单动态管理，及时对账销号。

七、营造"第一生态"努力奋进

坚持民主集中制，听取各方意见建议。召开工会第六届会员代表大会第二次全体会议，就会员体检、慰问、退休、开设工会专用账户提交了四项议案，全体会员代表认真审议并全票通过。对于评优评先工作，坚持公开、公平、公正原则，自下而上，择优推荐。干部任用在自愿申报、民主推荐、班子集体商议的基础上产生，打造老中青干部梯队。学校干群关系、师生关系和谐，政治生态优良。

八、争取"第一荣耀"照耀党旗

开展"党史学习教育""以案促改""学习贯彻习近平新时代中国特色社会主义思想主题教育"等专题组织生活会和民主生活会。党支部委员之间、党支部委员和党员之间、党员和党员之间积极开展谈心谈话。党支部成员围绕如何坚守初心使命、如何廉洁高效履职、如何整治本单位腐败问题等进行深入剖析，逐一开展批评与自我批评。各位党员在党小组组织生活会逐一发言，讲收获提高，讲差距不足，开展批评和自我批评。

党员志愿者在抗洪救灾、疫情防控中冲在一线，不仅深入帮扶社区清理垃圾、防疫消杀，更是在书记屈新红的带领下奔赴卫辉市开展灾后重建志愿服务活动。在向阳办事处秋冬社区开展文化进家园——书写春联志愿者服务活动。每周固定时间到向阳办事处秋冬社区开展"清洁家园"主题志愿服务活动。党员志愿者积极参与每月"春雨行动"，受到封丘荆乡回民中学的高度赞扬。"快乐成长"农村少年宫帮扶活动多次被学习强国平台报道。

第二节　思想精管　促进"精神成长"

一、高度重视，坚守思想阵地

学校党支部高度重视意识形态工作。成立以党支部书记屈新红为组长的意识形态工作领导小组，定期组织学习习近平总书记关于意识形态工作的重要论述及省委、市委、教育局党组关于意识形态工作的重大决策部署，专题研究意识形态工作。紧抓思想引领、价值宣扬、舆论导向等关键环节，营造健康向上的思想政治氛围。

坚决落实立德树人的根本任务，大力推进习近平新时代中国特色社会主义思想进教案、进课件、进课堂、进头脑、进教材，为努力培养担当民族复兴大任的时代新人、培养德智体美劳全面发展的社会主义建设者和接班人贡献力量。坚持每月一次的"社会主义核心价值观大讲堂"活动。充分利用重要时间节点开展"扣好人生第一粒扣子"主题教育活动，特别是到延津烈士陵园祭奠卫国戍边英雄肖思远，并开展少先队建队仪式。举办"我们的节日"各种丰富多彩的活动，让学生在耳濡目染、潜移默化、身体力行中受到教育，陶冶情操，从而树立正确的人生观、价值观、审美观，培养学生高尚品格。开展防灾自救教育、防治校园欺凌教育、远离毒品教育、传染病防控教育、远离"三无"食品教育、文明交通等安全法制主题教育，培养学生明理守法，保护自我的行为习惯。

二、拓宽途径，引领正确导向

（一）扎实开展思政课活动

深入贯彻落实习近平总书记"思政课是落实立德树人根本任务的关键课程"指示精神，创新形式上好思政课。一是开设行走的思政课，主题班会思政课，"我与校长有个约定"等特色思政课，让思政教育更接地气，真正入脑入心。新乡市委常委、统战部部长、副市长王占波莅临我校参加"如何上好思政课""学党史、庆华诞"两次主题党日活动，并被新乡新闻网等媒体报道。二是邀请校外辅导员上思政课。在卫辉市唐庄镇穗华心国防教育基地，时代楷模吴金印对四百余名师生讲解了唐庄镇的发展历史，并为三十中"行走的思政课"教育实践基地授牌。新乡市人民政府副秘书长李亮以《法度与人心》为题，为全体教师上了一节精彩的党史与法治教育课，活动被新乡市教育系统党史学习教育简报第34期刊发。在河南科技学院马克思主义学院爱国主义教育馆，刘中元副院长深入浅出地为三十中师生代表作了关于"建党100周年"专题讲座，使大家深刻地认识到中国共产党成立的艰难历程和伟大历史意义。河南省骨干教师、市优秀思政课教师、新乡市中学思政课教研核心成员梁淑青老师到我校作《传承红旗渠精神 做新时代追梦人》宣讲。河南省"李芳式好老师"、新乡县大召营中学张峰老师作题为《选择与追求》的师德师风专题报告，筑牢师生的思想阵地。

（二）多种形式开展教育活动

一是大力宣传学校先进典型。选树河南省文明教师、红旗区道德模范、新乡道德模范候选人路恺老师，优秀党员秦启、葛金涛、李鑫鹏、樊华、李琳老师，新时代好少年张浩轩、刘世玺、郭梓萱，文明学生于程程、张子轩，二奶学生张嘉程、徐梓洋等，引领全体师生向上向善。二是重要时间节点主题教育。"纪念抗美援朝胜利70周年"主题教育、"庆祝教师节"、与武汉市汉铁初级中学开展"同心战疫 共创未来"线上主题班会等特色活动多次被新乡电视台、新乡教育电视台、《新乡日报》、学习强国报道，引领全校师生统一思想，坚定捍卫"两个确立"，坚决做到"两个维护"，增强向心力和凝聚力。

第三节 廉政精密 落实"一岗双责"

一、狠抓党风廉政建设

党支部书记屈新红认真履行第一责任人责任，坚持做到"四重"，即重要工作亲自部署，重大问题亲自过问，重点环节亲自协调，重要事件亲自督办。支部委员、党务干部、党小组长严格履职尽责，形成一级抓一级、层层抓落实的工作体系，把党风廉政建设落实到每位党员干部身上，自觉接受监督。

二、营造廉政文化氛围

领导班子带头遵守准则、条例、中央八项规定及省委、市委等廉洁自律规定，引领全体党员干部常修为政之德、常思贪欲之害、常怀律己之心。制作党建、党风廉政文化长廊，在宣传习近平新时代中国特色社会主义思想和党的二十大精神的同时，做好廉政宣传，营造廉政氛围。

三、以案促改常抓不懈

学习《全国查处违反中央八项规定精神问题7021起》《新乡市纪委监委通报三起违反中央八项规定精神典型问题》《河南省纪委监委公开通报5起违规配备和使用公车典型问题》《违规吃喝警示小课堂丨组织聚餐挨处分，私人会所莫出入》《河南省纪委监委公开通报4起违规收送礼品礼金典型问题》《中央纪委国家监委公开通报七起违反中央八项规定精神典型问题》《26起违反中央八项规定精神问题》《河南省纪委监委公开通报5起违规吃喝典型案例》《新乡市纪委监委通报：3人被处分！》等违法违纪典型案例，通过深入细致的思想政治工作教育人，又通过分类梳理、认真研析，推动扎牢制度笼子、规范权力运行，一体推进不敢腐、不能腐、不想腐。

四、确保校园风清气正

通过签订承诺书、以案促改、廉政党课、廉政谈话、廉政提醒等形式，加强廉政和师德师风教育，做到常提醒、常教育，推动我校党员干部政治上靠得住、工作上有本事、作风上过得硬、群众信得过。每年进行师德师风专题培训，特别是在重大节日期间，集中廉政教育、廉政谈话、开展监督检查，无任何违纪违法情况。

五、推进作风纪律大提升

强化主体意识、责任意识和服务意识,做到"说了算、定了干、干了好",确保作风纪律大提升。重点在中层以上领导、学科组长和班主任开展"三多三少"教育,即多沟通、多尊重、多补位,少抱怨、少猜疑、少拆台,形成良好的工作氛围。既"埋头苦干"又"抬头看路",既"仰望星空"又脚踏实地,牢记使命责任,勇于担当作为,作风纪律持续向好。规范党员干部行为,强化问责制度,真正做到有权必有责、有责要担当、失责必追究。在保障深入推进全面从严治党的同时,更好地保护党员教师干事创业的积极性,激励新时代新担当、新作为。

中共新乡市第三十中学支部委员会多次荣获教育系统先进基层党组织、党员先锋岗、五星党支部、新乡市红旗区优秀驻区单位党组织等荣誉称号。党建引领学校全面工作,落实了学校"精致教育"办学理念,开创了学校跨越式发展的新局面!

附1:

精心党建案例

践行雷锋精神　帮扶结对学校

为弘扬雷锋精神,传播志愿服务理念,推动学雷锋志愿服务活动常态化,党员志愿者在校党支部的带领下,发挥学校优势,秉承"奉献、友爱、互助、进步"的志愿服务精神,带动全体师生踊跃投身帮扶结对学校活动,在我校形成了浓厚的雷锋精神学习氛围。

一、春风化雨润泽乡土

(一)捐赠物资爱心满溢

在春雨行动工作开展的过程中,我校紧扣"落实教育　精准扶贫"这一主题，分析封丘县荆乡回民中学急需解决的困难，统筹协调安排，加大资金投入，保障扶贫精准有效。在党支部书记屈新红的直接领导下，通过春雨行动向回中捐赠了教育教学和校园建设需要的各类物资。体育器材方面，捐赠了跳绳、足球、篮球、实心球，合计7400余元，有力保障了回中的体育课和中考体育训练正常进行。教辅文具方面，捐赠了200余套各学科中考复习资料，20箱学生使用的文具，120本学生使用的笔记本，合计28000余元，确保了回中师生拥有充足的复习资料和学习用具。在书香校园建设方面，捐赠各种优秀图书2600余册，合计74000余元。以上物资如及时春雨，为回中的教育教学和校园建设注入了新的活力，成为三十中扎实开展春雨行动的有力见证。

（二）名师骨干送课助教

送课助教是春雨行动工作的重中之重，我校党支部特别重视此项工作开展的成效，每次赴封丘回中送课助教都会由领导带队。三十中选派省市级党员教师、名师骨干送课助教合计75人次，内容涵盖义务教育阶段初级中学要求开设的所有科目。在回中的课堂上，三十中的教师以前沿的教学理念，合理的教学设计，流畅的教学过程，娴熟的技术手段，博得了回中的教师和学生们的一致好评。与此同时，名师骨干走进回中课堂，认真听课评课，与回中的教师共同研讨每一节课的得失，帮助他们稳步提升教学水平。在共同教研活动中，不仅为回中教师带来了先进的教学理念，而且送来了丰富的教学资源，包括各学科的最新版本的教学设计、课件、微课及课堂实录等。通过系统的送课助教与合作教研，回中的学业水平有了显著的提升。

（三）科研课题共建共享

基于教育科学研究在教师专业成长中的重要作用，三十中发挥教科研先进单位的优势，将"科研课题共建共享项目"作为春雨行动的重点工作来抓。在历次春雨行动中，三十中精心选派党员科研骨干为回中教师进行培训，包括选题、立项、开题、实施、结项等，使回中的教师熟悉教育科学研究的每一个步骤，掌握科学的研究方法和规范的实施策略。春雨行动实施以来，回中有九位教师参与到三十中的六个的课题组中。在课题主持人的带领下，课题组成员齐心协力，合作研究，通过"春雨行动"这一平台加强联系，共同学习，共同进步，稳步提高两校的教科研水平。六项课题顺利结项并取得了不俗的成绩，正是三十中春雨行动的硕果之一。

（四）读书交流成效显著

我校在创建省级书香校园和省级示范性图书馆的过程中，将宝贵的经验介绍给荆乡回中，致力于帮扶回中打造自己的书香校园。春雨行动工作开展以来，向回中捐赠包括教育教学、中外名著、科普读物等各类书籍，不仅丰富了回中图书馆的馆藏，而且促成了师生共读的良好氛围。作为三十中的学校名片，"精耕读书会"开展了丰富多彩的系列读书活动。我校将"精耕读书会"的实施情况详细地介绍给回中，双方领导研讨论证，策划筹备，帮助回中成立自己的教师读书会——麦田读书社。这一创造性的举措标志着两校共建书香校园成效显著，同时也成为三十中春雨行动工作的亮点。

二、互助学习共同提高

我校与新乡县京华社区中学结对为"互助学习共同体"，在党的建设、教育教学、学生管理、文明创建等方面互派人员，加强交流，互相学习，共同发展，实现"优质资源共享，优质品牌共创"的目标。

（一）党支部手拉手

共同开展党的建设活动。由三十中党支部牵头，两校党支部共同开展红色教育、党的理论学习等主题党日活动，帮扶京华社区中学开展文明创建活动。

（二）教育科研

建立互助学习共同体的联席会议制度，定期召开专题会议，研究部署具体工作。一是加强集体备课，促进专业发展。两校在每个学科中选拔骨干教师、名师，开展集体备课活动，使集体备课和听课、评课活动从教研组延伸到互助学习共同体。充分利用网络资源，实现更大范围和更高层次的校本教研。二是以课堂改革为中心，构建高效课堂。两校将共同推进课堂改革研究实验，利用两校间校内创优课活动等平台，共同参与高效课堂的实验，共同开展研讨活动，共同打造具有广泛推广意义的适合本校的高效课堂教学模式。三是以"同课异构"为载体，搭建研讨沙龙。两校在各学科中开展"同课异构"研讨活动,每个学科每学期进行一次由两校教研组长共同指定学段、章节和课题,由两校骨干教师分别执教,组织同学科教师听课评课,研讨交流。四是以专题讲座、课题培训、教改论坛、教师沙龙等形式,加强两校的校本培训与学习交流活动,为两校的教师搭建专业成长的平台。五是联合开展科研课题的立项研究。

(三)德育工作

一是加强德育队伍建设交流。开展班主任队伍、年级组管理队伍和学生干部队伍建设的交流学习,积极创造条件加强对班主任教师从理论和实践等方面的全方位的培训和学习。有计划地轮训两校班主任,探索、研究开设班主任培训校本课程。二是学生常规教育与主题教育同内容。两校统一学生德育工作计划和内容。七年级以养成教育为主线,教育学生从身边的小事做起,使学生养成良好的思维习惯、行为习惯和学习习惯。八年级以品行教育为主线,重点进行信心教育和抗挫折教育。教育学生做人做事要有信心,要充满希望,迎难而上,从而培养学生的自信心和坚强毅力。九年级以理想教育为主线,重点进行感恩教育,通过"主题班会""演讲活动""给家长一封信"等活动,使学生学会感恩家长、感恩同学、感恩老师、感恩学校、感恩社会——培养学生的爱心和合作精神。三是两校心理辅导教师交流学习,有计划地上好"心理健康教育课",用好校内的"心理咨询室"。四是办好家长学校。组织家长进行培训,提高家长教育水平。五是开展两校间学生文体交流活动。两校之间选派部分学生代表参加校级之间的文体活动,增进彼此间的了解,加强彼此间的沟通,学习对方的长处,促进自身的发展,带动本校的文体活动的开展。

(四)教师交流

我校选派新乡市教育系统优秀共产党员、新乡市教科文卫系统优秀教师秦启,河南省骨干教师、新乡市名师、新乡市骨干教师、新乡市模范班主任李俊,河南省骨干教师、新乡市名师、新乡市模范班主任、新乡市教学标兵马冰玉,新乡市教育系统优秀共产党员、新乡市名师、新乡市骨干教师徐鹏飞,新乡市教育系统优秀共产党员、河南省骨干教师、新乡市骨干教师、新乡市优秀教师常国栋,新乡市教育系统优秀共产党员、河南省骨干教师、河南省德育工作先进个人、新乡市学科技术带头人、新乡市级模范班主任、新乡市级优秀思政教育工作者、新乡市教学标兵葛金涛,新乡市模范班主任、新乡市文明班集体班主任梁明洋,新乡市教育系统优秀共产党员、新乡市名师、新乡市骨干教师、新乡市文明教师、新乡市教学标兵、新乡市教学先进个人、新乡市体育工作先进个人、新乡市校园足球先进个人、新乡市优秀社团指导教师夏高峰等优秀教师赴京华社区交流,京华社区中学选派张海燕等教师到我校交流,共同成长。

在我校党支部的帮扶下,京华社区中学成功创建"新乡市文明校园""河南省文明校园"。我校教师指导京华社区中学多位教师在市、县级优质课大赛中取得优异成绩,多项共同研究课题顺利结项。京华社区中学男子组球队也取得了新乡市市长杯青少年校园足球联赛初中男子甲组冠军的优异成绩。

三、两区支教成效显著

我校选派河南省骨干教师、新乡市名师、新乡市骨干教师、新乡市模范班主任、新乡市教学标兵、新乡市文明教师张领红,河南省优秀班主任、新乡市教学标兵、新乡市五一劳动奖章、新乡市模范班主任、新乡市学术技术带头人李冠婧,窦魁等教师赴原阳县福宁集镇陈杏兰中心小学、封丘县冯村乡希哲中学和原阳县太平镇第二初级中学支教。支教教师以极高的教学热情,扎实的教学功底,坦诚的处事态度投身于教育教学活动,赢得了学生的喜爱,受到同事的好评,得到了领导的肯定。

张领红、李冠婧两位教师被评为支教工作先进个人,我校也连年被评为支教工作先进集体。

四、文体助力快乐成长

我校党支部先后帮扶马庄乡原屯初级中学和封丘县荆乡回民中学乡村学校少年宫。自帮扶活动开展以来,我校选派党员教师李鑫鹏、夏高峰、韩良清、何昱及骨干教师张羽、杨磻春等,针对学生需要而缺少教师的体育、音乐、美术等学科开展丰富多彩的活动:足球、田径、绘画、面具、音乐……锻炼了学生的体能,提升了学生的审美,陶冶了学生的情操。同时,我校还向两所农村学校少年宫捐助篮球、足球、彩笔、剪刀、画纸等物品总计5000余元。

我校以积极认真的态度对待每一次帮扶活动,将最优质的课堂教学送进帮扶学校,以积极的行动谋划今日之事,更以精准帮扶的心态筹划明日之歌,旨在将少年宫帮扶活动落到实处,发挥实效。我校帮扶乡村学校少年宫活动受到马庄乡原屯初级中学和封丘县荆乡回民中学高度赞扬,也被新乡电视台、新乡教育电视台、学习强国河南平台等媒体多次宣传报道。

附2:

党员先锋模范事迹展播

霍德华

在日常教学工作中,把"立德树人"的育人方向放在课堂教学的第一位,围绕"文化自信,语言能力,思维能力,审美创造"四大核心素养来进行课堂教学设计,落实"立德树人"的根本任务。利用语文课堂教学,最大限度地发挥育人功能,通过一篇篇古今美文让学生感受到悠久灿烂的中华文明,在学生受到文明滋养的同时,能够感受到生长于斯的荣耀与幸福。在学习的过程中,通过听、说、读、写的系统训练使学生语言、思维和审美能力得到逐步提升。在实践过程中,把有效提升思维训练在语文阅读和写作训练中的比重,作为课堂语文教学工作的重中之重,不仅培养应试能力,更积累生活能力。通过课堂教学过程中的师生互动和生生互动,组织开展朗读经典美文和读书讨论会等活动来逐步提升学生的语言表达能力。帮助学生拓宽信息来源渠道,通过亲身参与各种实践活动,让学生能够更广泛地获取生活素材,这种阅历能极大地刺激学生的写作欲望,让学生写作在"真情实感"的引领下不断升华,成为学生创新表达的源头活水。

贾林鸽

作为一名党员教师,充分认识到学生是国家未来的建设者。全面推行素质教育、关注学生的终身发展及成长进步，不仅是教师职责的核心，也是价值的体现。在教育实践中，坚持面向所有学生，用爱心去教育和关照每一位学生，平等对待每一位学生，尤其是那些学习上有困难的学生，会给予更多的关怀和支持。将"一切为了学生，为了学生的一切"这一信条融入日常工作中，与学生建立深厚的联系，帮助他们解决各种问题和困难。

通过深入交流，引导学生的思想，帮助他们树立正确的学习态度。协助他们制定切实可行的学习目标，激发他们向上的动力，增强学习信心。制订详细的学习计划，将复杂的知识点分解，使学习变得更加容易，确保每天都有所进步。与家长紧密沟通，共同监督学生的学习进程，确保每一天的学习都得到有效执行。学生在学习和个人成长上都有了显著的进步，实现了自己的目标，并从中体会到了进步带来的快乐。贾老师的工作也得到了学生和家长的广泛认可和高度评价。

李丽

作为教师，在三尺讲台上已有三十几个春秋。教学工作中，面对有限的课时，以改革精神探索提高教学效率的科学方法，不断钻研科学育人的方法，激发学生自觉参与学习的意识，最大限度地提高单位时间里的教学效益。在课堂教学中，运用"自主、合作、探究"的学习方式，充分发挥学生的主体作用，激活课堂气氛，充分发挥课堂潜在功能。认真总结教学经验，写好教学后记，通过不断的反思、总结，来提高自己的教学水平。课后，经常自习课到班辅导，细致耐心地解答学生提出的每一个问题，学生作业全批全改，对有问题的学生甚至面批面改，练、考、改、评、落实一贯，主动到位，坚持如一。

工作中，始终把"爱与责任"放在第一位，用自己的一言一行为学生做出表率，以朴实端庄的人民教师形象教育学生，用自己的人格魅力去感染学生、影响学生，做到为人师表，修德修才。生活上发扬勤俭节约、坦诚待人、勤勤恳恳、乐于助人的优良传统，时刻牢记党员的责任和义务，以叶圣陶老先生朴实的话语"千教万教，教人求真；千学万学，学做真人"严格要求自己，努力做一名优秀的共产党员。

魏静

始终用心教学生，用爱做教育，把学生的快乐和进步作为不断追求的目标。在英语课堂上，精讲多练、寓教于乐，想方设法调动学生的积极性，用"热点话题"吸引学生的注意力，用班级优化大师"随机挑选"的形式来提升学生的参与感，用及时的鼓励和评价来肯定学生点滴的进步，让每一个学生用自己的方式发光。在班级管理上，把德育工作放在首位，通过班级文化塑造班级人格，培育良好班风、学风，把"鹰雁精神"落到实处；通过各种班级自主管理制度让人人有事做，事事有人做，让每个学生都成为班级的主人公；通过带领学生参观中国农业科学院研究实践教育基地，河师大图书馆、校史馆、生物标本馆等各种活动，丰富学生的课余生活。

朱嘉

在工作中时刻发挥模范带头作用，关心爱护每一名学生。班上有一名叫小松的学生，父母在他3岁时离异。从小他就跟着患有心脏病的姑姑生活。起初他眼神闪烁，不写作业，生活习惯很差。为了帮助小松成为更好的自己，我任命他为班干部，用爱心去帮助他：拉下他领读时遮书的脸，手把手教他以小组为单位分发试卷，帮他组织布置作业的语言，悄悄叮嘱他勤换内衣鞋袜……渐渐地，小松脸上的笑容多了起来，学习成绩也取得了巨大的进步。相信班级中一颗颗灰蒙蒙的星星，经过老师细心的擦拭与打磨，都能够发出耀眼的光芒！

魏应东

作为一名担任班主任和两个班英语教学的党员教师，时刻牢记要做先锋表率，工作上不敢有丝毫倦怠。为了赢得学生家长的理解、支持和配合，更好地开展班级管理工作，利用休息时间积极主动地通过微信、电话和家访等多种形式与他们保持密切联系。家长在教育孩子方面有困惑，或者其他方面需要帮助，总是第一时间倾力相助。工作得到了家长的信任、支持和配合。家长协助班主任在班级管理上做了大量工作：积极开展中考体育集训、端午节活动、主题班会，为学生购买成长档案袋、各项活动奖品、毕业纪念品，通过网络为孩子们进行心理疏导、激励斗志等。所带班级在中考中取得了骄人的成绩。

秦启

工作中以"热情服务，高效保障"为宗旨提供高效细致的服务，想方设法为师生办好事、办实事。2023年暑假，放弃假期休息时间连续奋战在教学楼加固工地监督和协调施工建设，工程按期完成，彻底消除了我校C级危房。在工作中右臂拉伤脱臼，到医院进行复位后随即投入工作中；10月因肺炎住院，上午输液下午坚持到校上班；12月极端严寒天气来临之前，秦启同志带领后勤师傅提前利用休息时间对全校供暖、供水管道进行了强化保温，保证了师生有温暖的学习工作环境，随时都能喝上热水；15日的大雪为了避免教师到校清雪因为路滑而引起事故，秦启同志主动请缨，克服困难带领后勤三位师傅，在周六周日两天时间共计清除校园冰雪达到3200平方米，迎来了周一全校1600多名师生的顺利复课。

第二章　精良队伍　团队协同

第一节　锻造干部队伍　提升领导力

干部正则校风正，干部优则群体优，干部强则学校强。力争打造具有"狼"文化的团队，不仅要个人优秀，还要明白团队协作才能战无不胜。

一、明确层级管理定位

校长的主要职责是明确学校办学理念、办学目标，制定学校办学方针和策略，为全校教职工指引正确方向，即全力做好方向性管理；副校长的主要职责是将校长的办学思想及策略转化为具体可行的办学思路，即思路化管理；中层干部的主要职责是将副校长的工作思路细化为各项操作性很强的具体措施，即实施措施化管理；而师生的任务是将具体措施落实为实际行动，即行为化管理。作为各级领导干部，能否将方向化管理、思路化管理、措施化管理落实到位，就是衡量是否称职的标准。当然，在层级管理的过程中，离不开相互的提醒和帮助。

二、提升干部工作作风

我们要求干部：要求教师做到的，我们首先做到，而且做好。大家能够走上干部领导岗位的人，一定是教师中的佼佼者。虽然事务性工作占用了大量的工作时间，但业务能力不但不能下降，还要领先于普通教师，这样才有说服力，管别人时才有底气。另外，不提倡做"甩手掌柜"式的干部，只指挥别人干，自己不干。曾经在一篇文章中看到过这样一个形象的例子：美国著名作家埃德加·斯诺在他的《西行漫记》中，曾评述过红军与白军的区别，他认为红军的作风是"跟我冲"，白军的作风是"给我冲"。红军的"跟我冲"，要求干部必须吃苦在前、身先士卒，必须有清醒的领导方向，体现出干部的领导素养，起到了凝聚团队的重要作用。而"给我冲"则是典型"甩手掌柜"式的利己主义领导风格，自己永远躲在"安全区"，却让别人"冲锋陷阵"，尤其在当今社会，这样的领导干部不会得到群众的认可。

三、抓实干部能力培训

我们利用每周五的行政例会，从提高站位、统一思想、能力提升等方面对中层以上干部进行培训。如每周一名干部分享工作中的得意案例或读书心得，相互学习、相互促进，提高干部高屋建瓴地观察问题、分析问题、解决问题的能力。

四、实行年级网络化管理

所有中层以上干部全部按照专业相近的原则,划分到相应的教研组和备课组,参与教研活动。各年级组则由一名校级干部任组长,负责本年级全面工作;两名中层干部任副组长(教师发展中心一名主任、学生发展中心一名主任),分别负责带好本年级教师团队和班主任团队,抓实教学管理和学生管理。这样的网络化管理,实现了事事有人管,时时有人管,处处有人管,变校长一人操心为大家操心,任务个个担,责任人人负,管理效能明显提高。

附:

"精致教育"理念下的管理心得

副校长王军:优秀的班长能带出优秀的班子,优秀的班子会带出优秀的学校,优秀的学校必定带来优异的成绩。近年来,学校在屈新红校长的带领下,以"精致教育"为引领,各项工作取得可喜成绩。通过几年的实践,对"精致教育"的理念也有了一定的心得。

首先,"精致教育"是一种管理理念。管,是制度,是章程,是规则,是刚性,是宏观设计,是整体把控。理,是理解,是梳理,是调理,是柔性,是微观整理,是适势顺导。"精致教育"主张"管""理"并重,营造良好的人文环境,使学校获得可持续发展。

其次,"精致教育"理念下,学校中层以上领导干部的工作定位,要把握一个原则:干部与教师之间,只有分工不同,没有身份区别。同时,还要做到"三不":不要有架子,不要耍态度,不要甩脸子。并且做到"三心":爱心、责任心、事业心。对工作要求:做细(谋划好、预设好)、做实(措施细、过程实)、做好(标准高、效果好)。这样"精致教育"将会发挥更大的作用。

教师发展中心主任楚炜:对于"精致教育"理念下的管理我是这样理解的,"精致"就是要精巧细致,"巧"自何来,是教育智慧的体现。就是要求管理者要深谙教育规律，密切联系教育实际，想问题、出实招、化繁为简、化难为易，找准教育的契机、切入点。

精致要从精细起步，精细化管理是精致教育的基础。

一是精细化管理应该体现在精细的思想管理上。要深入师生中去，深入调查，认真研究学生的特点，研究教与学的矛盾，分析教师的思想动态、专业发展水平，找到师生的最近发展区，扬长避短，拿出最合理、最让人接受的制度和方案。

二是精细化管理应该体现在精细的人本管理上。以人为本，不是单纯的感情投入，而是在投入情感的同时，要识人、用人、发展人，要以教师、职员的发展带动学校的发展。有时，我们的理解、信任、赏识比善行更能激发教师的工作热情。例如，教师发展中心在徐其林老师的思想低谷时期聘任其担任体育器材管理员工作。我们充分肯定徐老师的聪明才智，给予最大的信任和尊重，最大限度地发挥其特长，大大激发了徐老师的工作积极性，体育器材室从无到有，从初建到干净整洁、管理规范，处处体现着徐老师的辛劳，虽然徐老师的工作还不是尽善尽美，但和以前相比整体上还是很不错的。

三是精细化管理不能给教师造成过大压力，不利于教师发挥积极性与创造力。细化管理不等同于充当"检察官"，总是挑剔地查错、纠错，就会使教师内心忐忑，没有心思研究学生、研究课堂教学，影响了教育教学质量的提高。随之，我们与教师之间就会出现沟通障碍，感情疏远，工作的热情受挫，创造的激情锐减。

教科研主任秦亮："精致教育"理念强调教育的精细、深入和个性化，这不仅要求我们在教学内容和方式上做到精益求精，更要求我们在教科研管理上实现科学化和规范化。作为教科研管理者，我深刻感受到这一理念对于提升学校教育教学质量、推动教师专业发展、促进学生全面成长的重要意义。

在"精致教育"理念的指导下，我更加注重教科研工作的系统性和整体性，从课题选择、研究实施到成果总结，每一个环节都力求做到精细、严谨。同时，我也更加注重教科研工作的针对性和实效性，紧密结合学校实际和教育教学需求，开展有针对性的研究，力求取得实实在在的研究成果。

一、研究过程的细化

（一）课题选择阶段

首先，我组织教师开展教育教学的现状调研，了解当前存在的问题和亟待解决的教育难题。然后，结合学校的特色资源、教师的研究专长以及学生的实际需求，初步筛选出具有研究价值和意义的课题。接着，通过专家咨询、团队讨论等方式，对课题进行进一步的论证和优化，最终确定研究的方向和目标。

案例一：学生自主学习能力提升研究

在确定该课题时，我们深入分析了当前学生在自主学习方面存在的问题，如缺乏学习计划、自我监控能力不足等。同时，结合学校提倡的自主学习理念，我们确定了通过优化教学方法、提供学习资源等方式来提升学生的自主学习能力。

（二）研究实施阶段

在确定课题后，我组织课题组成员制定了详细的研究计划，包括研究方法、研究步骤、时间安排等。然后，指导课题组成员按照计划开展研究工作，包括收集资料、设计实验、观察记录等。在研究过程中，注重数据的收集和分析，确保研究的科学性和准确性。

案例二：个性化教学方案研究

在研究实施过程中，我们针对不同学生的学习特点和兴趣爱好，设计了多种教学方案。通过实施这些方案，我们观察并记录学生的学习变化，收集了大量的第一手数据。同时，我们还利用问卷调查、访谈等方式，了解学生和教师对教学方案的反馈意见，以便及时进行调整和优化。

（三）成果总结阶段

在研究结束后，我组织课题组成员对研究成果进行梳理和总结，形成研究报告或论文。同时，还注重成果的推广和应用，将研究成果转化为实际的教育教学行动，推动学校教育教学质量的提升。

案例三：课题研究成果的推广与应用

在我们完成"学生自主学习能力提升研究"后，将研究成果整理成报告，并在全校范围内进行了分享和交流。同时,我们还结合学校的实际情况,将研究成果应用到日常教学中,如调整课程设置、优化教学方法等。这些举措有效提升了学生的自主学习能力,也得到了学生和家长的一致好评。

二、研究措施的细化

(一)建立课题研究团队

我支持和鼓励各学科教师组建课题研究团队,发挥集体智慧和力量,共同开展研究工作。团队内部分工明确,责任到人,确保研究的顺利进行。

(二)提供研究支持和保障

学校为课题研究提供必要的经费支持,购买相关报纸期刊、专业书籍、应用软件等资源,为教师的研究工作提供便利。同时,学校还积极争取外部支持,与上级教育行政部门、高等院校等建立合作关系,为教师提供更多的学习和交流机会。

(三)加强研究过程的监督和管理

学校建立课题研究的定期汇报和检查制度,对研究进度和质量进行监督和检查。同时,还注重研究过程的规范性和科学性,确保研究工作的顺利进行。

通过这些细化的过程和措施,在"精致教育"理念的指导下,有效推动了教科研管理工作的深入发展,为学校的可持续发展奠定了坚实的基础。

第二节 引领教师队伍 保障执行力

教师队伍建设是学校发展的核心。充分调动广大教师的工作积极性和创造精神,是人本管理的基本原则,也是办好学校的重要因素。刚性的规范管理是教师群体高效执行常规的重要保障。但如果仅仅只运用刚性管理的话,有悖于精致化管理的激励原则,不利于发挥师生的主动性、能动性。因此,在精致化管理及人本管理思想的引领下,我们依据"刚性管理与柔性管理相结合"的管理原则,推出了一些策略。

一、分层发展原则

精致教育的落实重在教师。我们强调教师的全体发展,然而也清楚地认识到:全体教师"同步高位"发展是不可能的,只有尊重差异才是真正地尊重人性的发展策略。因此,我们坚持"分层发展"的原则,鼓励教师在不同层次做"最好的自己",书写属于"自己的精彩"。我们将教师分为成熟型、成长型、学习型三个等级。指导成长型、学习型教师制定专业成长计划,通过拜师结对提高教学能力。通过开展业务培训、教学管理指导等活动,提高成长型、学习型教师的教育教学能力,让成长型教师脱颖而出,学习型教师达到合格。建立名师工作室,吸引更多优秀教师加入并承担课题研究,成为推进教育教学创新的主力军。我们正是用发展的手段和方法去唤醒、激励、培养、评价每一位教师,促进教师有差异的发展。

二、遵循热炉定律

"热炉定律",即当人要用手去碰烧热的火炉时,就会受到"烫"的惩处。完善的制度就好比"热炉",没有人愿意去轻易触碰,只要触犯学校组织的制度,就一定会受到惩处。首先是完善细化学校的各项规章制度,争取做到遇到任何事情让制度来说话,而不是某个人说了算。如职称评定方案、岗位晋级方案,很具体,很明确,任何人来找我都没有用,因为我只有一票的权利,最硬核的是自己的业绩积分。其次,制度经反复征求意见、教代会讨论通过后必须执行到位,不流于形式,不形同虚设。最后,在制度面前人人平等,严格遵循公平性原则。不管谁碰到热炉,都会被灼伤。也就是平常所说的制度是对事不对人的,否则,难以维护制度的严肃性。"热炉定律"对领导、对教师都一样,坚决执行。如三十中之前的请假制度形同虚设,领导、教师请假很随意,且很多人请假没有计入考勤,造成很多"老实人"心里不舒服。人情味过浓的结果就是导致大家心理的不平衡、学校风气的毁坏。所以,在执行制度时,必须是理性的。

三、精心组织培训

近几年,我校有计划地对全体教师进行了系列校本培训,具体内容包括教育前沿理论及理论、新课标研究、课堂教学策略、师德师风教育、班主任工作、校园安全、学生及教师心理健康、教育科学研究、信息技术与学科教学融合等，取得显著成效。

一是全体教师展示出良好的师德师风，能够熟知相关的法律法规和各种规定，做到以身作则，维护教师的职业形象。

二是教师基本了解基础教育的最新发展趋势和教育新理念，同时能够联系自身工作实际，主动实践新理念、新理论。

三是教师深入理解新课标精神，掌握多种符合本学科特色的教学方法和技巧，能够提高课堂教学效果，实现教学目标。

四是教师熟知班主任工作的特点及策略，能够胜任班主任工作，顺利完成班级管理、学生安全教育、学生心理健康教育、学生学习指导、家校沟通与合作等工作。

五是教师掌握教育科学研究的方法，能够从教育教学实践中选题并顺利完成立项、开题、研究、结项，科研成果能够应用于教育教学工作中。

六是教师的信息技术素养得到提升，能够熟练掌握相关软件和硬件的使用，能够将本学科的课堂教学与信息技术有效融合，促进课堂教学效率和学生的学习效果。

新乡市第三十中学
2018—2023年度校本培训内容一览表

年度	培训时间	培训地点	培训内容
2018年	9—12月	新乡市第三十中学	1.9月份：课堂教学能力提升 2.10月份：信息技术应用能力提升 3.11月份：班主任工作能力提升 4.12月份：科研课题研究能力提升
2019年	7月8日—7月12日	四川师范大学	1. 教师心理压力的释放 2. 参观石室中学北湖校区 3. 教师语言的美丽与魅力 4. 高效课堂的校本研究 5. 浅谈国内外教育的发展状况及未来趋势 6. 有效教学的理念与策略 7. 教师职业理想与道德专题 8. 主题班会课的创设与拓展

续表

年度	培训时间	培训地点	培训内容
2019年	8月29日—8月30日	新乡市第三十中学	1. 读书论坛分论坛（各教研组） 2. 教育科学研究与教师专业发展 3. 新教师入职培训 4. 读书论坛集中展示（全体教师） 5. 信息技术与课堂融合：为什么与是什么
2020年	9—12月	新乡市第三十中学	1.9月份：信息技术与课程融合能力提升 2.10月份：作业设计与试卷编制能力提升 3.11月份：班主任工作能力提升 4.12月份：学生与教师心理健康教育
2021年	7月11日—7月15日	云南师范大学	1. 教师专业发展的基本问题与对策研究 2. 校本教研的设计与实践 3. 教师教学管理工作方法与执行力提升 4. 参观西南联大旧址博物馆 5. 核心素养培养背景下教师的职业角色和职业修为 6. 核心素养视阈下的课堂教学改革 7. 学习做课题，做研究型教师 8. 初中班级有效管理 9. 育人育分和谐共生 促进学校高质量发展 10. 教师职业倦怠与心理健康调适
2022年	8月22日—8月26日	新乡市第三十中学	1. 提升安全素养 提高育人能力 2. 落实课改理念，培育核心素养——"双新"背景下基于实证的校本教研 3. 新时代大先生：师、德、能、行 4. 校本研究视角下，切片诊断实践流程与步骤 5. 基于核心素养的新课程标准实践解读 6. 班主任领导力的维度构建 7. 校本课程开发理论与方法 8. 中小学"问题提出"教学理论与实践探索
2023年	7月4日—7月9日	辽宁师范大学	1. 从班级文化视角谈教师专业发展 2. 聚焦课堂管理 提升管理实效——让学习在课堂上真正发生 3. 心理健康自我维护：教师内源式发展赋能 4. 跨学科综合实践活动资源开发与利用 5. 打造校园活力场 五育并举育新人 6. 基于班主任工作专业发展——班级管理的艺术性和有效性 7. "慧"做班主任，"育"见新成长——家校沟通与校园安全管理
2023年	8月24日—8月26日	新乡市第三十学	1. 新一轮义务教育课程修订的挑战及应对 2. 班主任工作漫谈 3. 校本研修设计与实施 4. 一个学期建设优秀班级 5. 辽宁师大培训心得交流研讨 6. 师德、教学、科研主题讲座 7. 班主任优秀工作案例研讨 8. 班级建设主题讲座与研讨

四、五种培养模式

教师专业发展在教师的职业生涯中起着举足轻重的作用,从专业适应期到专业成长期,再到专业成熟期,是一个专业思想、专业知识、专业能力等方面不断发展和完善的过程。在此过程中,教师通过不断的实践与反思,在积累经验的基础上形成具有个人特色的教育理念和教学风格,不仅是从经验型教师到研究型教师的进化,更是从教书匠到教育家的飞跃。在初级中学的教育管理与教学实践中,助力教师专业发展主要有以下五种模式。

(一)基于教研活动的培养模式

教研活动是以促进学生全面发展和教师专业进步为目的,以学校课程实施过程和教育教学过程中教师所面对的各种具体的教育教学问题为研究对象,以教师为研究主体,以专业研究人员为合作伙伴的以校为本的实践性研究活动。

在学校中,教研活动是支撑课堂教学的主阵地,教研活动的质量在很大程度上决定着课堂教学的有效性,也影响着教师的工作绩效和专业成长。由此可见,教研活动对教师的专业发展有着举足轻重的作用。

教研活动可以分为教研组活动和非教研组活动。教研组活动有着规范的方案和流程,在学校教务管理部门的监管下有序进行。在教研活动时,教研组长依据某一个主题组织组员教师进行主题发言,交流讨论;在备课组中,备课组长依据某一个具体的教学问题组织组员教师讨论。在此过程中,教师通过学习、反思、实践来实现进步。非教研组活动可以是一次听评课活动,也可以是一次座谈会。前者可以使教师的课堂教学效果得到及时的评价和反馈,后者能够使教师与领导和专家进行面对面的深入交流,两者都是教研组活动之外的必要活动形式,在培养教师成长方面有着不可替代的作用。

(二)基于继续教育的培养模式

该模式包含个人自主的继续教育和有组织的继续教育两种方式。

个人自主的继续教育指的是教师在个人专业成长和职业发展的过程中,基于自身的实际需求,通过主动寻求学习的机会来提升自身的教育教学水平,从而使自身不断处于良性的成长之中。在这个过程中，无论是碎片化学习，还是系统化学习，都能不断地充实教师的知识，使教师逐步形成具有个人特色的知识结构，这符合建构主义的理念。因此，学校管理者可以对教师进行引导，提供建议和策略，使这种培养模式更加有效。

有组织的继续教育指的是在学校的组织下，有计划地开展面向全体教师的继续教育活动。按层次分，包括校级、市级、省级和国家级等；按种类分，包括教育管理、学科教学和心理健康等。在这种模式下，教师将会获得更多的学习机会，接触到更前沿的理论知识，更丰富的信息资源。因此，学校管理者可以根据本校教师的实际情况，有规划地安排各级各类培训，尽量使更多的教师参与到继续教育当中并从中受益。

（三）基于课题研究的培养模式

该模式是融实践化和理论化于一体的培养模式，将教师个人的教育教学经验在课题研究的过程中逐步提炼并升华为具有创新价值的理论，不仅使教师自身产生质的飞跃，而且能够带来研究成果并推广使用，因此具有较高的实践意义和理论意义。

在课题研究的过程中，课题主持人作为专家教师，要发挥监督、引领及培养的功能。从课题的选题、立项、开题、中期到结题的整个过程中，引领课题组成员积极实践、主动思考，发掘教育教学中的有价值的问题，整合个体教师和团队教师的实践经验，通过理论化的学习，使教师形成研究型的思维模式。在过程管理中，密切关注和监督课题组成员的研究进程，加以必要的指导和修正，使其研究思路和实践趋于成熟和完善。课题主持人的全程监督、示范引领和有序培养，最终可以通过课题的顺利结项而实现培养研究型教师的目的。

（四）基于学习共同体的培养模式

学习共同体是由学习者和助学者共同组成的，以完成共同的学习任务为载体，以促进成员全面成长为目的，强调在学习过程中以相互作用式的学习观作指导，通过人际沟通、交流和分享各种学习资源而相互影响、相互促进的基层学习团体。

在实践中，该模式有以下三种具体的实施策略：

1. 学科教学共同体

教师以相同或相近学科组成教学共同体，在专家教师的带领和指导下，共同完成既定的学习任务。学习任务具体包括学科基础知识学习、学科前沿理论学习、学科教学实践、教学问题研讨等。在共同的学习过程中相互交流、彼此观摩，分享经验等，最终使每位教师都取得进步。

2. 班级管理共同体

班主任是班级管理的主力军，班主任工作也是教师专业发展的重要组成部分。教师以年级为单位结合而成共同体，易于交流沟通和开展工作。在学校的学生管理部门指导下，富有经验的班主任带领一批有责任心且善于学习的班主任共同学习班主任工作经验，包括班级管理、学生心理辅导、家校合作等，通过理论与实践的学习实现共同成长。

3. 教师发展论坛

论坛的形式是多样的，内容是丰富的，通过教师发展论坛这个平台，教师可以学习到宝贵的经验，引发个人积极主动地反思。论坛设置每期的主题，邀请专家教师或学者为主讲嘉宾。教师在聆听的过程中结合自身的教育教学实践进行思考，同时可以与主讲人进行面对面的交流，开阔眼界，提升层次，逐步实现专业发展。

（五）基于名师工作室的培养模式

该模式起源于"中原名师工作室"，旨在于通过一批政治素养好、业务水平高、管理能力强的学科名师的引领，培养出更多优秀的教师，提高某个学校或整个区域的教育教学质量。

该模式具体应用于学校，则有以下举措：

1. 打造名师工作室

以学科分类为基础，在校内精心选拔一批名师。根据实际情况，每个学科限1~3人，在其办公室门口张贴牌匾"×××名师工作室"，这不仅是对名师的肯定和尊重，而且树立其在校内外的权威，使加入名师工作室成为教师的理想和荣誉。

2. 工作室成员的遴选

学校的教师梯队建设主要依托于名师工作室，因此在遴选成员时，要考虑到教师的工作业绩、成长愿景、发展预期、年龄及学科等因素，将校内优秀的教师都纳入名师工作室中。各工作室在学校管理者的统一调度和安排下进行业务活动，形成一个"既有各自特色，又能协调发展"的健康体系，为研究型教师的培养创造良好的土壤。

3. 工作室的主要活动

集体教研活动：包括教研组活动中的理论学习、问题讨论、集体备课和听课评课等。在各种形式的活动中，名师作为指导者和引领者，在合理方案的基础上，关注成员的专业成长，注重培养的思路和质量。

课题研究活动：指的是在名师的主持下，开展各级各类的课题研究，在教科研活动过程中，引导成员提炼经验，内化知识，丰富理论，指导实践，推广成果，提升能力。

师徒结对活动：在实践中，专家型教师对新手教师的引领和指导通常以"师徒结对"的形式进行，这是一种行之有效的策略。通过师徒双方的交流与反思，在系统化培养的基础上，使徒弟稳步成长，逐步成熟。

以上五种模式来源于对学校日常管理和教育教学实践的长期观察和总结，同时根据教师教育的理论基础和实践经验，经过系统研究和论证得出的成果，不仅具有相当的普适性和推广性，也具有较强的理论价值和实践价值。期望以上模式能够在学校管理者培养研究型教师的实践中取得成效，不仅有助于学校的长久发展，而且有利于教师个体的专业发展。

五、成立教师"精耕读书会"

教师的专业成长离不开终身学习，而终身学习的最好方法就是读书。在"精致教育"理念的引领下，我校成立教师读书会——"精耕读书会"。读书会的会员们因"共享阅读，同品书香"而齐聚一堂，他们引领全体教师，形成热爱阅读的风尚，探索教师专业发展的路径；他们示范全校学生，促成热爱阅读的品格，培养受益终身的习惯；他们迈出坚实的第一步，便风雨兼程，共同期待"师生个个手捧卷,校园处处留书香"这一美好愿景的实现。

(一)好书推介,共品墨香

为教师会员挑选好书、推介好书是首要重任。读书会的负责人经过反复查询,斟酌再三,才能确定一本好书。如何介绍好书,如何引起教师阅读的兴趣,则需要艺术的语言来表达。

《叩问课堂》的推荐语:许多教师怀揣教育理想步入教师这个行业,为了实现这个理想,我们抱着朝圣者的心态走进课堂。然而,在感受到真实的课堂后,我们却被诸多课堂教学中的现实问题所困扰。这本书可以帮助我们去寻找课堂症状的病根,去静心思考支撑课堂教学的内在机制。

《教育中的心理效应》的推荐语:作者刘儒德在众多的心理学规律和效应中,精挑细选了66条,并将它们分为教学、教育和管理三部分,以适用于教师的不同方面的工作。在每篇文章的正文前面,都呈现一个经典的实验、故事或者问题情境,以激活读者的先前知识经验,唤起读者探究正文的兴趣。

《从有效教学走向卓越教学》的推荐语:作者余文森认为,卓越教学是所有优秀教师特别是名师共同的教学主张和教学追求,它的旨趣是精神性和理念性的,而非物质性和可操作性的,它最终要落实到课堂中。期望大家在读过此书后,实现课堂教学的五度:深度、广度、温度、力度和高度。

《岁朝清供》的推荐语:作者汪曾祺喜欢从小的视角介入,坚持"独抒性灵、不拘格套"的文学实践,从别人不注意的一些日常琐事入手,好像是即兴偶感,随口道来,却从这些日常琐事中揭示出真正的美。本书选取了汪曾祺的经典散文,他对语言有独到的见解,堪称当代文坛一绝。

(二)读书交流,反思成长

徐鹏飞在分享《叩问课堂》这本书时说,习惯养成要面向全体,但习惯内化为学习力我们要因材引领、区别对待。学习力的形成对学生提出了更高的要求,也是学生更高的需求。学生学习力由学习动力、学习毅力和学习能力构成。学习的动力体现了学习的目标;学习的毅力反映了学习者的意志;学习的能力则来源于学习者掌握的知识及其在实践中的应用。

王晓敏在分享《教育中的心理效应》这本书时说，教育是艺术而不是技术，教育手段中的"度"不好把握，而且同样的方法在不同的学生身上取得效果也会不尽相同。所以教育永远在路上，我们要活到老、学到老。唯愿我们在不断学习中掌握一定的教育艺术，"巧用心理战，四两拨千斤""明暗结合，登高望远"，教育的芳草地里才有花红柳绿，才能焕发春天的盎然。让我们同学习，共进步，在"教育管理路上且行且远"。

张英在分享《教学工作漫谈》这本书时说，通过阅读本书，我了解到：要培养学生的自学能力，首先要培养学生自学的信心，并且创设学生自学的良好氛围，逐渐与学生达成"授人以鱼，不如授人以渔"的共识，同时，教给学生自学的方法。长此以往，反复训练，才能使学生逐步养成自学的良好习惯。魏书生十分注重培养学生的自学能力，在他看来，自学能力既是一种优良的品质，又是一种心灵特征。而且，任何心理品质和个性特征都要经历知、情、行、恒的心理过程才能形成和发展，所以自学能力的培养任重而道远。

（三）名师讲座，开阔眼界

精耕读书会附设精耕讲坛，专门邀请校内外名家到三十中进行学术交流活动。自开讲以来，读书会诚邀高校专家学者、中学名师骨干和社会知名人士等前来讲学，与会教师纷纷深感受益匪浅，收获良多，对开阔眼界、提升层次大有裨益。

河南师范大学教育学部的崔振成教授应邀到我校讲学，题目为《师道新识：教师专业素养的结构与建构》。崔教授深入浅出，旁征博引，以丰富的阅历、渊博的知识、扎实的研究从文化角度为我们梳理和解读了教师专业素养的内涵和外延，使我们于埋头教书间不忘本初，唤醒内心的文化追求和理想。在精彩的讲座中，我们得以窥见他有趣的灵魂，他也留给我们宝贵的东西——问题意识和反思动力。

每年一度的暑期读书论坛由三十中教师主讲，同样精彩纷呈。楚炜引导大家叩问课堂，叩问自身，叩问内心，感受教育的苦乐，寻觅教育的真谛；王芳讲述家庭教育的八个故事，带来沉思与反省：如何爱孩子；常玉杰推荐日本教育大家佐藤学的教育理念，静悄悄的革命，发生在学校，更发生在课堂；甘丽华倾情介绍关于阿富汗的一群追风筝的人，他们是如何克服成长的懦弱，完成心灵的救赎；

韩良清乘后浪而来，他本身就是后浪，新班主任满怀期待，等待与新生的初次见面；潘静带我们走进陌生的异域，解读何谓"为你千千万万遍"，体会时代背景下的家国情怀与个人命运；郝玉芳为我们徐徐展开一幅盛唐的画卷，繁荣与危机共存，忠君与爱民不悖，早已将众人的思绪引入对长安城的无尽遐想。

（四）公益活动，播洒爱心

读书可以陶冶一个人的情操，也可以培养一个人向善的品格。精耕读书会的教师会员们热心参加公益活动，以读书人的高尚情操去帮助有困难的人，以阅读的名义播洒爱心。

根据学校的安排，精耕读书会的会员和七、八年级班主任，各班学生代表，家长志愿者代表同行，带着各班捐赠的1831册图书和价值3185元的生活用品，前往新乡县朗公庙镇太阳村进行捐赠活动。王院长向大家介绍了太阳村的基本情况，讲述了太阳村孩子们的身世经历与学习生活状况，引领大家参观了孩子们居住的爱心小屋。太阳村孩子的不幸身世令人唏嘘，但他们在太阳村生活中的各种表现更让人赞叹不已！他们独立自主，自力更生，自强不息，阳光自信，对生活充满了感恩。更重要的是，他们对阅读的热爱令人动容。这一切，深深感动了三十中的师生和家长，双方建立了深厚的友谊。

从教育精准扶贫到乡村振兴大业，三十中一直致力于对封丘县荆乡回民中学的帮扶工作。春雨行动工作开展以来，精耕读书会代表学校共向回中捐赠书籍2200余册，价值合计58000余元。这些书籍包括教育教学、中外名著、科普读物等，不仅丰富了回中图书馆的馆藏，而且促成了师生共读的良好氛围。作为三十中的名片，精耕读书会积极帮助回中成立自己的教师读书会，将读书会的实施情况详细地介绍给回中。双方领导经过研讨论证，策划筹备，终于迎来了回中教师读书会——麦田读书社的诞生。这一创造性的举措标志着两校共建书香校园成效显著，同时也成为三十中读书会工作的亮点。

（五）教师榜样，学生参与

学高为师，德高为范，教师这一神圣职业的价值就在于对学生的榜样力量。精耕读书会的教师会员们以自身对读书的热爱和良好的习惯对学生起着引领示范作用，同时结合河南省教育系统开展的"把灾难当教材　与祖国共成长"主题教育活动、"学习新思想，做好接班人"主题阅读活动和中小学生系列阅读活动，引导学校学生持续加强校园文化建设，倡导读书学习的文明风尚，学校开展了新颖活泼、形式多样的活动。

以"把灾难当教材　与祖国共成长"为主题的征文比赛，面向全校学生征集优秀作品，同学们积极响应，踊跃参加，在短短的一周内，教务处收到1000余篇文章。经过专家的认真筛选，仔细甄别，最终确定优秀作品100篇并公开展示。

以"传承优秀文化　争当文明使者"为主题的汉字大赛、成语大赛和诗词大赛，在校园内掀起了学习汉字、成语和诗词的热潮。学生们从课本中、从课外读物中、从互联网中搜集资料，认真准备。在此过程中，对传统文化有了新的认识。

以"传颂经典文章　弘扬传统文化"为主题的经典诵读比赛，使学生们纷纷将目光集中于中华优秀传统文化中的经典著作和篇目。各班选出最具代表性的作品并以创造性的形式表达出，每位参与其中的学生都深深感受到中华文化的美。

以"学习新思想，做好接班人"为主题的演讲比赛，旨在深入贯彻习近平新时代中国特色社会主义思想和党的十九大精神，通过演讲的形式，实现三十中在对学生进行思政教育方面的思考和探索，将立德树人落实到读书和学习上。

（六）读书交流　收获成长

郝玉芳老师是一名语文教师，自校读书会创建伊始，就积极加入教师读书会，成为会员。她准时出席读书会活动，从未缺席。至今已读完二十多本书，包括专业著作《魏书生班主任工作漫谈》《古诗词课》，以及文学作品《宝水》《岁朝清供》等。目前正在研读《初中语文课例式解读》，并每天抽出一小时确保阅读计划的顺利进行。

通过阅读叶嘉莹的《古诗词课》，郝老师领略到了古诗词的魅力如同"众里寻他千百度，蓦然回首，那人却在灯火阑珊处"般意境深远。她深知古诗词教学不仅是知识的传授，更是美的熏陶，要让学生在诗意中感受文化的底蕴，领悟中华文化的博大精深，从而唤醒学生的文化自信。通过阅读《苏东坡传》，她认识到教学应如东坡词中所写"回首向来萧瑟处，也无风雨也无晴"，要想潜心钻研，就必须耐得起寂寞，宠辱不惊。目前郝老师正在潜心研读《初中语文课例式解读》，对大单元教学和情境式教学有了更深刻的认知。她在教学中以大单元为载体，融入真实情境，力求让学生在课堂体验中领悟知识的奥秘。

阅读不仅丰富了她的知识储备，还提升了她的思维和表达能力。而团队交流的过程也让她感受到"集思广益"的力量，通过会员们不同角度的解读，她对书籍也有了更多方位、更多层次的认知。

读书会为郝玉芳老师在繁忙的工作中开辟了一方宁静的天地，让她感受到"书卷多情似故人，晨昏忧乐每相亲"的乐趣。在阅读的世界里，她沉醉其中，享受着文字带来的愉悦。

读书会见证了郝玉芳老师的成长与收获，不仅提升了她的教学能力，更让她在阅读中找到了乐趣和满足。

常国栋老师是首批读书会成员。他在读书会中不仅分享自己的教学经验，还主动吸收其他教师的先进理念，通过交流与合作，实现了教育资源的共享和教学能力的提升。此外他还将读书会中学到的知识和理念应用到课堂教学中，有效地激发了学生的学习兴趣和创造力，提高了教学质量和效果。

最近，常国栋老师在教师读书会中分享了对《新课标课例式解读》一书的心得体会，深刻感受到在教学中应以导促探，以探解疑，让学生在鼓励中完善自我；以趣促思，以思求异，让学生在鼓励中升华自己。通过阅读，他认识到，每个学生都有独特的思维方式和学习风格，作为教育者，应当尊重并适应这种多样性，采取个性化的教学策略来满足不同学生的需求。书中关于激发学生内在动机和积极情感的讨论，也让他深受启发，他开始在课堂上尝试更多互动和参与式的教学活动，以提高学生的主动性和学习兴趣。他认识到，《新课标课例式解读》不仅丰富了他的理论知识，更指导了他在实际教学中如何更有效地与学生沟通和互动，从而促进学生的全面发展。他期待将这些宝贵的理念和方法应用到未来的教学中，为学生创造更加积极和富有成效的学习环境。

通过参与教师读书会，他在教育实践中取得了显著的成效。他深刻反思了自己的教学过程，意识到教育不仅仅是传授知识，更是引导学生思考、激发潜能的过程。他对此有着深刻的感悟，认为教育的真正价值在于培养学生的独立思考能力和解决问题的能力。他期待在未来的教育工作中，能够继续探索更多创新的教学方法，为学生的全面发展和未来为社会做贡献打下坚实的基础。同时，他也希望能够与英语组的同事一起，共同推动学校英语教育教学质量的进步与提升。

六、成立青年教师俱乐部

作为教育战线上的生力军，青年教师是一支充满活力、朝气蓬勃的力量。为加强青年教师队伍建设，提升青年教师教科研水平，促进青年教师快速成长，我校成立青年教师俱乐部。

甘丽华老师是英语学科的青年教师，曾获得平原示范区中小学教研优质课评选一等奖，新乡市基础教育教学优质课评比二等奖，新乡市中小学班主任基本功大赛一等奖等荣誉。曾主持或参与多项市级课题并获优秀等级。

甘丽华老师认为：俱乐部的成员年龄相仿，沟通方便，各种活动经常一拍即合，也能取得理想的效果。同组成员毫不吝啬自己的经验，例如外出学习归来后，俱乐部就召开了分享会，教师们把学习过程中收获的好的方法和思路，进行分享、交流、汇报。同时，俱乐部也会不定期开展批评与自我批评，交流最近的工作情况，大家互相开导、互相指导，共同进步。俱乐部也在撒哈拉书店开展过读书沙龙活动，大家各选一本好书并畅谈工作甚至生活，好书阅读结束后交流读书心得，从书中汲取营养，用书来灌溉生活。

虽然参加工作有几年时间了，对教育教学也有一些自己的理解和看法。但是，闭门造车远比不上学习和请教。在俱乐部中，能与许多年轻而优秀的同事一路同行，对教学及班级管理等方面有了新的认识。因为俱乐部成员任教于各个科目，甚至对专业领域外的知识也能涉猎一二，这是意外之喜，也是对爱学习之人的馈赠。

因为年轻，还有很长的路要走；因为年轻，所以有无限可能；因为年轻，肩上的担子更重。未来的日子里，希望俱乐部成员们能一路高歌一路行，一路繁花一路果！

杨磻春老师是一名体育学科的青年教师，凭借着扎实的专业知识和卓越的教学能力，赢得了学生们的喜爱和尊重。在教学中，杨磻春老师始终坚持以学生为中心，注重培养学生的体育兴趣和运动技能。在新乡市优质课评选中，他凭借一堂生动有趣的技能课，获得了二等奖的殊荣。

青年教师俱乐部是专为青年教师设立的组织，旨在为青年教师提供各种专业发展的机会。杨磻春老师参加工作以来，主动加入青年教师俱乐部，积极参与青年教师俱乐部组织的教学培训、学术研讨、经验分享、读书交流等一系列活动。在经验分享活动中，杨磻春老师以谦虚的态度向俱乐部内的其他教师请教关于班主任工作的宝贵经验，从班规的制定到如何培养学生自主管理能力，从卫生打扫的具体要求到帮助学生养成良好的卫生习惯，从学生学习习惯的培养到帮助学生设定学习目标等，通过深入交流和系统学习，使他在最短的时间内上手班主任工作，并展现出卓越的工作成效。在读书交流活动中，杨磻春老师主动做读书分享报告，与俱乐部老师互相推荐优秀的书籍。俱乐部也提供了一些培训、竞赛的机会，杨磻春教师积极参加，并取得较好成绩。

经过参与俱乐部的各项活动，杨磻春老师不仅积累了丰富的教学经验，还深刻认识到自身在教学上的不足之处。针对这些问题，杨磻春老师正在积极思考如何进一步提升自己的专业素养，以期更好地服务于学生和教育事业。经过与其他教育工作者的深入合作，杨磻春老师深刻体会到了团队协作的核心价值和与其他学科教师协同工作的重要性。这些宝贵的经验使他学会了如何在多元化的教育环境中更有效地进行跨学科合作。俱乐部丰富多彩的活动也激发了杨磻春老师的创新思维，让他思考如何在教学中引入新的方法和理念。

杨磻春老师期待在俱乐部中获得更多的学习机会，结识更多的同行和专家，为个人成长提供支持。

附1：

名师成长贵有"十力"

每位教师都有一个成才梦，没有人愿意平庸，也没有人愿意躺平，更没有人愿意落后；每位教师的内心大概也都有一个名师梦。从大学毕业的那天，哪一位年轻人不是意气风发，对未来充满了憧憬与渴望。多年以后，有些人可能事业有成，站在了名师的门槛；更多的人则默默无闻，在工作中逐渐磨平了棱角，消磨了斗志，放弃了努力，沦为了平庸。因为成长是一种努力，更是一种竞争。

教师成长的路径大约是七个层次，六个台阶，即新进教师—规范教师—骨干教师—学科带头人—区域名师—全国名师—人民教育家。付出什么样的努力，才可能会达到什么样的台阶，成为什么样的教师。

成长就是一个不断努力的过程，也是一个向上攀登的过程，还是一个塑造风格的过程，更是一个生成思想的过程。说到底它是一个聚集"十力"的过程。

一、理想力，推动教师成长的原动力

理想是对未来事物的美好想象和期望，是人们在实践中形成、有可能实现和对自身发展的向往和追求。理想是美好的，令人向往，也令人期待。但是不一定全部变为现实，也不一定马上变为现实。从理想到现实有一段距离，对理想坚持不懈的追求是人们世界观、人生观、价值观在奋斗目标上的集中体现。

通俗地说，理想是人们向往、追求和奋斗的根本目标。理想也是人们进行各种职业行为的支撑和动力。没有理想，信念就会失去奋斗的力量、努力的坚持、人生的意义和价值的导向。

理想力是指人们在思想上、精神上和情感上的综合能力，它涵盖了明确目标、优化策略、科学方法与不懈坚持四种要素。理想力的实质是目标引导、榜样激励、发展动力与不懈坚持的总和。

有些人对待职业理想和人生理想表现出一种始终不渝的信仰、坚定不移的践行，这是高理想力的表现。有些人对待职业理想和人生理想则表现出一种朝三暮四、摇摆不定、犹豫不决，实质上就是一种低理想力的反应。

"我生来就是高山而非溪流，我欲于群峰之巅俯视平庸的沟壑。我生来就是人杰而非草芥，我站在伟人之肩藐视卑微的懦夫。"张桂梅校长引导她的学生坚信理想力的力量，使之成为学校文化的核心内容。因为她相信，拥有一种理想，就是树立一种志向；坚持一种信念，就会拥有一种力量！张桂梅校长立志要让大山里的孩子走出大山，要让大山里的女孩有一个前途，这种理想力的支撑，激励着张校长的不懈努力，创造了华坪女子高中的办学奇迹，成就了张校长的一生荣耀。2020年获得"感动中国"人物，其事迹载入《中华人民共和国简史》，还

曾荣获"七一勋章"。张桂梅校长真正是名垂青史，光耀中华！

青年教师的专业成长，既需要学校搭建平台、提供机遇，也需要名师热心指点、精心辅导，更需要自己树立崇高的教育理想，并且为实现教育理想提出明确的奋斗目标、实施路径和科学方法。此时此刻，理想便会产生一种强大的精神动力，促使我们向目标一步步努力，向理想一步步攀登，向成功一步步靠近！

只有理想，而没有把理想转化为奋斗目标、实施路径和科学方法，理想就很可能变为空想，沦为幻想。

实现职业理想和人生理想，必须有理想力作为专业发展的原动力，事业追求的牵引力。

同样的环境，同样的资历，同样的平台，同样的机遇，同样的学习，甚至同样的努力，为什么有些教师成长得就快一些？有些教师成长得就慢一些？究其原因，是在于学习力的差距。

二、学习力，推动教师成长的重武器

学习是指通过阅读、听讲、实践、研究获取知识、提升能力、涵养品格、启迪思维的过程。学习后边加个"力"字，与我们通常所说的学习能力有所不同。学习力包括学习动力、学习毅力和学习能力三要素，是把知识资源转化为知识资本的能力，其本质是一种发展竞争力。

（一）学习力具有五个评价指标

1. 知识总量。通过学习、实践、思考、积累从而占有的知识量，它体现学习内容的宽广度，即一个人的知识面，表现为懂得多见识广；同时也体现组织与个人知识的开放度。

2. 知识质量。常常有这种现象，面对困惑和问题的时候，束手无策，想不起来解题思路和应对方法，经过教师的点拨提醒，才会恍然大悟，与学过的知识建立联系，从而找到正确的解题思路。真正理解并转化为能力的知识是高质量的知识；不求甚解，没有领会精髓的知识是低质量的知识。所以学习中常常有一种现象，给学过的知识变一个说法，换一个背景，甚至是换一个数据，学生们就不认识了。这就是低质量的典型表现。知识质量常常决定学习效率、学习品质和学习者的综合素质。

3. 知识流量。指在单位时间内学习者的学习速度以及吸纳知识、扩充知识的能力。阅读速度是决定知识流量的关键因素。辅助式快读，每分钟600字以上，广泛浏览，捕捉有效信息；中介式略读，每分钟在250~600字左右，理解题意，掌握知识结构；主导式精读，每分钟250字以下，用心研读，探究主题，把握内涵。

4. 知识增量。单位时间内把学习成果转化为价值的程度，以及学习成果的创新程度。简单地说，就是把别人的观点转化为自己的观点，把别人的思想转化为自己的思想的程度。知识增量要起到1+1＞2的效果，必须重视团队合作，学术交流，头脑风暴，思想启迪，生成灵感，达成共识的作用。

5. 知识变量。融会贯通，推陈出新，裂变反应，提升效能。把知识转变为能力，把能力裂变为思维，把思维蜕变为智慧，实现了知识变量的终极目的。

（二）学习力包括三个核心要素

1. 学习动力。是学习者自觉的内在驱动力，它重在解决愿不愿学的问题。许多学生学习缺乏自觉性和主动性，要靠老师和家长督促和鞭策，所以这种学习很被动，也感觉很痛苦。学习兴趣，学习情感和学习需求，是构成学习动力的三大要素。人们说"没有兴趣就没有学习"，我还想说，"没有学习需求就没有学习动力"。

2. 学习毅力。是学习者保持刻苦学习的坚强意志，指学习者自觉确定学习目标，并支配其行为，克服困难，完成预定目标的状态。这是学习力不可或缺的重要因素，使学习者的学习行为能够克服外在诱惑，保持积极状态。许多学生不是智力上存在障碍，能力上有什么不足，就是缺少毅力的坚持，所以在发展的道路上逐渐成为落伍者，在竞争的行列中，逐渐沦为淘汰者。

3. 学习能力。是学习者发展的基础智力。能力在很大程度上决定发展差距。能力是指人们分析问题、认识问题、解决问题和归纳问题的智力水平，这也包括认知能力、记忆能力、理解能力、思维能力、想象能力和表达能力。按照建构主义观点，有效课堂的学习能力重点表现为勾画知识导图的能力。

（三）学习力具备四大竞争优势

1. 最快速度，最短时间内获取新信息，学到新知识，掌握新方法，提升新意识，从而抢占发展先机。

2.不断提高学习能力，增强学习意识，创造学习氛围，优化学习品质。

3.加强组织学习，集思广益，群策群力，团队合作，打造学习型团队，争取学习的最大成效。

4.可以在未来的竞争中，用最快的速度，最短的时间，最大的效益，把新知识、新理论、新概念用于组织变革与组织创新，最大限度地适应时代的变化，办人民满意的教育。

从学习到学习力，仅有一字变化，但意思却大相径庭，立意有天壤之别。学习力的概念与学习型社会、深度学习、终身学习密切相关。可以说，学习力是现实社会的必备品格，也是未来社会的关键能力。

当我们在学习中遇到问题，工作中遇到难题时，不要抱怨自己资历不够、能力有限、资源不足，要相信可以通过后天的学习来充实自己，后天努力来克服困难，尤其是后天思维力来提升自己。

当我们在做年度总结、写工作报告、设计培训方案、总结学习心得、讲解优质案例时，总感到有些力不从心，分析时想不明白，表达时说不清楚，归纳时找不着线索，总结时找不着亮点，概括时找不着主题，辩论时抓不住要点。同样的工作，同样的努力，看别人讲得头头是道，很有道理，这些工作自己也都做过，可自己就是没想到，表达不出来，心里很郁闷。碰到这种情况，就说明我们需要进修学习，来提高自己的思维力、表达力和综合实力。

三、思维力，让我们的工作更高效

思维力可以提升名师的工作效率，它具有理性思维的通透度、批判思维的深刻度、整合思维的黏合度、创新思维的灵活度。

思维力也叫思考力，是思考者在思维过程中产生的一种作用力。有些人读书从来不去质疑，更不敢进行批判，书上说什么就是什么，专家说什么就信什么，领导说什么就做什么，在权威面前丧失了自信，缺失了思考，盲目听从、盲目执行，使得自己的大脑变成了别人思想的跑马场。

绘画书法，具有升学实用功能，家长乐于付出；语文数学，具有知识积累作用，家长教师给予充分重视；体育竞技，具有增强体魄的作用，赢得社会的高度重视；社团活动，具有拓展潜能的功效，受到学生的热烈欢迎。至于思维力、想象力，看不见，摸不着，具有某种抽象性，在升学考试压力下，尚未引起学校和社会的普遍重视。我们只知道能力比知识更重要，殊不知，思维比能力更重要。

思维力可以让我们的观察更全面，设计更周到，思维更缜密，计划更周密，创意更精巧，执行更有力。

当人们随着阅历的增加、经验的积累、学习的进步和能力的提升，在学会观察事物之后，逐渐掌握系统思维的方法，会把各种不同的物品、事件、经验进行分类归纳，不同类型的事物也能通过抽象思维进行概括。可以说思维力参与、支配、统领着一切智力活动。

思维力也包括理解力、分析力、比较力、概括力、抽象力、整合力、论证力、判断力、心算力等。

既然是一种力，它就和物理学中的力的定义相类似，具有大小、方向、作用点三个要素。思维力的大小取决于思考对象信息量的多少，如果没有相关知识的基础和知识量的背景，就不会有相关的思维活动。央视青年歌手大奖赛在文化知识竞赛环节有一个项目，凭借给出的关键信息，请选手给出相应答案。随着给出信息量的增加，会相应降低分值。考的就是思维力的大小。思维力的方向取决于思考的价值目标，以及围绕目标形成的解题思路。漫无目标的思考，无头苍蝇的乱碰，难以产生强大的思考力。思考力的作用点，强调把注意力集中在特定的思考对象上，并且把握其中的关键因素、关键信息和关键人物，否则，只会使精力分散、思维紊乱，无法深刻认识事物，把握基本规律。

《思维力：高效的系统思维》一书介绍了培养思维力的五个步骤，即界定问题——建构框架——明晰关键——高效执行——检查调整。建构框架，比如金字塔框架、鱼骨图、T字图、工字图、思维导图，便于揭示内在联系，说明彼此联系，呈现递进关系，提升思维效能。

俗话说得好，你能想多远，才能走多远。思想永远走在行动的前面，如果没有周密思考就盲目行动，行动一定会失败。除非你有过类似的经历，相当的经验，那可以立即行动。

《教父》一书的主人公唐·柯里昂说，"花一秒钟就能看透事物本质的人，和花一辈子都看不懂事物本质的人，注定是截然不同的命运"。而看透事物本质，就是一种非凡的思维力。决定我们事业成功上限的关键因素是洞悉事物本质的能力，也就是思维力。

有些教师在别人看起来，有学历、有能力、有平台，也有机遇，可就是没有达到专业发展的理想高度，取得大家心目中应有的学术成就。既不是没有平台，也不是没有机遇，更不是缺乏高人点拨，在专业成长的道路上，自己选择了安逸，停下了脚步，停止了成长。究其原因，就是缺乏专业成长力。

四、成长力，提升教师的职业层次

教师的职业层次，我们把它划分为新进教师、规范教师、骨干教师、学科带头人、区域名师、全国名师和人民教育家七个层次。既然有层次，就意味着有区分。有些人一辈子就只能在骨干教师和学科带头人这两个层次徘徊，很难进入名师的行列。主要是缺少目标引领，缺少跟进学习，关键是缺少成长力，也就缺乏了竞争力。

成长力也叫发展力，河南《教育时报》经常举办评选"最具成长力"教师活动，使得这个词广泛流传，耳熟能详。

成长力是指一个人在其专业领域持续成长的动机和能量。动机决定你想不想成长，能量决定你能不能成长，以及最终成长到哪个层次。

既然是一种力，一定有大小之分，高下之别。教师成长客观上存在着一定的阻力和障碍，同时也具有主观上的动力与激情。成长力的核心要素是每位教师自己的职业目标与成长定位以及相应的成长策略与成长方法。

缺乏成长力的人，可能就止步于规范教师的层次；具有低成长力的教师，可能就满足于骨干教师的水平与层次；具有中成长力的教师，可能就停滞在学科带头人的层次；具有高成长力的教师，一定是具有终身学习意愿和能力，坚持自我完善、自我提升，追求卓越的优秀教师。

成长非一定时间一个阶段的努力，而是一生一世的坚持。它需要从接受学习过渡到自主学习，从阶段学习过渡到终身学习，从个体学习过渡到团队学习，从泛在学习提升到项目学习，从比较学习过渡到深度学习，从建构学习过渡到深度学习。成长力≠学习，成长力也≠能力，成长力更≠努力。成长既是一个能力提升的过程，也是一个思想精进的过程，还是一个追求卓越的过程，更是一个文化自觉的过程。

成长力是指通过不断学习培训，反思感悟和专业研修，吸纳先进理论，改变教育理念，规划发展定位，促进专业发展，达到优化自身教学水平、教学能力、教研能力和组织管理水平，以提升自己的专业层次，使自己能更好地适应工作环境，适应时代发展的能力。

成长力的实质就是自我调整、自我建构、自我完善、自我提升的过程。

可以说，成长力决定一位教师的职业状态和发展潜力。许多人一旦评上了高级职称，也就失去了专业发展的动力，就放弃了进取，开始营造自己的舒适区，当然也就难以有所发展，有所进步。还有一些佛系的教师，认为职评条件有些高，优秀标准有些难，干脆选择"躺平"，没有什么追求，也就谈不上什么成长。真正具有成长力的人，决不沉溺于过去的成绩和荣誉，也不依赖于家庭的背景和势力，而是立足当下，展望未来，勤勤恳恳，努力工作，既不因过去的成绩而沾沾自喜，也不会因过去的失败而止步不前，只是一心想成为最好的自己。

成长＝目标定位（规划）＋终身学习（坚持）＋反思感悟（悟性）＋专业写作（水平）＋自我修炼（灵性）＋专业精进（突破）。

成长是要朝着自己心目中理想的目标去努力，这就需要我们坚持终身学习，强调反思感悟，感悟的灵性是一道门槛，拦住了许多人。专业写作最能体现教师的教研水平和表达能力，这是成为名师的关键能力。自我修炼，提升品性，是名师成长综合实力的关键所在。专业精进才能不断的突破自我。

成长力具有有机生命的鲜活特征，既有阶段性，又有时效性，还有适应性，更有激励性。一旦错过了成长的最佳时期，你就像错过了农时的庄稼，虽然看起来也有郁郁葱葱的颜色，但永远也难以结出丰硕的果实。

五、表现力，提升名师的名望

表现力本意是指艺术作品对作品主题和内容表达的形象、鲜活、动人和深刻的程度。对艺术家来说，表达力反映对作品主题的理解程度，作品二次创作的力度，是一种快速影响他人、成就自己的艺术。对普通人来说，敢于、肯于、善于、精于表现自己，也是一个人自信心爆棚的表现。对名师来说，表现力就是创作精品课例，展示学术见解的教学艺术。

表现力不是要在领导、同事面前刻意去表现自己，而是在日常工作中通过出色的完成任务来展示自己的工作能力，精彩的课堂教学来展示自己的教学水平，精当的教学反思来展示自己的教育感悟，精巧的教学设计来展示自己的教学创意，精致的教学讲座来展示自己的学识见解，凭借踏实的态度、平和的心态、扎实的学识、骄人的业绩，来取得同事的信任、领导的赏识、学生的爱戴和社会的好评。

表现力与表达力、表演力具有相通之处，但又各具特色。表现力重在让他人理解、体会、掌握、领悟知识的内涵与外延。表演力则力图通过用艺术表现的手法来呈现作品的主题，塑造英雄的形象。

表达力主要是一种语言能力，表演力是一种舞台艺术，表现力则主要是行为展示能力。表达力主要用语言文字打动人，表演力是用艺术形象感动人，表现力则重在用行动效果征服人。

在学习、生活、工作、研究中，人们总是在一定场合去扮演一定角色，承担一定责任，达成一定效果，这必然要与周边环境产生互动。这种互动的效果，即是一种表现力。有时候我们总感到自己人微言轻，说话没人听；或者在大庭广众之下发表讲话，总是感到相当紧张；或者参加研讨会被领导要求发言时，总是再三推辞，不敢接招；或者是自己话说了不少，但语无伦次没有重点，听众记住的很少。这都是表达力与表现力不足的表现。

名师表现力是名师的主要特征。它由教师的人格魅力、知识魅力、思想魅力和自信心、气场、风范共同构成教师的公众形象，打造教师的社会气质，塑造教师的名师风范。

名师表现力主要体现在四个方面：态度表现、能力表现、业绩表现与学识表现。具体说在学识表现方面，名师一定有自己的教育金句、精品课例、代表论著、教学主张及教育思想。

中国传媒大学宋晓阳老师编著的《如何有逻辑地表达》，以及《会说话的人，运气都不会太差》《表现力》等书，都值得我们认真研读，汲取营养。

一枝独秀不是春，百花齐放春满园。作为学校的学科带头人和领军人物，名师要发挥更大的作用，就要建立自己的名师工作室，组建自己的教研团队，承担学校的课题研究、校本培训、校本课程研发，以及学校文化建设、办学特色打磨、课程改革深化、办学主张凝练、教育思想提炼等更重要、更迫切、更有意义的任务。

六、凝聚力，提升团队的力量

凝聚力指名师把其工作室所有成员和教研团队成员的心思、观念、精神、能力、志趣和追求聚集在一起的能力，形成一种心往一块儿想，劲往一处使，齐心协力、共同努力的积极局面。

凝聚力由三种形态所构成：一是团队愿景、目标、任务、意义对其成员的吸引力。未来发展的美好前景是吸引力的关键所在。如创建国家级文明校园，要成为学校发展的共同愿景，全体教师的共同目标，需要全体教师分工协作，共同努力，完成任务，然后共同分享团队的荣耀。一个人的成就是业绩，一个团队的成就是荣耀。二是成员对团队的向心力。团队凭借自身的资源优势、人才优势、平台优势和竞争优势，在学校发展中起到示范引领作用，使得成员对团队产生一种强大的向心力。凭借团队的资源、环境、氛围可以更好地发展，更快地成长。三是团队成员彼此之间的吸引力。每个团队成员都有自己的独特个性和优势潜能，都有自己的理想信念和追求，都是完成团队任务中不可替代的角色，都能够给他人提供必要的帮助。团队成员彼此之间的合作，能够有效提升团队的执行力和战斗力。所以，彼此之间相互欣赏、相互认同，会产生吸引力。

凝聚力不仅是维持团队存在的必要条件，而且对于发挥团队优势，拓展团队潜能，达成团队共识，具有重要作用。一滴水怎样才能不干涸？把它融入大海，就能永不干涸。这就是关于团队功能与作用的形象说法。

怎样改善办学环境，提升办学质量？只有充分调动教师的积极性，打造教研团队才是不二法门。把学校教师由个体状态、集体状态提升到团队状态是一个巨大进步。

团队是指由共同目标组成的一个共同体，共同理想、共同信念、共同担责、共享荣辱,是团队的基本特征。团队的形成要经过长期的学习、磨合、调整和适应,形成一个主动、高效、合作且有创意的共同体。简单地说,一群人,一件事,一起干,一条心,一定赢,一起乐,这就是团队。

对一个名师工作室或教研团队来说,如果缺失了凝聚力,无法形成一个强有力的团队,它就是一盘散沙。一旦丧失了凝聚力,在困难面前各自为政,就很难完成领导赋予的任务,也很难完成具有挑战性的课题。可以说,愿景是团队的前提,目标是团队的纽带,沟通是团队的基础,合作是团队的关键,信任是团队的灵魂,分享是团队的品行,进步是团队的追求,事业是团队的使命。

团队成员必须有领军人物,但绝没有"东郭先生"。每个团队成员都有自己的定位,都有自己的任务,都有自己的价值,也都有自己的作用,都是团队当中必不可少的一员。尊重每一个,发展每一个,成就每一个,是团队的基本职能。团队强调合理利用每个成员的知识技能,充分拓展每个成员的优势潜能,充分尊重每个成员的个性特长,致力于解决问题,共同分享成果,达到共同学习、共同进步、共同发展的目标。

对于团队来说,最大的愿景是目标定位,最大的保障是有效沟通,最大的支撑是共同愿景,最大的力量是共同努力,最大的密码是充分合作,最大的荣耀是共同分享,最大的财富是无私奉献。

目标产生奋斗的力量;

沟通壮大合作的力量;

信念支撑思想的力量;

凝聚诞生团队的力量。

七、学识力,塑造名师的风范

名师成长要符合新时代"四有"好教师的标准,强调要有"理想信念、道德情操、扎实学识和仁爱之心"。

学识,不仅是学问和知识之和,它是学习能力和知识水平的简称。学识力则意味着对知识的深度理解,对规律的深刻把握,进而丰富自己学术上的见解、见地以及师德修养、学术修为和文化涵养。所以,学识力具有视野宽度、专业厚度、创新力度和理论高度。也有学者把学识称为个人知识。

知识与学识的差异主要在三个方面：一是学识的本质是对知识的生活化解释和哲理化概括，它是在文本知识之上的努力思考，致力于已知领域的重新发现，未知领域的努力探索，这是优秀教师的必备品格；二是从知识过渡到学识，必须加上个人悟性，使知识拥有独到视角、个人见解、深刻反思、灵动感悟，这是优秀教师必备的关键能力；三是建构学识，形成学识力，关键要有悟性，还要加上表达力，然后对知识进行重新诠释，赋予新意，让知识更加人性，更有灵性，更加通透，更能启发人的觉悟，唤醒人的意识，激发人的热情，调动人的积极性。这是优秀教师必备的教学悟性。给知识学习加上生活的联系，注入情感的色彩，插上想象的翅膀，寻找科学的方法，使学生们理解得更轻松，联系得更贴切，感悟得更深刻，学习得更开心。

单纯讲知识，只是一种简单的输出，无从体现出教师对知识的深度理解、课堂的二次设计、内容的生活联系和概念的有效输出。现在许多家长的学历层次很高，拥有人文知识、专业知识的数量一点也不比教师少，再加上网络的影响，似乎什么人都是"教育专家"，都有资格可对教育指指点点。说起理由来竟然是"我虽然没有教过学，但我上过学呀"。教学与上学，那是天壤之别。上学是对自己负责，教学则要对全体学生负责。与教师相比较，家长不具备教育专业知识，缺少教育见解和教育学识，所以教学效果不如学校教师来得更好。因为教师特别是名师拥有一门独特的教育修养，那就是自己的教育理念、教育见解和教育学识。

许多家长教师都会鼓励孩子努力学习，但是什么是"努力"呢？字面意思就是用尽力气去做事。孔夫子"韦编三绝"，朱买臣"负薪读书"，李密"牛角挂书"，祖逖"闻鸡起舞"，都是努力学习的典型例子，至于"悬梁刺股""凿壁借光"的故事，大家更是耳熟能详。但是我们追问一下，凭什么让学生放弃休息、放弃运动、放弃娱乐、放弃兴趣，去做出额外"努力"呢？一句话，努力的动力是什么？

努力，目的是要追求更好的效果，完成具有挑战性的任务，以达成更大的目标，争取更大的荣耀。勤奋努力的人，一定是源于一种自觉，出于一种追求，坚守一种信念，承担一种责任，追求一种理想，渴望一种成功。只有树立人生目标，明确责任担当,渴望事业成功,获得社会赞誉,提升职业境界的人,才会肯于付出努力,乐意付出努力。教育的现状是,不肯努力的人,在中考的时候就被淘汰了;只有天赋的人,在高考的时候也被淘汰了;拥有天赋又肯付出并坚持努力的人,才会取得最终的成功。

努力的人未必成功,但是不努力一定不会成功,所以说努力是成功的基础。我们要让孩子明白一个简单的道理,什么样的努力才会走向成功?它取决于正确的方向,天赋的加持和要素的整合。正所谓"方向不对,努力白费""方法选对,事半功倍""整合要素,努力成功"。

努力的关键要素=目标+差距+策略+方法+坚持+改善。

目标是努力的前提,差距是努力的理由,策略是努力的重点,方法是努力的关键,坚持是努力的灵魂,改善是努力的期待。

我们用解读"努力"的例子,来说明知识与学识的差异,进而说明一般教师与名师的差距,不在于知识拥有的数量,而在于学识点拨的差距。

学识是一个人的知识水平以及在接受、理解、整合、运用、创新知识方面的综合体现。知识通过学习积累就可以获得,人们通常会用学富五车、才高八斗、博览群书、满腹经纶、出口成章、学贯中西来形容;而学识则需要对知识的运用、反思、感悟、提炼来获取,人们通常会用理解深刻、见解独特、高人指路、名师点拨、内涵丰富、寓意深刻来形容。简单地说,知识是对文本的简单重复,学识是对原理的深刻感悟。

八、创作力,涵养名师的灵魂

名师因何而出名?名有名气、名声、名望之区别。真正之名,名在教学有业绩,课堂有创意,教研有作品,师德有涵养,专业有素养,文化有涵养,主张有影响,思想有论著。名师应当是校本教研的掌门人,区域教研的领路人,而这所有的一切都离不开教学创作力。

创作力是指在长期工作实践中,经过自己的经验积累、问题归纳、跟进探究、深刻反思、灵动感悟和思维劳动,产生教学新创意、教研新作品、课改新模式和教育新理论的能力。创作力是一种天赋,更是优秀人士的专业特长和显著特征。

表现在文学作品，它是创作新主题、刻画新形象、设计新情境的能力；

表现在艺术领域，它是谱写新乐曲、构思新雕塑、产生新绘画的能力；

表现在科技领域，它是攻克新技术、设计新模型、推出新产品的能力；

表现在教育领域，它是领悟新课标、策划新课改、深化新课程的能力。

教学创作力是名师依据课标和教材，在课堂教学中规划新目标、提出新创意、推出新见解、设计新课型的能力。

同样的教材，同样的学生，同样的问题，同样的课堂，我们听名师的课都有一种感觉，学习目标梯次有序，教学节奏简洁明快，教学内容大气磅礴，教学主题简洁厚重，教育情感充沛丰盈，教育见解深刻独特，教育思想极具感染。

对年轻教师来说，最便捷的成长方式是模仿。但是名师的课，我们学不来，也学不会，只模仿了外在的形式而领悟不到其内在的精髓。名师的课是建立在自己的个性特长、教育信念和专业素养基础之上。他们对教育理念理解得更透彻，课程原理把握得更精准，教学情境创设得更生动，教学问题设计得更贴切，因而课堂教学更有感染力。所以，对青年教师来讲，最有效的成长方式是反思，最艺术的成长方式是创作。

教学创作力有三个核心要素：

第一，兴趣、热情、意志，是创造力的前提。具体说就是教师对生活的兴趣、教研的热情和课改的意志，有兴趣乐此不疲，有热情充满活力，有意志不懈努力。

第二，素材、生活、课程，是创作力的基础。认知是对教育过程的理解，感受是对教育规律的体悟，表达是对教育心得的呈现，它们共同构成创作力的条件。

第三，创意、灵动、作品是创作力的呈现。创意需要教研天赋，灵动需要教研智慧，作品需要教研信念。有些人之所以没有成为名师，关键因素在于缺乏自己的作品，也就缺乏自己的核心竞争力。

许多教师把"备课－上课"作为一个常规工作，并没有用教研创作的思维来对待，这就使得我们的课归于平淡，有失精彩，缺乏创意，缺乏灵动，更缺乏深度。大约只有在参加省市优质课大赛的时候，才会想起来怎样把自己的课上得更精彩，用教学创作的思维来看待这项工作。

培养自己的教学创作力，需要把功夫下到平时，丰富专业积累，扩大专业见识，提升专业水平，涵养专业素养，具体要求做到"五个不停"。

一是眼睛不停地观察。观察自己的课堂，观察生活的联系，观察学生的需求，观察课改的理念，寻找教学创作的切入点。

二是大脑不停地思考。思考有效教学的策略和方法，思考有效教学的创意与设计，思考教育规律的认知与体现，寻找教学创作的碰撞点。

三是双脚不停地走动。教师要走下讲台，走出教材，走出校园，走进学生，走进生活，走进社会，尤其走进学生心灵，发现求知的渴望，成长的需求；发现教育与生活的联系，丰富教育与心灵的联系，探寻教学创作的出彩点。

四是嘴巴不停地沟通。有效教学的秘诀就是有效沟通。通过沟通发现问题的所在，思维的困惑，教学的难点，消除师生之间的情感隔阂、教学隔阂与思想隔阂，探寻教学创作的纵深点。

五是双手不停地写作。比阅读更有效的学习是思考，比思考更有效的学习是写作。写作可以转化思维，深化思想，促进深度思考。写作是一种有效积累，更是一种有效提升。教研随笔、教学案例、习题设计、教研反思等都是教研创作的形式与载体。坚持写作，就会促进成长；坚持不懈地写作，你就会成长得更好、更快！

有了教学创作力，你就有了名师的灵魂，就会丰富自己的教学主张，生成自己的教育思想。

九、引领力，成就共同的事业

许多学校成立了各种名义的名师工作室，其用意在于充分发挥名师的示范带头作用，实现名师的教研引领、学术引领和价值引领。这就需要名师的学习修炼，具备一种引领力。

引领有两层含义。首先，作为动词强调行动上的示范指导。通过自己的具体行动、工作过程、最终效果和实际效能来影响他人、带动他人、感动他人，吸引他人情愿跟随自己的步伐，甘愿采用自己的方法，自愿加入自己的团队，达成工作目标，成就共同的事业。引领的实质就是榜样的力量带动人。其次，作为形容词，引领指一个人踮起脚来，伸直脖子向远处眺望，形容一种殷切盼望、热切期待的心理状态。当工作遇到困难，思想遇到困惑的时候，大家总盼着有一位高人指路、贵人相助，这位高人、贵人实际就充当了引领者的角色。引领的内涵就是用榜样的力量激励人。

引领能力的大小就叫引领力。引领力是一种能够凝聚团队成员的工作热情和激发团队成员的创新欲望，带领团队成员朝着共同目标奋力奋进的能力。

一个团队总是由策划者、引领者、响应者、追随者构成。可以说，策划者是一个团队的灵魂，引领者是一个团队的核心，响应者是一个团队的主力，追随者是一个团队的影响。引领者需要冲在前边蹚路子，身先士卒做样子，站在高处举旗子，率领团队吹号子，潜心思考写稿子，共同努力夺牌子。引领力的大小常常决定一个团队战斗力的强弱，竞争力的高下和发展力的前景。

引领者一定是一个团队中最努力学习的人，最善于深度反思的人，最善于有效沟通的人，最拥有职业自信的人，最敢于担当责任的人，最乐意帮助别人的人，最拥有远见卓识的人，也是最具专业声望的人。引领者具备强烈的研究潜质和领导潜质，是最有可能成为学术带头人和领导者的人。但是由于种种原因，引领者未必就是领导者，但他一定是团队中最具凝聚力的关键人物，最具号召力的核心人物。

怎样认定一个团队中的引领者？你就看大伙遇到问题首先向谁请教，遇到麻烦首先向谁求助，遇到困难首先向谁靠拢，你就可以据此大致断定谁是这个团队中的引领者。

遇到困难，引领者敢于挺身而出，这是勇于担责的表现；遇到困惑，引领者能够拨云见日，这是善于思考的表现；遇到忧愁，引领者能够解疑释惑，这是善于沟通的表现；感到泄气无奈时，引领者给予及时支持，这是善于激励的表现。引领者具有远见卓识，能够看到别人看不到的机会和挑战。引领者不仅带头做事，实现个人优秀，还要带领团队所有成员共同努力，整体发展，实现团队的优秀。

引领力的六个特征：

一是自信。充分相信自己，充分相信团队，充分相信领导，只要我们在困难面前有底气，挑战面前有决心，就敢于去尝试、去创新。

建设中国特色社会主义，我们讲道路自信、理论自信、制度自信、文化自信。

就卓越教师成长研究，我把"四个自信"化简为教师专业发展的四个职业自信，即经验自信、努力自信、天赋自信和团队自信。

二是勇敢。勇敢是指有胆量，有胆识，不怕困难和危险，不怕事，能顶事，会干事。勇敢的内涵是为敢为人先的精神，不怕困难的气质，勇于担责的气魄，立即行动的果敢，坚持不懈的努力，临危不惧的淡定和大气凛然的正气。

勇敢是一种坚强，面对困难不退缩；

勇敢是一种坚持，接受挑战不放弃；

勇敢是一种忍耐，经受考验不言败；

勇敢是一种努力，全力以赴争胜利；

勇敢是一种成长，充实自己打基础；

勇敢是一种气质，率领团队同努力。

三是带头。名师要在学习、工作、研究中起带头作用，就要自身首先行动，取得成效，以带动他人跟进实践。带头有三个指向，带头学习，跳出舒适区；带头实践，进入深水区；带头创新，进入出彩区。

带头有三种情境。首先，面对新理念、新课标、新课改的时代要求，当大家都思维混乱，摸不着头绪的时候，要带头学习，带头尝试，敢为天下先，做课程改革的先锋队。其次，面对新任务的挑战，如新时代劳动教育如何做到生活化、情景化、课程化和基地化？大家都有畏难情绪，不知所措的时候，要带头实践，带头总结，做课程改革的先头兵。最后，面对新高考、新课改、新课题实验的压力，如新课改要求大单元教学，教—学—评一体化，大学科主题学习，大思政课教学设计等，要敢于挺身而出，承担任务，总结经验，推广模式，做校本教研的掌门人。

四是团队。志同道合的一群人，为了共同的愿景、共同的目标而凝聚在一起，形成一个团队。使团队更具凝聚力，更有战斗力。把一个集体变成一个团队，需要有一个共同的文化愿景；把一个团体变成一个团队，需要有一个共同的奋斗目标。要把一个名师工作室变成一个教研团队，就要协调每个团队成员的意愿，发挥每个团队成员的优势，拓展每个团队成员的潜能，成就每个团队成员的发展，最终成就所有团队成员的共同意愿。

五是激励。指激发人的积极行为的心理过程，去追求更远大的目标，做更有意义的事情。激励有三个指向，即调动积极性、唤醒自主性和形成自觉性。

激励是一种精神信仰，更是一种梦想追求。有效激励需具备四个条件：创设和谐的学习氛围，形成有序的竞争机制，追求远大的职业理想，调动内心的成才渴望。

六是热情。是指人们参与活动或者对待别人所表现出来的热烈、积极、主动、友好的情感或者亲和、友善、殷勤、关切的态度。我们认为，热情是一种工作状态，热情是一种职业向往，热情是一种精神气质，热情更是一种成功要素。

非洲谚语说，"一个人可以走得很快，一群人可以走得很远"。引领力的价值就在于激励一个团队共同努力，行走得更远，争取更大的成功。

十、精进力，彰显名师的光彩

"精进"一词原本是佛教术语，指依照佛法，专心求进，潜心修炼，努力向善，一心向上，毫不懈怠，以求正果。后来，人们借指精明上进、锐意进取之意，也有精益求精、终身发展之意。

纯而不杂谓之"精"，意指围绕一门学问深入研究，锲而不舍，务求提高学识；自外而内为之"进"，意为渐次递进，逐步提高，志在揭示规律。

"精进"一词，内涵深刻，蕴意丰富。对教师专业发展来说意味着不断努力，改善现状，争取更高的目标；全力以赴，投入热情，提升更高的层次；终身学习，精益求精，达到更高的境界。

对于名师来说，"精进"不仅是一种积极进取的工作状态，还是一种精益求精的自我要求，更是一种潜移默化的生活方式。"精进"是名师在日常教学工作中表现出来的不畏挫折、勇于创新之力，孜孜不倦、深度学习之力，精益求精、力求上进之力。

有些教师发展到一定阶段，就难以突破自我，进入专业发展的天花板，陷入专业发展的停滞区。究其原因，很大一部分原因是缺少"精进力"的牵引与支撑。

名师的"精进力"表现在学习工作的各个方面，渗透在教学研究的各个环节，体现在专业成长的各个时段。对教师来讲，上好课是个具有挑战性的工作，它需要具备五课联动的意识和功夫。即：

备课是基本功，勤练说讲评（构思说课—正式讲课—自我评课）；

讲课是个硬功，外练筋骨皮（课程主题—课程结构—习题设计）；

评课是个软功，内练精气神（教育思想—教学个性—文化内涵）；

磨课是个壮功，巧练问答题（课堂提示—教学启发—有效评价）；

悟课是个轻功，苦练思考评（核心素养—深度思维—价值导向）。

如果仅仅是满足于能上课，那么，备课就不用花费太多的心思，我们可以肯定其讲课效果也是一般化。如果想要讲出特色，讲出学识，讲出精品课，一定要在备课的环节上下大功夫，讲课的环节下真功夫，评课的环节下苦功夫，磨课的环节下细功夫，悟课的环节下巧功夫，争取在专业发展上达到"精进"的境界。

关于教师备课，大致存在六种做法：

一次备课，多年使用是偷懒的做法；

不分对象，固定讲稿是僵化的做法；

不看情景，按部就班是机械的做法；

不分层次，固定程序是呆板的做法；

不做反思，得过且过是混日子的做法。

常备常新、常思常新、常磨常新、常悟常新、常变常新，这是名师"精进"的做法。

敬业是精进力的基础，比较是精进力的发现，坚持是精进力的台阶，反思是精进力的条件，感悟是精进力的内涵，表达是精进力的体现，学识是精进力的修炼，创新是精进力的光彩。

精进不是一朝一夕的努力，也不是某个时段的额外付出，它需要有坚定的信念，付出不懈的努力。

精进既是一种与时俱进的终身学习，又是一种潜心修炼的自我约束，还是一种精益求精者的职业自觉，更是一种追求卓越的共同努力。

人民教育家于漪先生曾经说过，我一直在反思一个问题，我上了一辈子课，有多少课是上在黑板上，有多少课是上在学生心上。把课上到学生心上，追求引导学生的终身发展，追求核心素养的课程落地，这就是精进力助推教师成长的鲜活例子。

附2：

名师风采

许家利：河南省名师，新乡市市长教育质量奖"名教师质量奖"获得者，新乡市教科院语文学科组核心成员。

许家利老师指导中青年教师成长的具体举措：

树德，帮助青年教师树立良好的师风师德；

育才，培养青年教师硬实的教学功底；

施教，传授教书育人的方法；

带研，引领青年教师走上教科研之路。

许家利老师指导中青年教师成长的具体路径：

一、书中学，让教学有厚度。阅读理论书籍，学习新思想新理念，丰富专业知识，夯实教学理论根基。

二、课中学，让教学有深度。听课研课做课，学习新模式新方法，丰富教学智慧，钻研课堂教学设计。

三、做中学，让教学有广度。

（一）研究中考命题，尝试命制试卷，提升命题水平，落实对学生核心素养的评价。

（二）开展课题研究，探索培养学生语文核心素养的路径，形成个人教学主张。

（三）撰写教学论文，反思总结语文教学得失；撰写教育叙事，记录个人专业成长经历。

许家利老师指导的中青年教师在教育教学中取得较大进步。霍德华老师荣获新乡市基础教育教学优质课评比一等奖，"新乡市教学标兵"荣誉称号。郝灵美老师荣获全市教育系统教学技能竞赛一等奖并被授予"新乡市教学标兵"称号。崔艳老师被评为新乡市教育系统模范班主任，荣获2023年度"党员先锋岗"荣誉称号。张英老师在新乡市初中语文优质课评比活动中荣获一等奖。杨梦巧老师在新乡市初中语文优质课评比活动中荣获二等奖。

孟鸣： 河南省名师，新乡市教学标兵，新乡市教学先进个人，新乡市模范班主任，新乡市教科研先进个人。

数学名师工作室成立以来，孟鸣老师带领团队成员，坚持以阅读为根，以研修为脉，广泛阅读，理论先行，提升专业素养，让学习、反思、实践促进教师专业成长。

一、广泛阅读，专业学习促进理性思考。为了营造良好的阅读氛围，工作室购买大量书籍，如"广猛说题"系列、《数学，究竟怎么教》等。通过每周读书沙龙，工作室成员精心阅读，将自己的所思所想用真实朴素的语言记录下来，不仅获得了心灵和思想的双重修炼，还激发了工作室成员学习的热情，使青年教师在短时间内将专业素养与自身成长需求有机结合，极大地强化了青年教师的专业素养。

二、课堂为本，寻觅数学教学之灵魂。"学然后知不足，教然后知困。"作为一线数学教师，他们扎根课堂，把课堂作为研究阵地，工作室通过"同课异构""名师示范课""青年教师汇报课"等活动，引领教师对课堂进行深度思考、反复琢磨，在孟鸣老师的带领下，工作室成员以课堂为阵地，对教材深度挖掘、对教学精心推敲，从环节设计到课堂提问等，逐一思辨，集思广益，最后形成统一认知，并整理成文字留存，为青年教师参加市优质课奠定了扎实的业务基础。

三年来，在工作室全体成员共同努力下，一路潜心钻研，踏实实践，取得了丰硕的成果：参加省级优质课 1 节，获省二等奖；参加市级优质课 5 节，分获市级一、二等奖；完成省级课题 1 个并获省一等奖；完成市级课题 4 个；此外，团队成员有 4 人被评为市级骨干教师，4 人被评为市级教学标兵。

实践证明，名师工作室是促进教师专业发展的良好平台，是一个美好的事物。因为美好，所以珍惜，预祝他们在研学的路上，以课程改革为契机，以素质教育为取向，以价值实现为目标，不断总结，共同成长，成为一个乐为、敢为、有为的数学教师团队。

郭华伟： 河南省首届名师，河南省优秀班主任，河南省教育厅学术技术带头人，新乡市优秀教师，新乡市五一劳动奖章获得者，新乡市文明教师。她多次承担全国教育硕士教学技能大赛、省乡村教师优质课比赛、市初中英语优质课比赛、市课题评审等工作，被河南师范大学、河南大学、长春师范大学等高校聘为国培专家，是河南省省网络名师工作室负责人，河南师范大学兼职硕士研究生指导教师，省市优质课辅导教师。

"新竹高于旧竹枝，全凭老干为扶持。"郭老师认为扶持青年教师成长是责任和义务，更是幸福。她以聊天的方式，化解青年人心中的不甘，解开他们思想上的疙瘩，春风化雨给他们植入安心从教、为党育人、为国育才的理念和信心；她低姿态高标准要求自己和青年人互相学习一起成长，使青年教师感受到榜样的力量和共同成长的乐趣；她带领青年教师关注前沿、阅读、观影、参会、交流、写心得体会，使青年教师感到学习的快乐；她引领青年教师在磨课中成长，在科研中成熟，在写作中完善。他们经常深夜还在办公室争论，那是学术思想的碰撞、教学智慧的生成、育人能力的提升；针对教育数字化战略行动，他们积极学习和实验，享受现代技术的红利，做教育的弄潮儿。

付出是牺牲，但会迎来成就与满足，更有自豪、信心和幸福。经郭华伟指导：张领红老师荣获河南省骨干教师、新乡市名师、新乡市教学标兵、新乡市模范班主任、新乡市文明教师等荣誉称号；李俊老师荣获河南省骨干教师、新乡市名师、新乡市模范班主任等荣誉称号；周嘉丽老师获新乡市优质课比赛一等奖，新乡市教学标兵，所带班级获河南省文明班集体称号；常国栋老师获河南省骨干教师、新乡市优秀教师、新乡市优秀党员等称号；曾辉、薛杨老师获新乡市优质课比赛二等奖。此外，他们多次成功接待来自"省培计划"的省骨干教师到校跟岗实习，接待兄弟学校和上级部门的来访和检查，全部圆满完成任务。

魏应东： 获得河南省名师、河南省文明教师、新乡市教学标兵、新乡市模范班主任等多项荣誉。他还先后参与多项省市级科研课题研究并获奖，多篇论文分别荣获省市级奖项。所教班级学生在历届中考中成绩突出。

魏应东老师除了自己的教学工作外，还担任着指导本组中青年教师成长的任务。一是直接进课堂听年轻教师的随堂课，同时，主动邀请她们听自己的课，每次课后都和教师面对面沟通交流,手把手指导青年教师快速成长;二是借助教师发展中心搭建的平台,亲自为年轻教师挑选优秀的业务理论书籍,并定期组织进行读后感交流活动,提升年轻教师的业务理论水平;三是积极引领她们针对教学中的热点难点问题进行课题研究,引导她们做科研型教师;四是积极为年轻教师创造条件,鼓励她们积极参加校内创优课和全市优质课活动,通过活动锻炼、培养和提升她们的业务能力;五是协助年轻教师做好班级管理工作,主动为她们提供一些好的经验做法,解决她们工作中遇到的实际问题。

经过近几年的不懈努力,魏应东老师指导的朱嘉、甘丽华等中青年教师在各自的教育教学工作中均取得了较大的成绩。朱嘉老师获新乡市优质课大赛二等奖,其主持的课题《"英语流利说"对初中生口语能力影响的实践研究》获良好等级。甘丽华老师荣获市优质课二等奖,先后主持参与"英语流利说"对初中生口语能力影响的实践研究""APP 支持下七年级学生英语阅读习惯的养成教育研究"等多项课题,还荣获新乡市教育系统模范班主任,新乡市家访工作先进个人。

第三节 打造班主任队伍 确保协同力

班主任队伍是与干部队伍并存的另一支核心团队。班主任不仅是学生知识的传授者,更是学生品德的塑造者。我校致力于打造一支严爱并举的班主任团队,这不仅是我校工作的重中之重,更是我们追求学校德育新辉煌的关键所在。

班主任不仅仅是一个职位,更是一种责任和使命。他们是学生的引路人,是塑造学生性格和价值观的重要力量。因此,我们注重提升班主任队伍的道德修养和人格魅力,让他们成为学生的楷模和榜样。多年来,我校通过师带徒培养、班主任培训、班主任基本功大赛、班主任论坛等系列活动着手打造一支讲团结、能战斗的班主任团队。在全体班主任的共同努力下,我们的德育工作取得了显著成效,为学生的成长和学校的发展注入更多的活力和动力。

一、匠心传承 脱颖而出——师徒结对

为了提升青年教师的德育管理能力,我校实施师带徒青年教师培养计划。这

一计划旨在通过老教师的传帮带，使青年教师能够快速熟悉德育工作，掌握德育技巧，快速成长，独当一面。

在师带徒培养过程中，老教师将自己多年来积累的经验和智慧，倾囊相助、耐心指导。同时，青年教师也向老班主任虚心请教、勤奋学习，不断提升自己的德育能力。通过这一计划的实施，我校的青年教师迅速成长起来，成为学校德育工作的新生力量。他们不仅在教育教学中取得了显著的成绩，更在班级管理、学生心理辅导等方面展现出了出色的能力。

（一）培养流程

1. 师徒结对。学校根据青年教师的学科和成长需求，为他们安排经验丰富的导师，形成师徒关系。

2. 制订计划。导师与青年教师共同制订个性化的培养计划，明确培养目标、内容和时间节点。

3. 实施培养。师徒双方按照培养计划，定期开展班会观摩、研讨交流、教育反思等活动，提升青年教师的德育管理水平。

4. 中期评估。学校对培养过程进行中期评估，了解培养进展和效果，并提供反馈和指导意见。

5. 总结展示。培养期结束后，师徒双方进行总结和反思，形成培养成果报告，并通过主题班会汇报课、德育论文、课题等形式进行展示。

（二）实施方案

1. 完善管理机制。学校制定详细的师徒结对管理办法，明确双方职责和权益，确保培养工作的顺利进行。

2. 加强队伍建设。选拔具有丰富经验和良好师德的教师担任导师，确保导师团队素质高、能力强。

3. 丰富内容形式。通过线上线下相结合的方式，开展专题讲座、观摩学习、德育研讨等，为青年教师提供多元化的学习资源。

4. 建立激励机制。对在培养过程中表现优秀的师徒进行表彰和奖励，激发他们的积极性和创造性。

（三）培养成效

1. 青年教师德育管理水平显著提升。通过导师的悉心指导和自身的努力，青年教师在班级管理理念和家校、学生沟通技能等方面都有了明显的提高。

2. 班主任队伍整体素质得到提升。师徒结对的方式不仅促进了青年教师的成长，也推动了整个班主任队伍的建设和发展。

3. 学校德育管理效果稳步提高。随着青年教师德育管理水平的提升，学校的德育管理效果也得到了稳步提高，为学生的全面发展提供了有力保障。

综上所述，我校通过师徒结对的方式，为青年教师提供了有效的培养平台和支持体系，促进了他们的专业成长和学校的稳步发展。

二、智慧启迪　卓越引领——班主任培训

为了提升班主任的专业素养和管理能力，我校定期举办班主任培训活动。这些培训活动涵盖班级管理、学生心理健康教育、家校沟通等多个方面，旨在帮助班主任更好地应对工作中的各种挑战。

（一）培训方式

专题讲座。邀请校外教育专家、资深班主任就班级管理、学生心理辅导、教育法律法规、家校协同育人等方面进行专题讲座，提高班主任的理论素养和实践能力。

案例分析。组织班主任进行案例学习，分析成功或失败的班级管理案例，总结经验，汲取教训，提升解决实际问题的能力。

交流研讨。通过定期交流研讨，让班主任分享自己的班级管理经验，交流心得，互相学习，共同进步。

实地考察。组织班主任参观省内外优秀学校，学习先进的班级管理理念和经验，拓宽视野，提升自我。

（二）组织实施

制订计划。根据学校实际情况和班主任需求，制订详细的班主任培训计划，明确培训目标、内容、时间和方式。

组织实施。按照培训计划，有序开展各项培训活动，确保培训效果和质量。

监督评估。对培训过程进行监督，确保培训活动的顺利进行；对培训效果进行评估，了解班主任的掌握情况，为后续的培训提供参考。

（三）培训成果

班主任队伍素质提升。通过培训，班主任的教育理念得到更新，班级管理能力得到提升，能够更好地应对各种教育挑战。

学生自主管理能力提高。班主任的素质提升直接促进了学生自主管理能力的提高，学生的行为规范、学习习惯等方面得到显著改善。

学校整体教育质量提升。班主任队伍素质的提升和学生自主管理能力的提高，共同推动了学校整体教育质量的提升，为学校的长远发展奠定了坚实基础。

通过培训，班主任不仅掌握了更多的教育知识和管理技能，更增强了对教育事业的热爱、信心和责任感。他们纷纷表示，要将所学应用到实际工作中，为学校的德育工作贡献自己的力量。

三、磨砺技艺　智慧较量——班主任基本功大赛

一言一语，话教育智慧；一姿一态，显教师风采。为探索新时代班主任队伍建设的新机制、新途径、新方法，进一步营造相互学习、相互探讨、共同进步的班主任团队良好氛围，有效推进我校班主任队伍专业成长，我校每年举办一期班主任基本功大赛。

大赛是一场对班主任专业能力的综合性考查，分为笔试和面试两个环节。笔试内容为主题班会设计，旨在考查选手们主题活动教育的设计和实践操作，考察班主任理论功底。经过评委审阅试卷，部分班主任脱颖而出，晋级复赛，进入面试环节。

复赛环节包括班级管理案例答辩、班级管理故事演讲、班主任才艺展示三个部分，侧重考查我校班主任的育人智慧、育人成果、语言表达呈现力和临场应变表现力。参赛班主任现场抽签，现场答题。

在"班级管理案例答辩"环节中，参赛选手根据抽签题目，立足于立德树人的根本任务，紧扣当下德育政策、法规、热点或者相关情境，并结合专业知识，

提出个人见解和可行性方案。科学的思维、严谨的逻辑，充分展现了我校班主任队伍深沉的教育情怀和出众的教育智慧。

在"班级管理故事演讲"环节中，教师们结合各自的工作经验，讲述他们在培育学生素养、班级小组建设、德育课程开发、班级文化创新等方面的真实经历。教师们的分享感人至深，高度渗透新时代教育思想理念，充分展现了我校班级德育教育的实效。

最为精彩的是"班主任才艺展示"环节，参赛班主任都拿出了压箱底的绝活，才艺表演惊鸿赛场：自弹自唱吟响五彩校园，轻盈舞姿演绎缤纷生活，诗词书画描绘精彩未来。以艺载德，以艺促智，三十中的班主任以自身高尚的艺术审美和人文素养，引领我校学子德智体美劳全面发展，展现我校健康阳光、积极向上的精神风貌和文化氛围。

比赛的过程是学习的过程，更是提高的过程，身为班主任，我们应当继续加强专业理论知识的学习积累，多读书、多思考、多欣赏，经历不断的学习和实践，方能成就一份与众不同的美丽！

德于心，育于行，班主任肩负培育时代新人的重任，承担着学生人生导师的职责。班主任基本功大赛在锤炼骨干、打造优秀、树立典型的同时，有效提升了我校班主任教书育人的研究能力和实践能力，促进了班主任队伍建设，有力推动了我校教育质量发展。星光不问赶路人，岁月不负有心人，在立德树人的征程上，三十中全体班主任老师将继续乘风破浪，不忘初心，砥砺前行。

四、匠心育人　共话未来——班主任论坛

为了促进班主任之间的交流与合作，我校每学期举办一次班主任论坛。在论坛上，班主任围绕德育工作的热点问题和难点问题展开讨论和交流。他们分享自己的教育心得和管理经验，提出许多宝贵的建议和意见。同时，我们邀请教育专家进行现场点评、专业指导，为班主任提供了更多的思路和启示。

如2024年2月1日，我校分年级召开了班主任工作经验交流座谈会。本次座谈会由学生发展中心主办，学生发展中心主任逯全坤，副主任李鑫鹏、周嘉丽分年级主持，书记兼校长屈新红，副校长王军、李新华分别参加三个年级的班主

任座谈会。

七年级——"智"理班集体，"慧"做班主任。

七年级各班主任精心准备，根据自身带班经验与育人方略，从班级管理养成教育的角度出发，用饱满的热情、生动的语言、鲜明的案例，分享了自己的育人故事和成功经验。

八年级——破茧成蝶正当时，润物无声待花开。

初一相差不大，初二两极分化！针对"初二现象"，八年级班主任团队从"转化问题学生，应对两极分化"的角度着手，选取典型案例进行交流，展示自己对教育事业的理解、对学生的热爱。

九年级——俯身育桃李，仰首摘星辰。

九年级是初中三年的关键时刻，初三班主任团队从学生理想教育、职业规划、激励教育等角度着手，通过一个个鲜活的案例，诠释自己的带班理念和管理风格，分享育人经验与教育智慧。

最后，党支部书记、校长屈新红作总结讲话。屈校长对班主任们的精彩分享给予充分肯定：在过去的一学期中，班主任们用爱心和责任诠释了教育的真谛；在新的一年里，希望班主任继续心怀热爱，温暖前行，成为学生人生路上的好老师、好班主任！

本次班主任经验交流座谈会圆满落幕，它不仅是一次经验的分享，还是一次思想的碰撞，更是一次心与心的交流。通过本次座谈会，拓宽了班主任的工作思路，使得大家对班主任工作有了一个新的认识。

相信在今后的工作中，每一位班主任老师定会以满腔的热情投入工作中，继续把班级管理工作做深做细，不断提升班级管理艺术水平，为我校班级建设、学生管理工作勇创佳绩！

通过论坛的交流与研讨，班主任不仅拓宽了视野，更新了教育观念，更增强了团队意识和合作精神。他们纷纷表示，要将论坛的成果应用到实际工作中，为学校的德育工作贡献更多的智慧和力量。

五、以德润心 以爱育人——班主任德育主张

在我校，有一批优秀的班主任，他们用自己的行动诠释着德育的力量。他们不仅在教学上取得了优异的成绩，更在德育工作中展现出卓越的能力和独特的见解。

这些优秀班主任注重培养学生的品德修养和综合素质，通过丰富多彩的德育活动和实践，引导学生树立正确的价值观和人生观。他们关注学生的心理健康和成长需求，用心倾听学生的心声，为学生提供个性化的指导和帮助。同时，这些优秀班主任也积极探索德育工作的新思路和新方法。他们关注社会热点和学生需求，不断创新德育内容和形式，使德育工作更加贴近实际、贴近生活、贴近学生。

他们的德育主张和实践经验为我校其他班主任提供了宝贵的借鉴和启示。我们将继续宣传和推广他们的优秀经验和做法，激励更多的班主任追求卓越，勇攀高峰。

附：

优秀班主任德育主张

（一）

魏静老师曾荣获河南省中小学优秀班主任称号，所带班级 2021 级 3 班被评为新乡市文明班级，曾主持新乡市教研室德育课题"核心素养视角下初中班级德育微活动设计的研究"，顺利结题。在工作中，她始终秉承"青衿怀壮志，尚德方致远"的班级管理理念，以培养"全面发展的人"为目标，以培养学生核心素养为重，开展班级管理工作。

胸怀鹰雁之志　聆听花开之声

魏　静

进入九年级后，随着中考压力的增大，学生无论在身体上、心理上还是价值观念上都在发生相应的变化。学生的"成人感"更加明显，自尊心大大增强，渴望得到老师和家长的尊重和理解，更想要尝试自己做一些决定，但由于他们的人生观、世界观、自控能力还不够完善，难免会迷茫，因此，品德教育和理想教育在此阶段显得尤为重要。

一、品德教育

（一）文化塑魂

哈佛大学校长陆登庭说："教育从根本上讲应该是一个人文过程，是有关价值的事情，而不仅仅是知识或信息。"余秋雨说："文化是一种精神价值和生活方式。"放眼班级管理，班级文化是班级的核心价值观，可以塑造班级人格，培育良好班风、学风，是班级凝心聚力、健康发展的重要基石。我通过班名、班训、班徽、班级愿景、班级内外环境布置等形式，让班级文化可视化、沉浸化，引导学生追求真善美，让生命有更宽厚的人文底蕴，有更高尚的精神追求。

2021级3班叫"鹰雁班"，因为鹰，勇猛锐进；雁，仁爱团结。班训是"鹰一样的个人，雁一样的团队"，意在希望班级成员既有雄鹰搏击长空的奋斗精神，也有大雁列阵苍穹的团队精神。在布置班级环境时，师生共商，精心设计教室育人标语，学生个人风采展示园地，小组考核公示栏，优秀作品展示板，用环境凸显班级文化特色。除布置班级文化外，我还带领学生进行经典诵读，参观博物馆、科技馆、标本馆等，深入了解体验中华民族传统文化、民风民俗等微活动，感悟历史，传承人类文明，在潜移默化中增加学生的人文底蕴，培养有人文素养的人。

（二）制度赋能

陶行知先生曾经说过，"教育的最高境界就是自我教育"。为了这一目标，我引导学生通过制定班级自主管理、小组建设和师友结对等制度，多元融合，督促学生自立自强、自主自律，力争人人有事做、事事有人做、时时有事做，使他们从"旁观者"变成"当局者"，实现班级管理从"人治"到"法治"再到"自治"的跨越。在小组建设方面，我让班级成员先自荐，再公选出来八个有责任心、公平、公正、有工作能力的组长，组长们根据性别均衡、性格互补、能力互补和成绩互补的原则挑选组员。小组成员通过召开小组会议商议组名、组徽、组训、组规。小组之间分工合作，记录纪律、卫生、学习、活动、考勤等方面的量化考核，每周五汇总分数并评选优秀小组，每月评出"最佳小组""最佳组员"并给予适当奖励。参观河南师范大学生物"校史馆""标本馆"等都是学生们十分期待的小组活动。

（三）活动润德

育人之计，德育为先；德育之兴，活动为先。丰富多彩的班级活动最能促进学生全面发展，助力班级建设。我作为活动的组织者和引领者，和学生们一起在活动中交流、反思、进步和成长，既育人又怡心。

陶行知曾说："活的人才教育不是灌输知识，而是将开发文化宝库的钥匙，尽我们知道的交给学生。"围绕文化育人，我开展了以下班级活动：中华传统文化系列活动——诗词大会、"我们的节日"等；红色文化系列活动——"社会主义核心价值观""清明祭英烈"等；农耕文化系列活动——"劳动技能达人秀""走进农科院"等。组织"走进科学，情景育人——走进中国农业科学院研究实践教育基地"活动时，学生们参观了"幼虫培养室""现代化科技温室""地下灌溉系统""大型称重式蒸渗仪""农作物试验基地"等，了解了先进的农业科技文化，对农业科研有了浓厚的兴趣。这些活动实践人生意义，体现人生价值，激发学生的内在动力，鼓励他们做一个会实践创新的人。

这一系列班级活动是极具实效性的，真正地走进了学生的内心。通过不同的育人形式，营造浓厚的育人氛围，学生在参与各种活动时，自我意识、交际能力、合作意识、解决问题的能力都能得到提升。

（四）心桥共情

尽管"双减"和疫情给家校沟通增加了难度，但是协同育人仍是育人的一个重要方面，家校协同育人显得尤为重要。学生的课外班减少，在家和家长相处的时间增加。青春期的学生常有叛逆行为，每当家长找我诉苦，我会先注意倾听，安抚家长和学生的情绪；再摆事实、讲道理，跟他们谈自己的感受，委婉地提出自己的建议；最后就是想方设法夸家长、夸孩子，先表扬他们做得对的地方，再分别说出他们的不足。家校合力，搭建家长和学生心灵沟通的桥梁，确保家庭教育有成效，学生心理健康有保障。

二、理想教育

我们班一直注重对学生的理想信念教育，引导他们树立远大的理想，明确自身的责任，点燃"理想火炬"和"信念明灯"，为他们逐梦、筑梦打牢基础。让学生深刻领会到理想信念是朝既定人生目标奋斗前进的原动力，要学会在理想的引领下，在不同的人生阶段设置不同的目标并积极、自主、努力地实现目标，进而实现自己的理想。

首先，在班级文化布置上，注重理想的引领。我们有"下一站上岸"和"步步为赢"这两个板块。"下一站上岸"展示的是学生们理想的高中；"步步为赢"写的是九年级每一次考试的年级目标，达成了画笑脸，未达成则画加油或哭脸。教室的班级荣誉墙上有每次月考完后更新的班级前十名、单科前三名和进步前五名、最佳小组名单等。每次考完试后，我会给优胜的同学颁奖，奖品有定制的钥匙链、有橙子（象征心想事成）、书籍等。

其次，引导学生树立远大的理想。请有理想的同学跟大家分享经验，让大家向身边优秀的同学学习。比如，王铭阳同学的目标高中是一中本部，大学想读西安交大的信息工程专业，因为他有个优秀的姐姐是从一中少儿班考到北京理工大学，目前已被保研到本校，姐姐就是他追逐的目标。曹永慷因为小学时在深圳读过书，见识过大城市的美好，因此立志要到大城市读大学。李若菲擅长画画，她想以后做个自由插画师。另外，我在英语课上讲到国内外一些名胜古迹时，也都会讲一些相关的历史地理背景知识，唤起同学们对这些美好地方的向往。

第三，发掘每个同学的闪光点，塑造榜样人物。班长沈家乐管理能力很强，很多事情能自己决策，执行到位，在班级里很有威信；刘颐衡非常自律自强，运动会跑掉一只鞋还能坚持跑完全程，从一个内向不敢表达的同学变成主动承担国旗下讲话的演讲任务，自己写稿，反复练习，直到勇敢地登上学校的主席台。这些同学都在激励着同学们看到自己的优点，不断进取，心中有理想，行动有方向，所信必达，勇者必胜。在此，还有一个小笑话跟大家分享，目标激励是双向的，我每次考完试给同学们做完总结，后边上课的某一天我的课件就会被某位同学改动，他们也帮我树立了职业理想，"河南省优秀教师""5A 级北大优秀教师""宇宙级高级教师"等等，虽然是师生之间的玩笑，但是也表达了学生们对老师的认可和鼓励，毕竟我们的确应该教学相长，共同进步。

在九年级下学期的工作中，我会继续努力，引导全班同学"胸怀鹰雁之志，聆听花开之声"！

（二）

郝灵美老师曾荣获新乡市模范班主任称号。在担任班主任工作期间，始终坚信德育是教育的灵魂，始终贯彻"以文化人，以文育人"的班级管理理念，注重班级文化建设，营造团结友爱、互相尊重、健康乐观、活泼阳光的班级氛围。关注学生的心理健康，用爱和耐心去引导他们成长。

正面管教，做赋能型班主任

郝灵美

前段时间，我读了樊登的《非暴力沟通》和《正面管教》两本书，感觉书中一些内容既有高度又有深度，着实突破了我以往认知，启发了我对班级管理的思考。九年级以来，在班级管理方面，我有意识地把正面管教的理念渗透到各个方面。

正面管教的理念，缘何令我由衷欣赏并坚持执行呢？这要从班级学情方面说起。我所带的 2021 级 7 班，从七年级开学到现在，一直存在一个难解的问题，就是请假的人数特别多。这些请假的学生有一个共同的特点，就是生病：肚子疼、头疼、恶心、腹泻等。其中有一小部分同学胃疼的主要表现是肠胃炎，还有相当一部分同学没有身体上的疾病，到医院拍片子也检查不出任何问题。之后，接触心理健康领域以后，才知道这个属于心理问题躯体化。简单说，就是学生经历心理压力、焦虑、抑郁等情绪问题时，这些情绪可能会通过身体的症状表现出来。针对这种特殊情况，采用合理的、有效的方式来解决这些问题就显得非常重要，我感觉正面管教的方法对于我们班级来说不失为一种好的管理方法。

九年级以来，围绕正面管教，我做了以下方面的工作：

一、正面引导"问"规矩

开学之初，学生还没有完全从假期的懒散状态走出来，对学校的规章制度会出现陌生或遗忘情况，这时重温校纪班规，树立规矩意识，帮助行为习惯不好的学生迅速地回到学校生活显得非常重要。采取什么样的方法来重温这些校纪班规呢？是大屏幕展示，还是老师一一告诉？这些效果都不好，毕竟刚开学，学生的注意力还没有完全回来。这时"问比告诉更重要"，班主任问，让学生来告诉，同时让平时或以前经常违反这些校纪班规的学生来强调。

开学第一课，我们采用正面管教的方法，已经可以让绝大多数同学不再违反校纪班规。"先比后更重要"，先正面管教，积极引导，让学生正面积极避免错误行为，这样管理效果会比学生违纪以后再去批评要好。

二、正面熏陶以"文"化人

班级文化对教育人、熏陶人、培养人、发展人起着重要的作用，对班级成员的精神面貌会有积极的正面的引导作用。9月份和10月份，我们利用学校组织的"最美教室"的评选活动，布置班级文化。同时，为了让学生用自己喜欢的方式来激励自己努力学习，我们又利用教室四周的墙壁来布置小组文化。其内容有："天行健，君子以自强不息""你的生命将是你自己创造的样子""人生没有白走的路，每一步都算数""以梦为马，不负韶华，中考上岸""苦尽甘来"等。

三、正面沟通"心"融家校

九年级学生面临着严峻的中考升学压力，既有内在自身的学习困惑和对未来选择的迷茫，又有外部的人际交往的烦恼，以及父母的期待、同伴的竞争……父母作为学生心灵寄托安慰的重要亲人，他们在学生这个阶段的成长中有着重要作用，为了形成家庭和学校合力，让家庭教育更好地加入，我利用家长会这一契机，让学生和家长进行一次有效的、深入的、有温度的沟通交流，确定了以"心'信'相印"为主题的家长会。

原计划让学生和家长同时交流信件，但考虑到部分学生会有无话可说的情况，或对这件事不重视、敷衍了事，失去了这次活动的意义。所以，我让家长先给孩子写一封信，有了家长的示范，情感的表达，学生内心一定会有所触动，对这件事就会重视起来，真挚情感就会从内心自然流露。

为了达到最好的效果，我花费了一个半小时的时间，给全班51名同学家长逐一发了短信，内容如下：

××妈妈/爸爸：

您好！

九年级了，让我们共同为孩子做一些事情。

初三阶段对于孩子和家长来说都是非常重要的一年。这一年，孩子特别需要您的支持和理解。现阶段，咱家孩子在学习状态上还是很努力的。

现在需要您为孩子写一封书信，内容自定，字数可长可短，主要是表达清楚您对孩子的鼓励和支持，让孩子感受到您的温暖和期许，从而在前进的路上更加勤奋，也更有力量。

为了达到最佳效果，请您注意做到以下几点：

1.注意保密，到时候给孩子一个惊喜。

2.最好在本周五上午12点之前完成。

3.准备一个信封，要具有仪式感。

4.您可千万别忘了这件事，免得孩子看到别人都有，自己落单而伤心。

这是一次难得的和孩子交流的机会，请您一定好好准备。最后，祝您和孩子彼此收获感动！

家长信写好后，我这样提醒家长："家长您好！悄悄提醒您一下，给孩子的一封信，您准备好了吗？请利用周六周日的时间，最好周六一大早。选一个让孩子惊喜的方式把信给他（她），或书包里，或枕边，或抽屉……愿孩子感受到您的用心，成长得更有力量！可以私信给我，我们同乐。"

这次活动，我用中国传统的书信文化作为桥梁，打通了家长与孩子在心灵上的沟通渠道，让学生深刻体会到父母的良苦用心，从而尊重感恩父母，打开心结，化压力为鼓励，化顶撞为理解，化无言为倾诉，彼此理解，互相信任。同时也有效缓解了学生的焦虑情绪，变紧张的亲子关系为和谐温暖的团队，共同面对中考，共同面对压力和困难。

四、正面疏导"压"出动力

九年级这个年龄段的学生心智发育还没有完全成熟，应对各种复杂的局面往往会坚定中有恐慌，奋进中有迷茫。大部分学生面对中考会产生焦虑情绪，也有一小部分同学毫无压力，放弃学习。为了让学生学会管理压力，变压力为动力，为学习助力，我利用班会时间开展了"学会压力管理"这一主题班会。经过这次疏导以后，一些学生确实在情绪和身体上有了一些好的变化。

五、正面鼓励"夸"出成长

美国教育家鲁道夫·德雷克斯曾说："孩子需要鼓励就像植物需要水。"我们也经常说："对学生要少批评、多表扬、多鼓励。"鼓励和表扬有区别吗？请判断哪一类是表扬？哪一类是鼓励？我们平时使用的是哪一类多？

第一类：①真棒！你就是老师的骄傲！②你真是个聪明的孩子！③这次考试成绩真不错，真不愧是我的课代表！④你是咱们班最好的学生！⑤你办事最靠谱，要是其他同学都像你这样就好了！

第二类：①谢谢你今天按时上交了作业，这让老师轻松了不少。②最近进步很大，你是怎么做到的？③老师相信你，就按你自己的想法去做吧！④老师看到你这周作业比以前整洁了许多，老师看到了你的努力！⑤你达成了自己的目标，你一定很为自己感到骄傲吧！

鼓励和表扬有哪些区别呢？两者在指向、认可、态度、控制点、对自我价值感的影响、长期效果等方面是有所不同的。

我们和学生交流时，怎样说一些鼓励的话？给大家介绍鼓励的三种句式。

描述性鼓励（具体）："我看到"或者"我注意到……

致谢性鼓励（清晰）：谢谢你……，这让我……

赋能性鼓励（真诚）：我相信你的判断……

六、正面赋能"读"出自信

下学期开学半个月以后，就是中考倒计时100天，为了进一步正面管理，让学生用积极昂扬的心态去冲刺中考，做好激励教育，我准备利用好每天课前五分钟时间来集体宣誓百日誓师誓言："击鼓催征，决战百日。九年级7班全体同学在此庄严宣誓：珍惜100天，我们将凝心聚力不负父母的期盼；奋斗100天，我们将奋力拼搏不负恩师的厚望；拼搏100天，我们将全力以赴不负青春的理想。我们绝不做怯懦的退缩，不做无意的彷徨，我们将唤醒所有的潜能，将拼搏进行到底！将初三进行到底！将中考进行到底！坚持到底！永不放弃！加油！加油！！加油！！！"

同时可以一起读一读以下几句话：我希望每天能做更好的自己；我希望每天能和同学老师讨论不会的问题；我希望自己不做随波逐流之人；我希望这100天的自己是充实的；我希望临上考场的时间我的内心是平静的；我希望能打赢中考这一战；我会自信满满，实验加试不怕苦，体育训练不喊累；再拼一下，或许就上岸了。

正面管教主张"温和而坚定"。不惩罚、不娇纵是其内核，我希望在学生最困惑、最艰难、最需要帮助的时候，用积极、鼓励和支持的方式引导他们成长，做赋能型班主任。

（三）

李琳，河南省骨干教师、新乡市模范班主任、新乡市名师、新乡市优秀思政教育工作者。李琳老师将党的教育方针落实在日常工作中，践行"精致教育"的教育理念，深谙"志当存高远"的道理。以"筑梦、逐梦"作为优秀班级的座右铭，营造文明、健康、向上的良好班级氛围，取得显著成绩。

梅开"三度"满园香

李 琳

相信每个班里都有些显眼包,他们爱出风头,不知道敬畏规则,屡教不改!这些学生的问题究根到底,是他们从小学时就已经养成了不良的习惯,所以要想让他们在七年级一入班就改掉身上的问题和毛病,既不现实,也不符合学生的认知规律和发展规律!要让这些学生步入正轨,跟上班级的节奏,需要一个"漫长"的过程,是一个斗智斗勇的过程。根据多年的管班经验,我总结了"三度"。

一、惩戒有尺度

教育光靠爱是远远不够的,完整的教育,首先需要把好适当的惩戒尺度。这样才可以让孩子既在爱中快乐成长,又能在风雨中变得坚强。

惩戒权,是教师手中要时刻握着的。2020年12月23日,教育部颁布《中小学教育惩戒规则(试行)》,自2021年3月1日起施行。《规则》首次明确了对于违规违纪学生可以实施惩戒,解决教师不敢管、不愿管、不会管这一突出问题。法律的规定,让教师管理班级有了法律依据。

有经验的班主任老师都知道,在七年级要严抓学生的习惯养成教育。一般情况下教师都能一眼分辨出哪些学生可能是潜在的纪律问题学生。我们班同样有几个这样的学生,他们在军训期间就成了我关注的对象。入班第一课就是宣布校纪班规,教育他们严守纪律、敬畏规则!

第一:明规矩

从入班开始就让学生了解校纪班规,这些规则丝丝入扣,几乎包括了他们可能会犯的所有错误和处罚方法。所以让他们首先从班规细则上就觉得这个老班不好惹,怎么也逃不出老师设的惩罚圈,给他们来了个下马威。但是每届学生情况都不同,对这届显眼包出现的新问题,我及时补充新的处理方法,丰富班规细则,形成文字,达成共识。执行起来就是有法可依、违反必究!学生看到老师态度坚决，执行强硬，明白校纪班规不是摆设，时间长了，只能慢慢改正！

第二：正习惯

有些学生在小学时没有养成良好的姿态和学习习惯，到初中后就有可能会影响身体发育和学习效率。首先向学生讲明：他们现在正是长身体的关键期，如果坐姿、站姿不端将极大影响身体的发育，影响个人形象气质。其次，帮助他们纠正站姿。（1）榜样示范。我经常会给孩子们抓拍照片，然后表扬那些气质好、姿态正的同学，通过对比，姿态不好的同学就会主动提出让老师帮助纠正。这样的话，他们就化被动为主动。（2）纠正练习。如果发现他们有姿态不端正的时候，就让他们靠墙站立，头、背、脚跟一条线，既练姿态又练静心、专注。（3）适时表扬。经过两个学期的努力，我们的学生能够站姿端正、认真听讲，尤其是在集会时，也能控制好自己的站姿、长时间不动。纪律性加强了，外在形象也有了很大的提升，同时明白了老师的良苦用心，加深了师生感情。

第三：明底线

教育绝不能一味对孩子让步。严格管教，才是对孩子最大的负责和保护。说到底，惩戒只是手段，教育才是目的。对那些屡教不改的顽劣学生，我一开始就向他们亮明底线：帮助纠正小错误，绝不姑息大错误。

我特别关注入班时发现的潜在的问题学生，注意观察他们的举动。果不其然，他们个个是话痨，不受纪律约束，甚至无处安放自己的小手！多次影响师生上课的问题没有改变。他们精力充沛，整天上蹿下跳、闹剧百出。虽然在七年级的时候对他们进行过口头教育，和他们谈心，和家长沟通，甚至让家长带回家反思，但是效果不明显。黔驴技穷的我只能请出来学生处主任帮忙，亮明底线：给予他们学校处分！在和家长交流沟通过后，家长也大力支持，给了他们校纪处分，这样他们才收敛了许多，开始收心，把心思向学习上转移。八年级上学期期末时，蔡同学、王同学、吴同学均进入年级前80名，进步明显。

二、教育有温度

美国著名教育家简·尼尔森在《正面管教》一书中提出："你想'赢了'孩子，还是'赢得'孩子？"这个问题值得思考。班主任在处理师生关系时，尤其要先保持情绪稳定，然后问问自己，我是要"赢了"学生，还是"赢得"学生？没有好关系，就没有好教育。因此，有效的教育要有温度。

第一：晓之以理，动之以情

一个教育智者不应该把自己与学生的关系定位为"管理者与被管理者"的关系！学生群体具有思想的动荡性、行动的草率性。尤其是初中生，叛逆性强，如果老师"管"得不当，可能越会遇到逆反、软抵抗之类的矛盾。

因此一个好班主任，其实就是一个"会搞关系"的高手教师。我是一名严厉但有底线的老师。与学生相处的过程中，我是个细心、有心的"妈妈"，会注意学生的穿衣饮食，从生活上关心学生；会关注学生的情绪变化，成为他们的知心朋友。因此，学生也慢慢地理解了严厉但有温度的老师。

在他们出现问题时，我会晓之以理，动之以情！

比如蔡同学小毛病很多，经常挨批。有一次，上午刚处理完他骂其他同学的问题，让他在班里做了检讨，下午就发烧了。我摸着他的额头，询问他的病情。一边让同学给他接来开水，一边和他妈妈联系，问他用不用回家休息。他感受了严厉的"老班"也有温情的一面，更没有把他当成班里的另类置之不理。有段时间，他上下学总喜欢搭乘丁同学的电动车，很不安全。他妈妈多次劝说无果，就打电话向我求助。我先和他共情，设身处地说："想和同学们一起上下学，增进同学情谊可以理解，但是你们还不满十六岁，严格来讲是不允许骑电动车的，带人更危险！尤其是路上车多人多，容易出安全问题。你们可以一起骑自行车上下学，不也挺好吗？"当天放学后，蔡妈妈高兴地给我打电话说，他主动提出自己骑自行车上学了。

与学生真诚相处，我们同悲喜。八年级的上学期，是孩子们叛逆最严重的时候。学生天天鸡犬不宁，老远就能听到我训斥他们的声音！时间长了，我的健康也出现了问题：晚上经常失眠多梦、头疼，后来鬓角长出几根白发！开班会时，我开玩笑地说，这段时间谁气我，我就拔一根白头发送给他。那段时间，当我真的把头白发拔下来送给他们的时候，他们都一本正经地双手接过，有的夹在书里面，有的放在一个透明袋里，而且收到"礼物"的同学明显好转，真的令我感动！大约从11月底以后，我的鬓角就不再长白发了，我笑着对全班同学说："感谢你们及时止住了我变老的步伐！"全体同学听了哄堂大笑！

本以为八年级下学期师生大战即将开始，没想到，开学三周来，他们一直保持着良好的学习状态和纪律状态，一切都不晚。

第二：教会内省，教给方法

后进生这个群体的可塑性大，我用"影响"来替代"管"！对那些受过处分的学生，我对他们并没有置之不理，同时禁止同学排斥他们。相反，鼓励同学们发现他们的优点，并经常找他们聊天，告诉他们：知错就改，善莫大焉！同时给他们建议消除处分的方法！让同学们一起监督他们，帮他们进步！同时，让他们正确对待同学们的批评，反思自己的不足，积极改正错误！比如蔡同学，爱骂人、爱迟到、爱偷懒，扣分最多，没人愿意和他说话，没有人愿意和他一组。我找他多次谈话，帮助他反思原因，一起找到改变现状的办法。在新学期排座位时，他首次被卢同学选中，并且在新学期一直知错就改，认真学习。

第三：及时鼓励，给予希望

让学生不断战胜"本我"，做一个对社会有用、家长满意、能悦纳"自我"的人！帮助蔡同学找到了重塑形象的方法后，我积极发现他的优点：比如能够正视自己的问题，能够乐观接受老师和同学的批评，并勇于改正等等。前三周是习惯扎根期，我默默关注，不过多打扰，因为我知道他容易骄傲。直到21天后，我发现他依然坚持，表现良好，就在全体同学面前大加表扬，同学们也纷纷向他竖起大拇指！虽然，蔡同学偶尔还会犯一些小错误，但是相比以前有了很大的进步。他也表示下学期能做得更好！

三、家校有厚度

以诚相待，用心沟通，用爱感染，引导家长成为教育的"神助攻"，让家校互助有厚度。家长从被动、消极的教育绑架者，转向主动、积极的教育参与者，共同辅助孩子成长。

第一：目标一致

家长，望子成龙；教师，望生成才。家校双方无疑是一个目标共同体。陶行知先生曾说："家校之间要有互信、互助、互容的关系。"班主任作为学校和家长之间的桥梁，只有获得家长的支持，才能实现教书育人，"劲往一处使"。

第二：及时反馈

尊重家长，和家长及时沟通，善于倾听，正向反馈。"事无大小，惟其时。"主动联系家长，及时反馈学生在校表现和学习情况，让家长了解孩子的成长过程。但很多家长害怕看到班主任的私信或电话，因为大部分都与投诉、告状、批评等问题相关。与家长沟通时，我先肯定孩子的优点，然后再指出不足，并和家长一起寻找帮助孩子进步的方法，让家长理解老师是真心在帮助孩子进步。另外，要让家长感觉到只是对事不对人，不是有意挑孩子的刺。比如蔡同学，本周因迟到挨了批评，但是纪律上有明显进步，被评为"进步之星"；能正确面对批评，成为"抗压之星"；劳动认真，成为"劳动之星"。

第三：相互协助

班主任和家长的关系应该是互相协助的关系。待优生在学校出现问题我们会向家长求助，同样家长经常会向我寻求帮助，比如孩子在家时间安排问题、家庭关系问题、学生的厌学问题，家长都会向我发出求助。当听到这些求助电话时，我非常感谢家长和学生对我的信任和认可。同时，当问题得到改善或解决后，我也会有很大的成就感，为自己是一名育人者而感到骄傲和自豪。

"润物细无声，教育贵无痕。"我与学生不是"管理与被管理"的关系，应该是一种"影响和被影响"的关系，是心灵与心灵的碰撞，是教学相长的共同进步！这样才能梅开"三度"满园香！

第三章　精彩德育　课程思政

第一节　构建框架　拓展育人途径

德育是一个学校的办学之本。我们秉承"品德高尚、乐观自信"的学生德育观，倡导"全员德育、全科德育、全程德育"的教师德育观，不断细化德育教育、德育考核内容，以日常生活为平台，从学生个性发展的大局着眼，从生活细节入手，强调自觉、自主、自治，同时积极运用德育的社会教育资源与社会阵地，使德育工作实现过程与结果的精致化。

在"全员德育、全科德育、全程德育"理念的引领下，我校成立了德育工作领导小组。学校党支部指导校团委、少先队大队部开展专项思政教育活动，各团支部、少先队在校团委、少先队大队部的组织下扎实开展教育活动。业务副校长指导教师发展中心及思政教师、各学科教师将德育渗透在学科教学中。德育副校长带领学生发展中心，指导各年级组及各班主任对学生进行德育管理。总务副校长带领后勤服务中心，指导各班财产管理员在服务中育人。家校委员会、年级家委会参与学校德育管理并提出合理化建议。社区则为学生提供社会实践、志愿服务等德育体验。共同培养"品德高尚、乐观自信"的三十中学子。

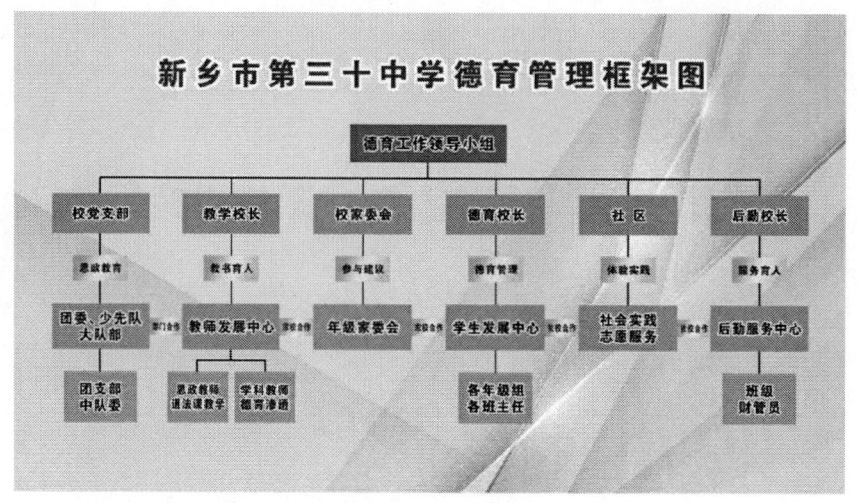

一、课程育人

课程实施是夯实德育育人的主阵地。我校充分发挥课堂教学的主渠道作用,将德育内容融合到各学科课程的教学目标之中,渗透到教育教学全过程。语文、道德与法治、历史、地理课要利用课程中语言文字、传统文化、历史地理常识等丰富的思想道德教育因素,潜移默化地对学生进行世界观、人生观和价值观的引导。数学、物理、生物课要加强对学生科学精神、科学方法、科学态度、科学探究能力和逻辑思维能力的培养,促进学生树立勇于创新、求真求实的思想品质。音乐、体育、美术课要加强对学生审美情趣、健康体魄、意志品质、人文素养和生活方式的培养。

每周一次升旗仪式,在升旗仪式上开展德育微课堂,对学生进行思想道德专题教育。每周一个班级,轮流负责展开此项活动,班主任教师参与撰写德育演讲稿,制作德育课件、微视频等。

开展新生入学教育,是提升我校学生思想道德水平的有效方法。新生入学阶段,学生发展中心开展家长学校课程,联合家长开展新生入学教育,将文明礼仪教育、心理健康教育、劳动教育等专题教育融入其中,力求将新生入学德育课有序、有效开展好。

二、文化育人

"爱国、树德、博采、思远"是我校的优良校训,"以信立人,以文化人,以美育人"是我校的德育措施。我校着力营造良好的教书育人的氛围,将德育渗透到校园的每一个角落,让每一棵树、每一棵草、每一面墙以及每一个角落都能发挥育人功能。

校园里到处设置节约的提示语,提醒学生厉行节约,不忘勤俭自强的传统美德;宣传栏里将每年新时代好少年、身边道德模范的照片和事迹展示其中,时刻提醒学生榜样就在你身边,向身边榜样学习,拥有同样的荣光;在教学楼的墙壁上,悬挂各种富含哲理、催人向上的标语,在教室的醒目位置张贴文明礼仪教育标语、《中小学生守则》宣传展板、社会主义核心价值观24字,让学生在潜移默化中受到教育和影响。

校园文化离不开校园的学生,为体现学生对校园文化建设的参与度,鼓励我校学生积极创作,将优秀学生作品悬挂在楼梯走廊,张贴在各班展板上。每日,班主任和学生及时以文字或图片的形式记录发生在身边的文明行为,在班级微信群、学校微信群进行宣传。同时要对最基础的卫生工作常抓不懈,每日校园常规两扫,学生发展中心日常检查进行评比,表扬优秀班级,做到"校园处处有人管,事事有人干"的氛围,营造干净整洁的校园育人环境。

三、活动育人

开展德育活动是学校德育的重要途径,能使学生在不知不觉中愉快地接受德育内容。

(一)开展卫生班级和文明之星评选。每周一升旗仪式,指定班级代表进行"我身边的文明之星"主题演讲。每月扎实开展"卫生班级"评选活动,学生发展中心领导、学生会干部做好评比打分工作,对"卫生班级"授予锦旗以鼓励。

(二)每学年,组织进行文明班级、文明学生、文明教师、新时代好少年评选活动,制作相关宣传版面,对此项活动的开展进行宣传,促进班风校风提升。

(三)积极开展学雷锋志愿服务活动、劳动美实践教育活动。每年3月份为学习雷锋月，学校积极组织各种学雷锋活动。如组织学雷锋志愿者服务队打扫秋冬社区、维持交通秩序等，通过参加义务劳动让学生切身加入学习雷锋的行列中来。

（四）开展帮扶送爱心活动。组织学生对太阳村留守儿童进行慰问，送去学校的一份爱心；清明前后组织团员代表、少先队员代表到烈士陵园祭扫革命先烈，并慰问革命后人，表达一片红色赤子心。

（五）每年五四青年节，举办离队仪式、青春礼、入团仪式，并举办"童心向党"主题文艺会演活动。

（六）每年举办学生及教职工足球、篮球、乒乓球、拔河等比赛活动，通过传统体育活动，提高学生的身体素质、集体意识和合作精神。

（七）举办中华优秀传统文化进校园活动，如戏曲、书法等，在重大传统节日如春节、清明节等，开展实践活动并记录节日活动，引领学生热爱祖国之情。

（八）每年开展端午经典诵读活动，琅琅书声响彻校园，德育文化浸润人心。

（九）心理健康教育是青少年学生健康成长的重要一环，我校加大心理健康教育投入，开设心理健康课程，开展团体辅导、心理讲座、个体心理咨询等，为学生健康成长保驾护航。

（十）建设书香校园是实施素质教育的需要，是促进学校内涵发展的需要。我校在学生中广泛开展阅读活动，开展书香班级评比活动，让学生与经典为友、与知识为友，形成我校独特的精神内涵。

四、实践育人

青少年时代是自我成长的黄金期，人生观、价值观、世界观在这一时期逐渐形成。在实践中学习，有助于培养学生社会责任感、勇于探索的创新精神、善于解决问题的实践能力。

（一）开展实践教学活动。在物理、化学、创客社团等课程中，开展实践教学，锻炼学生的动手能力和创新素质。

（二）开展国防教育主题活动。初一新生入学后，要参加为期一周的军训、国防知识教育等实践活动，在实践中培养爱国主义情感。

（三）开展消防安全进校园活动。学生动手实操灭火设备，观看灭火案例，进行消防安全演练，培养学生安全意识和技能。

（四）开展学生校外实践活动。除组织学生清明祭英烈、学雷锋志愿服务外，鼓励学生积极参与家庭家务劳动，提高动手能力。学校在做好安全预案的前提下，积极开展校外社会实践活动，如行走的思政课、研学旅行等，在行走中学习，在研学中思考，在实践中锻炼，丰富学习体验。

五、管理育人

常规管理是学校德育工作的重要环节。我校的管理已实现科学、规范、精细、民主。学校各项工作都有严格的管理制度，坚持以人为本的思想，对学生的管理力求做到民主化、人性化。在这种管理氛围中，学生可以自主、有效地表达思想，反映问题，参与并监督学校各项工作，也培养了学生的民主平等意识，这对学生将来走向社会，适应社会，顺利学习、工作是大有好处的。

今后，我校将加强人文关怀与制度约束相结合，创建和谐校园；引导学生争先与创优，培养积极向上的意识；培养学生承担责任、敢于担当，争做学校主人。

六、协同育人

家庭教育、学校教育、社会教育三方面相互配合，相互补充，相互提高，能够形成教育合力，取得更加高效的教育成果。

（一）利用社会资源育人。如，学校每学年邀请法治副校长到校开展讲座，普及法律知识，帮助学生树立法治观念，培养学生的法律意识，预防未成人违法犯罪。邀请公安、检察院、消防等专业人士到校指导开展相关教育活动，搭建社会育人平台，优化学生成长环境，助力学生健康成长。

（二）家校协同育人。开办家长学校，定期举办专题讲座、教育经验交流会等，丰富家长育儿经验。建立家校联系制度，通过家校联系卡、家访等形式引导家长注重家庭、注重家教、注重家风，营造积极向上的家庭氛围。同时，班主任对学生在学校出现的问题及时反馈给家长并共同矫正，让学生把在学校习得的好习惯带回家，并在家长的配合下能够得到督促与强化。同时，学校成立家长委员会，邀请家长参与学校管理，监督并助力学校各项工作，确保育人效果。

（三）关注特殊学生，传递爱的温暖。随着社会的发展，班级特殊学生有所增多，主要表现为心理健康问题、六类重点学生。我校学生心理健康中心，常态化开展团辅、个咨等心理疏导工作，缓解学生心理压力，助力学生健康成长。

七、课外活动阵地

（一）组织学生读经诵典活动。阅读中华传统读本、爱国主义教育读本等书籍，培养学生的爱国主义精神和传统美德意识。

（二）利用升旗仪式对学生进行爱国主义教育和理想教育。

（三）在重大节日和纪念日，举行文艺会演、书法、绘画、演讲比赛等活动，增强学生爱党、爱祖国、爱人民的思想感情。

（四）定期组织共青团员、少先队员进行志愿服务，对学生进行敬老教育、劳动美德教育等。

（五）利用家长会对学生进行感恩教育，让学生和家长一起观看感恩演讲。

（六）组织学生进行打扫社区、街道等公益劳动，培养学生爱家乡、爱社会的良好品行。

（七）请法制副校长对学生进行法制教育。

八、特色做法

（一）抓实养成教育，做好"四抓四促"

"四抓四促"，即抓卫生，促环境转变；抓纪律，促秩序转变；抓仪表，促风貌转变；抓集会，促校风转变。通过"四抓四促"，养成良好行为习惯，展现优良精神风貌，促进学生不断成长。

（二）丰富学校文化活动，提升学生自管能力

无论是学校组织的运动会、艺术节等大型活动，还是以年级、班级为单位组织的篮球、乒乓球、跳绳、棋类等竞赛活动，注重在活动中培养学生良好的行为习惯，培养学生自我管理、自我教育意识。

（三）加强团队培养，发挥引领示范作用

努力抓好团队干部建设，重视团队干部的培养工作，开展团员亮身份、处处做表率活动，七、八年级开展预备团员预备队活动，增强团干、团员的引领示范作用。在学生中树立正能量，助力学生形成正确的人生观、价值观。

第二节　课程思政　引领青春梦想

德育活动课程化、体系化是以课程的规范来管理德育活动，促进学校德育的常态实施，提高德育时效性。我校德育课程大致分为三类：校园文化课程、学生实践课程、特色校本课程。校园环境课程包括校园文化课程和班级文化课程，通过学校精心设计的理念文化、园廊文化、书香文化、传统文化等，以及独具特色的班级文化熏陶感染学生，即环境育人。学生实践课程包括中华优秀传统文化课程，开学典礼、毕业典礼课程，升旗仪式、主题班会课程，社团活动课程，学生志愿服务课程，研学旅行课程，劳动实践课程等，让学生在实践体验中受到教育。特色校本课程包括思政教育课程，安全教育课程，卫生教育课程，心理教育课程，共青团、少先队课程，家校共育课程，达到全方位、多角度育人效果。

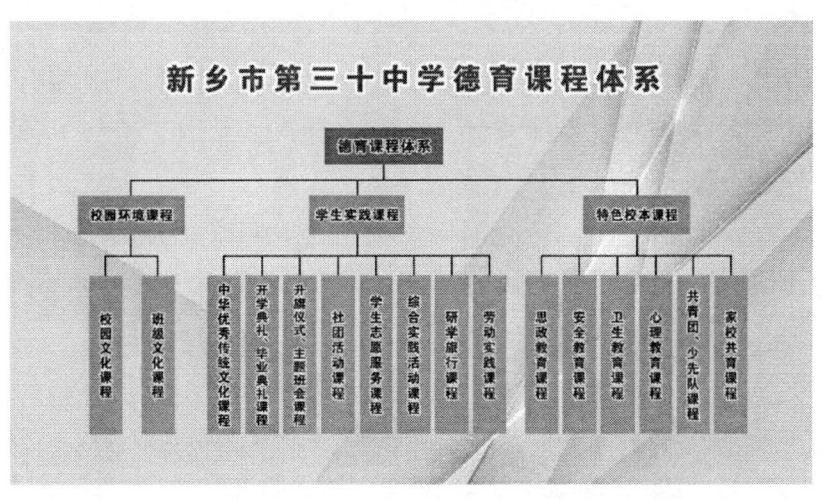

一、思政课程底色：用习近平新时代中国特色社会主义思想铸魂育人

我校思政课程以独特的教学理念和创新的教学方法，赢得了广泛赞誉。课程注重理论与实践相结合，通过课堂讲授、小组讨论、社会实践等多种形式，让学生在亲身参与中感悟思政知识的魅力。同时，学校还积极邀请校外思政辅导员，提高全体教师及学生的学习兴趣和参与度。

案例一：

2021年6月30日，新乡市政府党组成员、副市长王占波，市教育局党组成员、副局长麻建伟莅临新乡市第三十中学参加党支部主题党日活动并开展党史思政教育活动。

王占波副市长一行首先参加了学校党支部"学党史、庆华诞"主题党日活动。活动在合唱中华人民共和国国歌中拉开帷幕。

数学党小组《百年征程映初心——党的教育方针的历史变迁》、英语党小组《讲好英雄故事，传承红色基因》、体音美党小组《传承长征精神》三节党史微党课，有教师的独到讲解，有精彩的英语演讲，有社团的舞蹈展示。诗朗诵《人民心愿》歌颂了共产党人披荆斩棘，为完成人民心愿，抛头颅、洒热血，书写了辉煌的历史。该活动集中展现了校党支部党史学习教育丰富的学习内容和新颖的学习形式。

王占波副市长、麻建伟副局长与全体党员重温了入党誓词，共同演唱《没有共产党就没有新中国》，以共产党员不忘初心的铮铮誓言，牢记使命的历史担当，向党的百年华诞献礼。

党支部书记、校长屈新红从开展专题学习、邀请校外辅导员讲党史思政课、领导干部上党史思政课、抓好党史教育第二课堂、开展学习实践活动、反思总结提高等方面汇报了学校支部开展党史学习教育活动情况。

王占波副市长与教师代表、学生团员代表进行了交流，询问了团员学习党史的感悟体会，不仅高度评价了主题鲜明、内容丰富、形式多样、效果理想的主题党日活动，更充分肯定了我校党史学习教育工作主动、内容充实，既有规定动作，又有特色活动。注重"请进来、走出去"的结合，校内教育与校外教育结合，党

史教育与思政课深度融合，思政课与法制课结合，特别是在"学党史、悟思想、办实事、开新局"过程中明确了问题清单，务实求真地推进问题解决。

王占波副市长为三十中中层以上领导及党团员代表上了一节党史思政课。王市长指出，党史学习教育是长远要求，要把党史学习教育始终贯穿学校教育全过程。在今后的学习教育过程中，首先要在历史的纵深感中深化党史学习教育。从国家大的历史发展变化中感受历史的脉搏、前进的步伐、不俗的成就。结合抗震救灾、疫情防控等重大历史事件来讲述党的领导，讲述中国特色社会主义，让师生从内心深处认同党的领导，认同社会主义制度。

其次要在横向的对比中加深师生对党的认识。中国共产党是一个有科学理论武装的政党，是有远大抱负的政党，是有严密组织纪律的政党，是不怕牺牲的政党，是人民至上的政党，是与时俱进的政党。要让每个学生都能赓续红色血脉，丰富精神谱系，都能"感党恩、听党话、跟党走"。

第三要结合教育工作，把党史教育工作不断引向深入。要通过党史教育落实党的教育方针，坚持社会主义办学方向，要落实立德树人根本任务，要把为党育人、为国育才的要求落到实处。在今后的学习教育中要把"学党史、悟思想、办实事、开新局"落实到提高学校的教学质量上，提高学生的综合素质和能力上。要在加强学生的品德修养、坚定理想信念、厚植爱国情怀、增强使命担当上多下功夫，培养担当民族复兴大任的时代新人。

屈新红校长感谢王市长给我们上了一节精彩的党史思政课，并表示虽然工作取得了一些成效，但离王市长提出的要求还有差距，特别是在党史学习教育的深度上还要下功夫，在利用好红色教育资源，打造学校思政品牌上下功夫。学校一定会尽最大努力，向关心学校发展的各级领导交一份满意的答卷！

二、思政课程效果：全面提升师生综合素养

思政课程的深入实施，不仅提高了学生的思想政治素质，也有效提升了教师的综合素养。学生通过课程学习，更加深刻地理解了社会主义核心价值观的内涵和要求，增强了国家意识和民族自豪感。同时，教师在课程实践中锻炼了团队协作能力、沟通能力和创新思维，为学生未来的成长打下了坚实的基础。

案例二：

2022年5月24日下午，新乡市第三十中学党支部书记、校长屈新红以"不负青春 笃学不怠"为主题上了一节思政课，八年级5班班主任及全体学生参加本次活动。

课堂上，屈校长首先采用关键词句点睛和个体交流谈心的方式，反馈了关于学生学习习惯和成长目标的课前问卷小调查，全体学生认真聆听并积极参与互动交流，打开了自己的心扉，道出了自己心中关于学习、生活和成长的心愿与症结，屈校长根据学生的心语提炼总结、循循善诱，用中学道德与法治课堂上的自由与规则向学生进行了心旅的规劝与导航，强调了中学生学习、成长的必备素养——规矩意识。

紧接着，屈校长向学生分享了"竹篮打水的故事和矿泉水瓶的价值"，讲述了学习是吸取"精神食粮"的读书内涵，观看了"我们为什么要读书"的视频，使学生明白了学习经历中过程和结果的辩证关系，成长生涯中砥砺前行与勇担重任的生活情操，懂得了我们为什么要上学的真谛。

最后，屈校长从学生个体要求和班级责任向全体学生提出希望，呼吁同学们从身边做起，从小事起步，约束自己言行，每天进步一点点，营造良好班风、学风，茁壮成长！

不负青春，笃学不怠。课堂虽短，意义却长，金玉良言浇灌心灵之花，思维碰撞闪现学习之钥。全体同学纷纷表示将认真履行今日之责，勇于承担明日之任，只争朝夕，不负韶华！

三、创新举措：打造思政课程特色品牌

我校在思政课程建设上不断创新，致力于打造具有学校特色的思政课程品牌。学校通过举办思政知识竞赛、行走的思政课等活动，激发学生的学习热情，增强他们的思想政治意识。同时，学校还积极与共建单位、社区企业等合作，开展社会实践活动，让学生在实践中感受社会变迁，增强社会责任感。

案例三：

为了深入学习贯彻党中央关于学好"四史"重要指示精神，落实立德树人根本任务，按照市教育局有关文件要求，新乡市第三十中学将学好"四史"与思政

课紧密结合,积极开展行动。

4月14日下午,我校党小组长、思政教师、团员和少先队员代表在李新华副校长的带领下,来到河南科技学院马克思主义学院爱国主义教育馆,开展了一次情景体验式行走思政课活动。

刘中元副院长深入浅出地为三十中师生代表作了关于"建党100周年"专题讲座,使大家深刻地认识到中国共产党成立的艰难历程和伟大历史意义。

爱国主义教育馆内,马克思主义学院魏双锋主任现场讲解"四史",让学生深刻理解了我们伟大的祖国从站起来到富起来,再到强起来的历史转变。

学生们参观了科研兴农的伟大成就,被茹振刚教授持之以恒、艰苦奋斗的工作作风深深打动,纷纷表示要向茹教授学习,同时,要努力学好科学文化知识,立志报效祖国。

开展本次行走的思政课实践活动,让"四史"变得更加生动、更加形象,使大家在思想上受到了鼓舞,在行动上受到了激励,在方向上明确了目标,更加坚定了广大师生热爱党、听党话、跟党走的理想信念,决心以饱满的热情投入工作和学习当中,以实际行动为建党一百周年献礼。

四、展望未来:思政课程引领时代潮流

展望未来,新乡市第三十中学将继续深化思政课程改革,不断创新思政教学方式和手段,提高课程质量和效果。学校将进一步加强师资队伍建设,提升教师的专业素养和教学能力,为思政课程的深入实施提供有力保障。在课程设置上,新乡市第三十中学注重传承红色基因,通过讲述革命先烈的英勇事迹、分析历史事件背后的思想内涵等方式,引导学生树立正确的历史观和价值观。同时,学校还结合时代特点,开展形势与政策教育,使学生了解国家大事、关注社会发展,增强社会责任感。

案例四:

为纪念中国人民志愿军抗美援朝出国作战70周年,致敬气壮山河名垂青史的志愿军将士,引导我校学子了解抗美援朝知识,增强爱国主义情怀,争做新时代好少年,11月27日上午,我校隆重举办了纪念抗美援朝胜利70周年红色主

题教育暨社会主义核心价值观大讲堂活动。

上午9时许，抗美援朝老兵冯世保政委在河南省军区新乡第一离职干部休养所政治委员马国献一行6人的陪同下，来到我校。

我校学子向尊敬的抗美援朝英雄冯世保政委致以崇高的敬礼，并献上鲜花。

老一辈英雄与新时代好少年的身影交相辉映：当年，身穿军装的您舍生忘死，守护我们饱经战火、百废待兴的祖国大地；七十年岁月悠长，山河无恙，而您已生华发；今天，我们搀扶着您慢慢走来，走在您以生命守护的这片土地上。

大会在庄严的国歌声中拉开帷幕，本次活动校内全程直播，全体师生在各班分会场观看了本次爱国主义教育活动。学生代表为冯政委敬献红领巾，鲜艳的红领巾映衬着冯政委庄重的表情，我们一起致敬最可爱的人。

我校党支部书记、校长屈新红同志发表了热情洋溢的致辞：感谢冯政委亲临我校为学生讲授生动一课，同时还感谢河南省军区新乡第一离职干部休养所马政委的悉心安排。她勉励全体师生认真学习和发扬伟大的抗美援朝精神，继承革命优良传统，向着实现中华民族伟大复兴的中国梦，努力奋勇前进。

冯世保政委数十年的戎马生涯中，经历了解放四平、辽沈战役、平津战役、渡江战役、解放内伶丁岛、抗美援朝、西藏平叛和对越自卫还击战，立功多次，是名副其实的大英雄！

在这场00后与30后的对话中，冯政委用朴素的语言讲述了战争往事，带领同学们重温了那段战火纷飞的峥嵘岁月，勉励大家珍惜来之不易的和平，珍惜现在的学习环境，为实现中华民族伟大复兴的中国梦而好好学习、努力奋斗！简单而朴实的话语，激起我校学子心中阵阵波澜。

青年教师常文静代表全体教师发言，表达对革命先辈的崇高敬仰：志愿军曾经誓死捍卫、用鲜血守护的土地，如今已成为和平繁荣的盛世热土。作为时代新人，我们定当不负韶华，不负使命，为伟大祖国的新时代发展拼搏努力！

学生代表乔秋子发言：作为新时代好少年，我们定当牢记习近平总书记对青年学子的殷殷嘱托，立志向、修品行、练本领，汲取前行力量、坚定必胜信念，努力成长为能够担当民族复兴大任的建设者和国家安全的捍卫者。

英名写青史，传承有我辈；硝烟业已散，精神永不灭。作为三十中学子，我们定当珍惜当下，珍惜先辈们用舍生忘死换来的美好生活。用手中的笔书写自己的梦想，立鸿鹄之志，为中华之崛起而读书，为实现中华民族伟大复兴的中国梦而努力奋斗！

在新乡市第三十中学的思政课程引领下，学生们正以饱满的热情和坚定的信念，迎接新时代的挑战和机遇。他们将在思政课程的熏陶下，不断提升自我修养和综合素质，成为担当民族复兴大任的时代新人。

我校的思政课程，以独特的教学理念和丰硕的教学成果，为培养新时代青年才俊贡献力量。相信在学校的精心培育下，更多的学生将在这里茁壮成长，成为担当民族复兴大任的时代新人。

第三节　家长学校　形成教育合力

家、校、社共育可以为学生学习成长提供一个多元且闭环的良好环境，需要家庭、学校、社会建立良好的合作关系，共同参与学生的教育和管理。

我校家长学校致力于构建一个和谐、互助的家校关系，为学生的全面发展创造良好的教育环境。家校课程是我校一项集教育、沟通、合作于一体的综合性特色课程。旨在通过学校与家庭的共同努力，为学生提供更加全面、个性化的良好教育环境。课程内容包括家庭教育促进法宣讲、家庭教育知识指导、亲子沟通技巧、学生心理健康辅导等方面，旨在提升家长的教育素养，增进亲子关系，促进学生的全面健康成长。

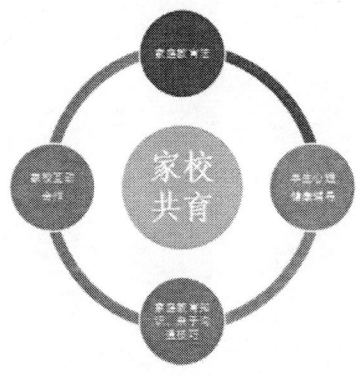

一、机构健全，制度完善强思想

我校在"精致教育"理念的引领下，成立家长学校，设立家长学校工作小组和各级家委会，制定完善的家校规章制度。通过健全的组织机构和完善的制度，有效地推动家校合作，提高家长的教育参与度，为培养德智体美劳全面发展的学生做出积极的贡献。

二、队伍精干，师资力量助发展

家长学校的核心在于师资队伍的建设。我校现有国家级家庭教育指导师 17 人，国家级学习指导师 6 人，国家三级心理咨询师 37 人，国家二级心理咨询师 1 人，51 名骨干教师担任家庭教育教学工作。我校积极促进教师的专业发展，组织教师参加家庭教育培训，指导教师专业实践，构建多方位的教师队伍培养体系。

三、协同共育，多元课程提质量

家校课程立足学生成长需要，通过问卷对家长进行前期调研，开设必修课 15 种、菜单式选修课程 32 种，供家长自由选择。学校打开校门，邀请教育专家进行专题讲座，举办家长进校园系列活动、"双减"背景下的家校共育研讨会、全员家访，"家校社"协同小升初衔接等活动课程，使我校家长和孩子的亲子关系更加融洽，家长教育方法更加科学，家校课程和活动开展取得多方面提升。

学校家校课程在加强家校合作，促进学生全面发展方面取得了显著的成绩。我校将继续完善和优化家校课程的内容和形式，为家长和学生提供更加优质的教育服务。

附：

家长学校优秀指导案例一

"双减"之后，家长该怎样做

魏 静

随着素质教育的不断深入推进，全社会上下越来越清晰地认识到，培养学生综合素养仅仅依靠学校教育是很难实现的。要想从根本上赢得快发展和大提升，应当而且必须积极实施以学生家庭为代表的校内外"互动共育"工程。在这种日趋强烈的时代大背景下，"家校共育"自然也就成为一项不容忽视的重大社会实践课题。"双减"政策出台后，社会上好评如潮。不少家长在拍手称快的同时，内心又隐隐地担忧："没了校外辅导，孩子学习怎么办？"还有家长焦虑："作业在学校完成了，孩子的自由时间增多，如何安排？"

一、没了校外辅导，孩子学习怎么办

之前受市场宣传的影响，大多数家长别无选择又极其负责地将孩子送进培训班或在家给孩子布置额外作业。当校外辅导被政策性叫停，部分家长失去了方向，感到紧张不安：没了辅导，孩子考试怎么办？此时，家长不妨问自己三个问题：一是孩子通过校外辅导获得了稳定而持久的分数增长吗？二是分数的提高等同于学业水平和能力的提升吗？三是孩子在接受辅导后，学习习惯和方法有积极、长效的变化吗？想清楚这三个问题，家长就可以客观地评估校外培训对自己孩子的价值。在传统的考试模式下，也许重复性学习会有一定成效，但新高考重思维、重能力、重情境、重价值观的导向，会让刷题式学习逐步丧失红利。因此，真正的教育，不在于校外培训机构，而是学校教育和家庭教育的双结合。

二、"双减"后,家长如何正确引导孩子合理安排在家时间

(一)开展亲子阅读活动

喜欢阅读的孩子,词汇量更丰富,拥有更好的解决问题的能力。从心理学角度讲,人是用语言思维的动物,语言越清晰,思维越清晰;而且喜欢阅读的人,在分析问题、陈述问题和学习知识的时候,往往比不读书的人快得多。从长远看,丰富的阅读可让孩子的智慧不断成长,最终使孩子形成一种强大的发展能力。从孩子的考试成绩来看,参加高考阅卷的教师透露,通过卷面作文和现代文阅读题解答,完全可以判断出一个考生的阅读量。阅读量大的学生,大抵语言是灵动的,思维是深刻的,得高分也是自然而然的。孩子,特别是小学中低年级的孩子在阅读的过程中,离不开父母的"如影随形"。高年级的孩子尽管不需要父母与其同步,但如果父母把孩子需要阅读的作品提前读过,并在轻松的氛围里将自己阅读的感受和孩子一起聊聊,可以想象这样的阅读能释放多大的能量。

(二)增加体育锻炼时长和提升艺术修养

新乡市体育中考成绩已经升至100分,如果想让孩子有健康的体魄和在升学的时候不吃亏,家长一定要将体育锻炼重视起来。在学习的间隙安排适量的体育活动,既能让学生放松心情,也能磨炼学生的意志品质。很多学生到了小学高年级,特别是进入初中后,家长和学生就开始与艺术类的培训、体验活动渐行渐远。比如有些学生有不错的唱歌才能,他们在小学中年级时曾代表学校获得过市级合唱比赛的奖项,但后来退出了学校音乐社团,问他们原因,回答是家长不让参加了,怕耽误学习。后来在音乐教师的竭力劝导下,这些学生重新回到了学校合唱队。事实证明,参加合唱队的那些孩子成绩也没有掉队,甚至在班里名列前茅。所以无论是冲着提高学业成绩,还是涵养孩子的灵气,"双减"后,父母不妨根据孩子的兴趣爱好,支持他参加学校社团,丰富学生的人生体验。

三、如何加强家校共育

教师需要通过多元路径和方式,以家校互动和循循善诱为路径,努力赢得家

长的正确认知和行为支持,把家校共育不断地推向前行在"家校共育"实施活动中。不仅如此,还要善于借助各类载体和平台,在"如何进行、怎样做好"上多下功夫、下大功夫,在循序渐进中让家长们切实感知家校共育的可行性和实效性,逐步把他们从"要我做"引向"我要做"的良性发展道路。比如,告诉家长每天花上半个小时,问一问孩子在校园的学习情况,与老师、同学之间有什么新的发现和想法;多关注孩子在家里对老师作业设计的兴趣和要求,以及他们在完成书面作业或活动作业中的态度、行为和效果;尽可能多开展一些亲子交流活动;适时适量地倡导家庭开展有意义的亲子互动活动,从中评选出一些成功典型和先进事迹;邀请一些家长进行演讲或经验介绍;邀请家长来校园、进课堂进行参观学习,并对"双减"政策下的课堂教学、作业设计与批改、学生兴趣小组指导等,提出一些建议和建设性意见;充分发挥家长微信群功能,加强家校联系,更好地促进家校共育。

总之,我们的教育理念就是通过家校合作让每个学生都能张扬自己的个性,活出真实的自己,让花有花的芳香,让树有树的伟岸,让草有草的柔美。这一切都需要通过孩子自身的努力达成,而孩子更需要学校和家庭的奋力托举。我们帮助孩子的终极目的,就是让孩子脱离我们的怀抱,走出一片属于自己的锦绣天地。

家长学校优秀指导案例二

亲子活动——春季寻宝

陈鹤琴先生曾指出:大自然、大社会都是活教材。为鼓励学生们进行户外活动,感知自然的生命力,增进亲子关系,激发对生活的热爱,在春天这个美好的时节,我校组织开展了"亲子寻宝"家校共育暨团体心理辅导活动,让学生和家长共同走进自然、自主探索、自由发现。

一、活动目的

通过户外寻宝,充分打开学生五感体验,重建与世界的联结;通过展示自我与聆听他人，进行美好和欢乐的传递；通过让学生与家长共同亲近自然，培养与家人的良好感情，促进身心健康、家校共育。

二、寻宝要求

尽量寻找到学案中的宝藏，无法带回来的请在格子内写下一句话描述它或画出它。寻宝过程中不破坏公共财产和其他私人物品，并要注意安全。

三、展示分享

各班选择优秀的作品面向全校展出。

注："颜色鲜艳的东西"既可以是鲜花，也可以是垃圾桶；"有生命力的东西"可能是墙缝里的小草、花坛边的蚂蚁，可能是打乒乓球的少年，也可能是高高飘扬的五星红旗……所有问题没有固定答案，学生的回答就是答案。

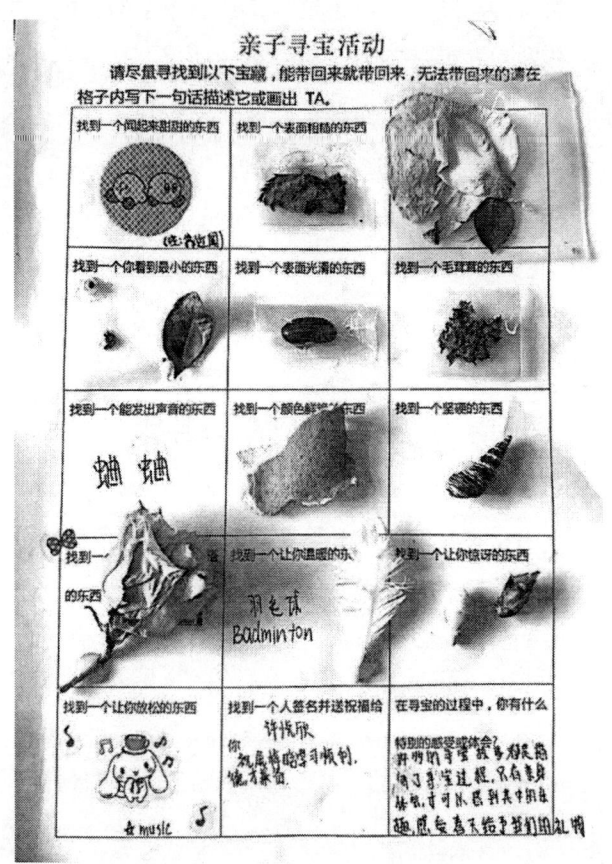

第四节　心理健康　学会悦纳自我

当前，中学生的心理健康问题不容乐观，引起社会的广泛关注。心理健康教育既是素质教育的必然要求，也是广大教育工作者所面临的一项紧迫任务。

我校历来高度重视心理健康教育，2008年就成立了心理学科组，兴建了乐心吧（箱庭室）、益心坊（个体咨询室、团体辅导室）、宁心苑（教师心理休息室）、怡心斋（心理图书室）等心理健康教育功能室，配套设施齐全。2022年，我校心理功能室全面更新并增设了宣泄功能室。在硬件投入的基础上，我校更加注重提高教师的心理健康教育技能，2010年我校就组织全体班主任参加心理咨询师培训，实现了所有班主任均为国家三级心理咨询师的目标。截至目前，我校有32名三级心理咨询师，1名二级心理咨询师，2名专职心理健康教师。

一、四位一体，打造"自助互助"的校园心理环境

（一）学生心理健康教育

1. 心理课堂，共话成长

心理健康课程是心理健康教育的重要组成部分，也是面向大多数学生开展学校心理健康教育的关键渠道。按照《中小学心理健康教育指导纲要》的要求，结合实际情况，我校在七年级开设心理健康教育课，八年级开设心理团体活动课，九年级开设心理讲座，针对不同年龄学生进行相应的辅导，着力激发和挖掘学生的内生力量，锤炼学生在挫折情境下的心理韧性，引导学生能够从自我出发，健康身心。

2. 心理社团，心心相伴

我校心理社团取名"心悦"。社团宗旨："心灵关爱心灵，生命影响生命，分享心灵阳光，共享心理健康。"学生的健康成长，离不开教师、家长、社会的关注，更离不开同伴的互助。我校心理社团由各班心理委员组成，他们在班上辅佐班主任和心理健康教师，在班级中普及心理知识，帮助有困惑的学生寻求老师

帮助，对重点学生持续密切关注，防止他们的心理问题进一步扩大。

3. 心理咨询，倾听心声

当学生走进心理咨询室求助，意味着学生选择了正确的方式来积极面对问题、寻求帮助。我校专职心理教师针对学生来访者入学适应问题、人际交往问题、情绪调节问题、青春期情感问题等方面的心理困惑，通过面询、电话咨询等形式，采用箱庭游戏、绘画疗法、叙事疗法、意象对话疗法等，倾听心声、解决困惑、健康成长。

4. 营造氛围，共同关注

校园心理活动可以有效引发教师、家长和学生对心理健康的重视，对学生心理健康产生潜移默化的影响。我校定于每年十月份为心理健康活动月，在此期间通过心理图片展、心理手抄报评比、团体游戏、校园心理剧展演、箱庭体验等活动，带动更多学生认识心理健康，提升心理素质。

（二）教师心理健康培训

教育，就是一棵树摇动另一棵树，一朵云推动另一朵云，一个灵魂唤醒另一个灵魂。提升教师心理健康素养，既是培养身心俱全学生的必然选择，也是提升教师自身职业幸福感的必由之路。我校高度重视教师心理健康提升，经常组织教师参加心理健康教育培训、心理测试、心理讲座等，提升教师心理素质及教育技能，让更多的老师不仅成为自己的心灵园丁，还要成为学生的"心理巡防员"。我校兴建了教师心理休息室，内设减压舒压设施，供教师课余放松心情，维护好自身的心理健康，不将坏情绪带进课堂。

（三）家长心理健康引导

学生健康全面发展是教育的初心，如何与孩子相处是家长永恒的课题。青春期学生的健康成长，需要家长的理解和耐心，需要家长的支持和陪伴。我校家长学校开设心理健康讲座，帮助家长正视孩子青春期的各种表现，学会换位思考，最终引导家长做成长型父母，护航学生成长。

（四）社区心理健康营造

学校周边的社区环境对学生的影响很大，我校每年组织心理咨询入社区活动，向社区居民广泛宣传心理健康知识，引导他们正确认识心理咨询，提高心理健康意识，从而对我校学生及家长的心理健康意识起到促进作用。

经过多年探索，我校心理健康教育渐入佳境。我校被评为首批"河南省中小学心理健康教育示范校"；心理学科组编写的读本《乐小天和他的伙伴们·九年级》通过省教育厅的教材审查，面向全省学校发行；校园心理剧《改变，从谁开始》荣获市一等奖，校园心理剧《逐梦之旅》荣获省一等奖；我校两项心理咨询市级课题验收通过；心理课题《初中心理健康教育课程体验式教学实践的研究》荣获新乡市教科研优秀成果奖。

二、心理健康教育案例

（一）

勇敢迎接阳光的向日葵

刘康丽

重组家庭、初中、女孩儿，这样的三个词出现在一起的时候大家的第一反应是什么呢？我的班里就有一个这样的女生，她没有沉默自卑，也没有桀骜不驯，她活泼开朗，自信大方，很爱笑，成绩也很好，就像一朵温暖的向日葵！

在一个周末的晚上，她给我发了一个微信语音，平时总是带着笑意的声音，在那个安静的夜晚却带着压抑的哭声。她说：老师，我有点想我爸爸了。嗯？她为什么这样说？出于职业敏感，我没有回复她更多的文字，而是给她回了一个问号，接着，我看到了她的故事：她小时候爸爸因为意外去世了，后来妈妈带着她组建了新的家庭，她一直管继父叫叔叔，因为那是弟弟的爸爸，而她的爸爸是姥姥口中那个儒雅的人，是留存不多的相片中抱着她傻笑的人，也是在她脑海里残存的记忆中越来越模糊的人。对于叔叔，她偏执地不肯改口，她说如果改口，那就是对生父的背叛！

那一刻，我对她特别心疼，心疼她的遭遇，也心疼她的纠结。我理解她内心的挣扎，她渴望着家庭的温暖，却也在谴责着自己会因此背叛了生父。

那晚我问了她一个问题，你会觉得背叛你的生父，是不是因为其实在你的心里，叔叔已经是爸爸了呢？等了很久，她没有回复我。

第二天我把她请到我的办公室，继续聊着昨天的话题，我们聊了很久，她说了很多，我用心地倾听她、引导她。最后，她小心翼翼地问我：老师，如果我爸爸还在的话，是不是也希望能有个人和他一样爱我？我这样其实也不算是背叛，对吗？我忍不住轻轻抱了她一下，跟她说：你比我想象的更勇敢！她哭了，却也笑了。

第二天，我把小蔡的妈妈和叔叔约到学校，通过聊天可以发现，她的继父是很喜欢并且很关心她的，我把小蔡内心的挣扎告诉他们，他们很吃惊。他们说小蔡平时是很开朗的，虽然没改口，但大家的相处还是比较愉快的，不知道她原来有这么多的纠结。我建议他们晚上回家与小蔡认真谈谈。

后来，小蔡的继父很开心地给我打电话说小蔡在他生日的那天叫了他一声"爸爸"！同时，我也感受到了小蔡状态上的改变，她更加坚定，更加勇敢，学习成绩也有了新的进步，甚至在前不久还荣获了校级"新时代好少年"荣誉称号！

鲁迅先生说：教育植根于爱。那时，我才真正理解了班主任的爱不仅是严厉的要求，还有真诚的理解，甚至只是安静的倾听。老师的爱与理解，给了学生勇气，也为身在迷雾中的他们指引方向。

（二）

学会沟通，学会接纳自我

刘康丽

1.案例介绍

该案例中的女生为八年级某班学生，她很小的时候父母离婚，她和妈妈一起生活。在她小学五年级时，妈妈再婚，后来又生了小妹妹。这样复杂的家庭情况导致她性格敏感且自卑。她总认为班里的学生和老师都不喜欢她，她想要得到大家的认可，但是又不知道怎么办才好，导致她一直郁郁寡欢，在班里总是形单影只，后来在学习上也表现出兴趣缺失。

2.心理评估

根据该生的表现以及沟通状态，评估为轻度心理问题，主要表现为一定程度的敏感和自卑，不善处理人际关系，在家庭中较少和父母沟通，在班里存在感也较低。

3.辅导目标

（1）能够建立和谐的家庭关系，经常与父母进行有效沟通，聊聊自己的想法与需求。

（2）走出自卑，学会处理同辈群体人际关系，融入集体生活。

（3）利用合理情绪疗法（情绪 ABC 理论）调整认知结构，建立合理认知，学会悦纳自我。

4.辅导过程

第一阶段：建立关系和确定问题

第一次辅导：该生主动来找我，希望得到帮助。在第一次沟通中我了解到她的基本情况。具体过程如下：

来访学生：老师，我觉得班里的所有同学都不喜欢我。

辅导教师：你为什么会这么想，是因为发生了什么事情吗？（具体化技术）

来访学生：因为我喜欢画画，没事儿的时候会画点漫画，前两天课间的时候，同桌拿着我的画看，看完她说看着还挺好，又让别的同学看，同学们看了之后都在笑，我觉得他们在嘲笑我。

辅导教师：你为什么会觉得他们是在嘲笑你？是因为以前有过这种经历吗？

来访学生：嗯，小学的时候，有一次体育课上我摔倒了，很疼我就哭了，但是旁边的同学们却在笑。当时我就觉得非常丢人，很疼也很无助。

辅导教师：你当时一定很尴尬吧？摔疼了，还被同学们嘲笑，我能理解你，

当时的你一定很无助。（表达共情）

  辅导教师：你想改变这种现状，改善和同学们的关系吗？

  来访学生：想，但是我觉得很难。我觉得我性格不好，他们不会喜欢我的。

  辅导教师：那你认为你是什么性格呢？

  来访学生：我很自卑。我觉得我特别差，还很敏感，别人可能无意的一个动作或者一句话我都要翻来覆去想很久，觉得他们是不是讨厌我之类的。我也不爱回答问题，老师们肯定也不喜欢我。

  辅导教师：你刚才说你知道自己很敏感，也说别人的有些动作或者语言可能是无意的对吗？

  来访学生：嗯，有时候我告诉自己他们不是故意的，但有时候又控制不了自己会乱想。

  辅导教师：你还说因为上课不爱发言，老师们可能不喜欢你对吗？

  来访学生：肯定会吧，毕竟我从来也没有回答过问题。

  辅导教师：那你可以具体说说吗？因为不爱发言，哪些老师不喜欢你呢？

  来访学生：这个……我也说不上来，就是感觉吧！

  辅导教师：说不上来是因为什么呢？是你已经感觉到某个老师对你表示不喜欢但你表达不出来，还是因为你根本就没感觉到任何老师向你表达不满。

  来访学生：（沉默思考了一会儿）好像也没有老师对我表达过不喜欢什么的，甚至有一次我去问班主任是不是不喜欢我，她还很吃惊，并且还开导安慰我了。（开始自我审查）

  辅导教师：那你现在想想刚才你说的那句话对吗？

  来访学生：不对，老师并没有因为我不爱发言就不喜欢我。（认知发生改变）

  辅导教师：你的情绪状态我能理解，你就是觉得因为你的性格，导致你在班里的状态不那么好，对吗？

  来访学生：对的，我觉得他们都不喜欢我，有时候我也不喜欢自己，我也觉得自己有时候太敏感，甚至矫情。

  辅导教师：你刚才说你会画一些小漫画，你的同桌还喜欢看对吗？

  来访学生：嗯，对，她喜欢看，有时候还会催我赶紧画接下来的剧情！（语

气轻快）

辅导教师：那你一定画得很吸引人吧！说得我都有点好奇你的漫画了。

来访学生：（笑）老师，如果你想看的话我回头可以给你看看！

辅导教师：好！除了你同桌，还有人想看你的漫画吗？

来访学生：有，有时候同桌会拿给我们周围的女生朋友们看，她们围在我座位旁边，我看她们看得挺开心的。

辅导教师：那你现在还认为同学们都不喜欢你吗？

来访学生：嗯……好像也不是所有人吧。可能我同桌她们就不讨厌我。

辅导教师：那你认为讨厌你的人是因为什么呢？

来访学生：肯定是因为我性格不够开朗，不能和他们玩到一起吧！就像班里的小蔡，她就很开朗，很阳光，成绩也好，大家都喜欢跟她一起玩，我很羡慕她。

辅导教师：每个人都是独一无二的，小蔡有小蔡的优秀，你也有你的闪光点。"梅须逊雪三分白，雪却输梅一段香。"梅与雪各有各的美，梅有香，雪有白，谁也不输谁，你觉得呢？

来访学生：老师我懂了，只是有时候还是有些羡慕。

辅导教师：那你可以把自己变成小蔡那种性格吗？

来访学生：我肯定不行。

辅导教师：那你又何必因为明知不可能的事情而烦恼呢？你羡慕别人朋友围绕身边，肯定也有人羡慕你可以在静静的时光里与知心好友倾诉心事。

来访学生：我明白了老师，就像那首诗里写的一样：你站在桥上看风景，看风景的人在楼上看你。

辅导教师：对，你总是在羡慕别人那里的风景，其实回头看看，你自己身边的风景也很美。我们不需要事事都跟别人做对比，更不用去比较谁的朋友多谁的朋友少，毕竟每一个朋友都是很珍贵的对吗？我相信你也有不喜欢的人，所以，即使你不被个别人喜欢也是一件挺正常的事，不是吗？

来访学生：（思考了一会儿）还真是这样的，我确实有不喜欢的。（笑）

辅导教师：嗯，想明白了就好。

第二阶段：深入了解原因，寻求家庭支持

第二次辅导：她向我说明了她的家庭情况，具体过程如下：

来访学生：老师，你说要怎么样跟家人相处啊？

辅导教师：为什么这么问？是跟家人发生矛盾了吗？（具体化）

来访学生：倒也没有，但是我觉得在家里不开心，就像一个外人一样。

辅导教师：为什么这么说，是有什么原因吗？

来访学生：我爸妈在我很小的时候就离婚了，我跟妈妈生活，小学五年级时，妈妈又结婚了，那个叔叔人挺好，对我也挺好，但是我就觉得很别扭，特别是现在，我妈又生了个小妹妹，我越来越觉得他们才是一家人，那个家也是他们的家，有时候我晚上放学都不想回家，但是又无处可去。

辅导教师：如果我是你，可能也会有这样的情绪。那你的这些孤单与难过跟你的妈妈说过吗？

来访学生：没有，我不想让妈妈担心。从小到大，我都没有让妈妈过多操心，我知道她以前一个人还要工作，还要带着我已经很累了，所以我从小就很乖，学习也还行。

辅导教师：嗯，能看得出来你是一个很懂事的孩子。那你有想过别让妈妈再结婚，就你们两个一起生活吗？

来访学生：小时候没想过这个问题，甚至还很羡慕别人都有爸爸，后来就不再想这个问题了。不过现在，虽然我觉得在家里很别扭，甚至还觉得自己像外人，但是有时候我也会为妈妈开心，觉得她有人照顾，不用总是一个人打拼了。所以我也挺矛盾的，一方面希望和妈妈在一起，另一方面也很为她高兴有现在的生活。

辅导教师：如果我是你的妈妈，听到你这样说一定是又骄傲感动，又心疼你的。所以你其实并不排斥你的继父和妹妹，只是想让妈妈多陪陪你，多关注你是吗？

来访学生：嗯……说不清楚，可能是吧。

辅导教师：那我们现在做一个假设，假设这个布玩偶是你的妈妈，你会对她说什么呢？（在她对面的椅子上放一个布玩偶）

来访学生：（思考了一会儿）妈妈，其实我挺开心你能有新的生活的。记得小时候有一次大概是三年级吧，那天下很大的雨，我等你来接我放学，来的时候你还是穿的工装，身上也淋湿了，当时我就想，如果我爸爸也在就好了，就不用你这么辛苦。可是，现在当你真的又组成新的家庭，有了新的孩子，我却有点害怕，我怕你会离我越来越远。

有时候我看到你和叔叔悉心照顾妹妹，我就会感觉非常难过、失落，又非常羡慕（哭）。我不知道我那么小的时候是不是也是被你和爸爸这样照顾，但是我现在却什么都没有了。我羡慕她有爸爸和妈妈，羡慕她能够吸引所有人的关注和照顾，我知道是因为她太小了需要照顾，也知道我也被这样关爱过，但是我就是会忍不住地失落，我也不知道该怎么办。妈妈，你说我该怎么办？（哭）

辅导教师：我想，你的妈妈一定也是很爱你的，她也愿意去倾听你，如果你把你的这些想法告诉她，你们会探索出来更好的相处方式，对吗？

来访学生：嗯，我知道我妈肯定是爱我的，只是现在会想得很多，又不知道该怎么跟她沟通。

辅导教师：你刚才不是说得挺顺利的吗？

来访学生：刚才是因为我知道那是假的，如果真的是她坐在对面，我可能说不出来。

辅导教师：哦，原来是这样，那我们可以考虑换一个沟通方式，你尝试过用QQ或者微信或者写信的方式跟你妈妈沟通过吗？

来访学生：没有。

辅导教师：那你有想过尝试这些途径与妈妈沟通吗？

来访学生：也想过，但是从来没有做过。

辅导教师：那我们就做一个约定吧，今天晚上回家，你给妈妈写一封信，把你想说的话通过信纸告诉她，可以吗？

来访学生：好的老师。

第三次辅导：她尝试与妈妈用写信的方式沟通，也得到了妈妈给她的反馈。两人经过沟通，已经意识到母女之间的问题，也愿意主动解决问题。具体过程如下：

来访者妈妈：老师你好，谢谢你，我以前都没关注过我和她之间的问题，我一直以为她是很懂事的孩子，也从未让我操心过，我都不知道她想得这么多。前两天我收到她给我的信了，我想到了她妹妹的事可能会对她有影响，但是不知道她有这么多的纠结。其实她继父对她挺好的，一直以来都相处得很好，所以我想着她就算一时不能接受妹妹，慢慢也会适应的，毕竟她一直是一个懂事的孩子。

辅导教师：她确实很懂事，所以你会因为她的懂事，而对她近段时间的情绪有所忽视，是吗？

来访者妈妈：可能是吧，毕竟我现在重心都放在她妹妹身上，有时候其实也能感觉到她情绪不好，但是我又没精力开导她，并且有时候我也不知道该怎么跟她沟通。她很敏感，我又怕如果我哪句话没说对，反而让她更难过。

辅导教师：嗯，她自己也说自己是一个挺敏感并且被动的人，但是她已经开始改变了不是吗？她愿意主动打开内心与你沟通，这就是一个很好的开始。

来访者妈妈：嗯，我完全没想过她会主动这样做，看完信以后我很震惊、很愧疚，但同时我又觉得开心，她终于愿意和我说了，后来我也给她回了信。我怎么可能不爱她、不关注她呢？包括她的继父也是很关心她的，只是现在上初中了，我们也怕管得太多会让她有逆反心理，再说了她平时就是很乖的孩子，学习也没让我们操心过，所以上初中后，我们就对她的管束松了不少。没想到她会以为我们不关注她了。不过我们也说好了，以后要多沟通，她有什么想法多和我说，我也多抽时间陪她。

来访学生：嗯，老师，我和妈妈约定好了，每周三和周日晚上都是我们的"闺蜜时光"（笑）。将来等妹妹长大了，她也可以加入我们。

辅导教师：很开心看到你们母女二人能够敞开心扉，有什么困难，也可以多和妈妈沟通，她也一定很愿意帮你想办法的。

来访学生：嗯，我还跟我妈妈说班里的同学可能不喜欢我的事儿呢！

来访者妈妈：我女儿这么优秀，怎么可能会有人讨厌你呢？如果你觉得你没有好朋友，那一定是他们还不够了解你，当他们了解你以后，你一定能交到好朋友的。

辅导教师：嗯，你妈妈说得也很有道理，我们可以想想办法，去和同学们多熟悉一下，今天回去以后，你可以和妈妈一起讨论一下，你想交什么样的朋友，需要怎么做才能和他成为朋友。

第三阶段：引导来访学生，鼓励其尝试解决问题

第四次辅导：她向我倾诉她对朋友的期待，在辅导老师的引导下，产生合理的认知，具体过程如下：

辅导教师：关于交朋友的事情，你考虑得怎么样了？

来访学生：老师我想问您一个问题，可以吗？

辅导教师：当然可以。

来访学生：我记得第一次我找您的时候说觉得同学们讨厌我，您让我说说都谁讨厌我，后来我也没说出来，所以我仔细想了一下，是不是没那么多人讨厌我？

辅导教师：那当然了，很开心你能够自己去思考这件事了。

来访学生：所以老师，我肯定也不可能做到让所有人都喜欢我。

辅导教师：对啊，每个人都是这样的，我们不可能被所有人都喜欢，也不会被所有人讨厌。

来访学生：对的，现在想想，以前有些想法确实挺偏激的。上次跟我妈妈也聊这件事，我妈妈说，我不用得到所有人的喜欢，那也是不可能的事，不管有几个朋友，只要相处得愉快，都是很幸运的事。

辅导教师：嗯，看来你和妈妈沟通得挺好。那你认为现在班里有几个人是你的朋友呢？

来访学生：有两个吧，我同桌和小阳，我觉得她们两个挺喜欢我的漫画。

辅导教师：那你以后想好怎么跟同学和朋友们相处吗？

来访学生：这几天我也认真想这个问题了，特别是上次跟妈妈沟通完，我觉得沟通确实很重要。以前我的很多想法是不愿意告诉别人的，都是自己消化，所以经常晚上翻来覆去地睡不着。所以我想，以后我会多和朋友沟通，有什么想法会跟她们倾诉，她们有困难，我也一定会努力帮助她们。

辅导教师：很开心能够看到你的转变，敏感并不是缺点，虽然有的时候会很容易感受到一些负面情绪，但是敏感的人也会更容易感受到生活中的美好，希望你以后也能更多地感受到生活中的美好，让它变成你的漫画，分享给大家。

5. 辅导效果

该女生经过辅导，已初步解开心结，愿意迈出第一步，与家人和朋友主动沟通。其认知也由原来的"同学们都讨厌我""家里容不下我"慢慢转变为"没有那么多人讨厌我，我在班里还有几个朋友，如果我和大家相处、沟通，或许能有更多朋友""妈妈还是很爱我的，继父对我也很好，他们的孩子也是我的妹妹"，并且也开始慢慢接受自己的敏感，理解敏感并不是缺点。

6. 辅导反思

重组家庭里的一个敏感女生，懂事得让人心疼，也敏感得让人心疼。在成长的过程中遇到了困难，无法自拔，但幸运的是她的妈妈那么爱她，也愿意敞开心扉与陷入情绪中的女儿真诚沟通。所以我想，无论我们的家庭是什么类型，是不是重组家庭，只要父母和孩子能够有效沟通，就能解决很多问题。

作为心理辅导教师，除了倾听学生，更重要的是引导和鼓励学生去思考这样几个问题：我现在面临的困境到底是什么？我可以怎么去解决它？我可以帮她梳理她的问题，耐心地鼓励她去思考如何做并迈出第一步，这就是成功的开端！

第五节　闪耀团徽　承担青年使命

共青团组织的主要任务是团结、教育、服务青年，培养青年的爱国主义、集体主义、社会主义思想和道德品质，促进青年的全面发展。我校团委认真学习贯彻习近平新时代中国特色社会主义思想，贯彻落实党的二十大精神和共青团十九大精神，团结带领广大团员做好青年榜样，在继承中创新，积极落实共青团各项工作任务，打造共青团特色育人课程，促进我校共青团事业蒸蒸日上。

一、强化政治引领，筑牢思想之基

（一）周周升国旗，全员受教育

国旗是祖国的象征，升旗仪式是神圣的教育。我校坚持"周周升国旗，全员受教育"，把每一次的升旗仪式当成对团员青年优良品质教育的一堂好课，打造特色品牌。每周的国旗下教育主题丰富多彩，如《良好习惯，受益终身》《缅怀革命先烈，共铸民族之魂》《世界读书日》《传承红色基因，学习雷锋精神》《做合格共青团员》等。国旗下爱国主义教育深受学生喜爱，激发了全体团员青年、莘莘学子的爱国情感，净化了心灵，提升了素养。

（二）组织社会实践，弘扬时代精神

中国传统节日是中华民族悠久历史和文化的重要组成部分，是传承优秀历史文化的重要载体。我们充分认识到中华传统节日包含着宝贵的育人元素，在法定节日前后开展系列活动，可以使学生在节日中增长知识、受到教益，有助于培养学生文化自信，弘扬传统美德，陶冶良好情操。因此，我校团委特别重视在中国法定节日开展活动，力争做到在每一个节日开展一个相应活动。如春节写对联、包饺子活动，清明节祭扫英烈活动，五四青年节离队入团仪式，国庆节唱红歌、参观红色教育基地等，团员们在活动中获得了体验，获得了锻炼，获得了成长，取得了极好的教育效果。

（三）团课常抓不懈，精神薪火相传

火热的青春，需要坚定的理想信念。学校团委始终坚定为党育人、凝聚青年的宗旨，站在理想信念的高地上，用党的科学理论武装青年，用党的初心使命感召青年，用党的光辉旗帜指引青年，用党的优良作风塑造青年。在日常工作中，校团委高效组织"青年大学习"常态化学习，组织学生参加"建党百年•峥嵘岁月"专题学习，"学党史•颂党恩•跟党走"主题团课，"五四运动与新民主主义革命"党史学习主题班会，"坚定跟党初心•勇担青年使命"主题团日活动，"喜迎二十大•永远跟党走•奋进新征程"等专题学习教育活动，活动组织高效，团课成果显著。特别是每年组织开展"走进红色教育基地•传承红色基因"研学活动，深受上级部门肯定和青少年称赞。

（四）加强日常教育，牢筑思想防线

学校团委注重对各年级的团员青年、少先队员进行思想教育，通过强化《中学生守则》《课堂常规》《中学生一日常规》等规章制度，引导我校学生在花季年龄规范自己的言行，养成良好的习惯，为自己的未来打下坚实的基础；利用升

国旗、手抄报、观看爱国主义电影等方式，加强对学生进行爱国主义教育；将"扣好人生第一粒扣子"主题教育实践活动纳入学校年度整体工作安排，坚持线上线下相结合，以保障活动的深入有效；积极组织开展"童心向党"教育实践活动，将党史学习教育融入学校教育之中，引导青少年努力成长为中国特色社会主义事业合格的建设者和可靠的接班人；组织开展"新时代好少年"等未成年人先进典型学习宣传活动，引导我校学生争当"请党放心、强国有我"的时代新人。

二、加强规范建设，夯实团委工作

（一）建设核心团队，加强从严治团

在团委建设方面，学校团委书记李鑫鹏组织形成了以大队辅导员甘丽华、组织委员袁领军、宣传委员崔艳、思政委员常玉杰为核心的青年骨干团队。团委成员以习近平新时代中国特色社会主义思想为指引，以《团章》为纲要，贯彻落实共青团精神，加强我校从严治团、推优入团工作。

（二）坚持正向激励，规范日常管理

一是坚持"正向激励"。在推优入团方面，校团委坚持以"正向激励"为导向，充分利用主题团会、重大节日、升旗仪式、社会实践等有利时机，对学生深入持久地进行爱国主义、集体主义、社会主义的思想教育，培养积极、阳光的新时代共青团员后备力量。此外，对"两红两优"，优秀团干、队干、三好学生及新时代好少年进行隆重表彰和宣传，营造崇尚先锋、争当先锋的氛围。

二是严把入团关。我校团委严格执行入团标准，规范入团程序，严肃工作纪律，扎实组织团课培训，提高入团学生思想觉悟，端正入团动机，保证入团质量，确保团组织的先进性和模范性。

三是认真开展团员档案、智慧团建系统整理工作，规范团员档案管理。

三、激活组织动能，凸显团委特色

（一）开展文体活动，丰富校园生活

为充分激活团组织活力，校团委全年开展丰富多彩的活动。校团委在规划学

生文体活动、社团活动、文化节主题活动之时，力求站在学生的角度，力争活动开展"百花齐放"，使逢旗必夺、逢冠必争的信念深入学生心中，增强学生竞争意识、集体意识，并在活动中培养学生坚韧不拔的品格。

近年来，我校积极开展乒乓球班级争霸赛、"校长杯"班级足球联赛、"3V3"篮球比赛、拔河比赛、趣味运动会、健身操比赛等活动，增强学校的体育文化氛围和美育文化渗透；积极组织开展"继承先烈遗志，传承革命精神"主题诗词诵读活动，举行"学党史、强信念、跟党走"红歌合唱比赛，举办七年级跑操比赛、八年级跳大绳比赛、九年级拔河比赛系列活动等。每年所办活动，达到20余场，累计参与12000人次。

（二）建设魅力社团，提升学生素养

校团委秉持"人人有特长、人人有社团"理念，创新社团招募形式，以"自助式""走班式""双选式"的模式尽可能满足学生需求，并大胆创新，增加劳动实践类的厨艺社团、手工社团、编织社团等。学校社团数量由2020年的12个增加到现在的22个，包括舞蹈、美术、合唱、书法、模特礼仪、无人机、心理、物理科学院、编程创客、足球、篮球、乒乓球、象棋、体能训练、文学阅读、历史故事、英语戏剧社、生物探究社、化学家等。

社团活动至今，硕果累累。在我校建校30周年文艺会演、红歌比赛、艺术节等大型活动中，舞蹈社团、合唱社团、播音社团、礼仪社团等社团的孩子们和指导教师共同策划、共同布置，为师生献上了一个又一个精彩的节目，展示了学生社团异彩纷呈的风采。

（三）参加社会实践，引导学生成长

我校团委积极开展"小手拉大手，共建文明城"主题教育实践活动、体验父母工作等寒暑假社会实践活动，引导学生积极向善、体验艰辛、奉献社会的品质与担当，充分彰显了我校团组织对学生思想道德建设的积极作用和引领功能。

四、充分动员青年，激发团委活力

为进一步做到从严治团，深入落实"三会两制一课"制度，学校团委认真组织团员民主评议和评优活动，及时表彰先进集体和个人，定期开展支部大会、支部委员会、团小组会，每学期上两次团课，力保班子齐全、制度健全、活动正常。在抓好管理的同时，校团委非常注重组织的发展工作，把更多的先进青年和优秀少先队员吸收到团组织中来，为党源源不断地输送优秀青年！

共青团是党的助手和后备军，是党的青年工作的重要力量。学校团委将始终坚持发扬"党有号召、团有行动"的优良传统，团结带领广大团员青年坚定信念、奋发有为，努力构建多方位、立体化的育人环境，使学生在耳濡目染中自觉提升思想认识，成为德智体美劳全面发展的社会主义接班人。

第六节　丰富课程　赋能少年成长

一、研学旅行，扩大社会视野

随着教育改革的不断深化，研学旅行作为一种新型的教育方式，越来越受到广大学校和学生的青睐。我校是首批河南省研学示范校，始终坚持以学生为本，以行走的思政课为核心，通过研学旅行的方式，让学生在实践中学习、体验、感悟，从而达到提升综合素质、培养社会责任感的目的。

（一）课程目标

1. 培养学生的爱国情怀和社会责任感

通过研学旅行，让学生深入了解家乡的历史文化、社会发展和时代变迁，增强对党的历史的认识和理解，从而激发学生的爱国热情和社会责任感。

2. 提高学生的综合素质和实践能力

通过实地考察、亲身体验、互动交流等方式，让学生在行走的过程中锻炼身体、磨炼意志、增长见识、提高能力，全面提升综合素质和实践能力。

3. 促进学生全面发展和成长

通过研学旅行，让学生在实践中学习、体验、感悟，促进知识、能力、情感态度等方面的全面发展和成长，为学生未来的学习和生活奠定坚实的基础。

（二）课程规划

为了确保研学旅行课程的有效实施，我们制定了详细的课程规划，包括课程时间、课程内容、课程实施方式等方面。

1. 课程时间

课程时间在学校的教学计划内安排，每学年安排一次研学旅行活动，每次活动时间为两天。同时，为了保障课程的连续性和深入性，我们将持续开展研学旅行活动，确保学生能够在不同的年级、不同的阶段都能够参与到课程中来。

2. 课程内容

课程内容将围绕学习党的二十大精神，学党史、跟党走，了解家乡文化，军事研学，农耕研学，科技研学，人文研学等核心主题展开。

3. 课程实施方式

课程将采用实地考察、亲身体验、互动交流等多样化的实施方式。具体来说，我们将组织学生进行实地考察，深入了解新乡市及周边的历史文化、社会发展和时代变迁；安排学生参与志愿服务和社会实践活动，锻炼实践能力和社会责任感；组织学生进行小组讨论和反思总结，促进知识、能力、情感态度等方面的全面发展。

同时，为确保课程的有效实施，我们将建立完善的课程管理机制和评价体系。在课程实施前，我们将制订详细的课程计划和活动方案，明确课程目标和实施方式；在课程实施过程中，我们将加强安全管理，确保学生的安全和健康；在课程结束后，我们将组织学生进行反思和总结，评估课程效果和学生收获。

（三）课程评价

课程评价是研学旅行课程的重要组成部分，对于了解学生的学习情况、改进课程内容和方式具有重要意义。我们从以下几个方面对课程进行评价：

1. 学生对课程内容的掌握程度

通过学生的研学报告、小组讨论等方式，了解学生对研学内容的掌握情况，以及他们在实践中的运用能力。

2. 学生的实践能力和综合素质

通过学生的实践活动表现，评估学生的实践能力和综合素质是否得到提升。

3.学生对课程的满意度和反馈意见

通过问卷调查、个别访谈等方式，收集学生对课程的满意度和反馈意见，以便对课程进行改进和优化。

二、传统文化，坚定文化自信

习近平总书记指出：文化自信是一个国家、一个民族发展中最基本、最深沉、最持久的力量。向上向善的文化是一个国家、一个民族休戚与共、血脉相连的重要纽带。我们依托丰富多彩的"中华优秀传统文化教育"系列活动，成功引导同学们深入学习、理解中华传统文化，深刻感悟中华优秀传统文化的精髓和魅力。

（一）以校园文化为媒介，营造浓厚氛围

我校以校园文化建设为抓手，将传统文化渗透到校园的每一个角落，包括诸子百家、书法字画、民族服饰、传统节日等，内容丰富多彩。这些传承了我国优秀传统文化的艺术形式，以各种生动的表现形式布置在橱窗、走廊、楼层等公共区域，让学生每天都可以看到，在潜移默化中受到教育，从而以高雅美丽的校园文化氛围熏陶感染学生——润物无声，将精准育人落到实处。为体现学生对校园文化建设的参与度，我校还特别鼓励学生积极创作，将学生优秀的美术作品、书法作品、摄影作品、手工作品展示在学校显眼位置。

（二）以课堂教学为阵地，融合传统文化

课堂教学是中华优秀传统文化教育的主渠道。我校把传统文化教育纳入教学计划，开设传统文化教育课程，做到有教师、有课时、有经费。在师资方面，采取"走出去，请进来"的办法，组织教师外出观摩学习，邀请名家到校讲课，努力提高教师传统文化教育水平；通过多种形式的培训，使教师自觉养成优良的品德和行为习惯，提高自身素质，从而影响学生。同时积极鼓励教师充分发掘教材中的传统文化元素，把传统文化教育与学科教学紧密结合。

（三）以实践活动为载体，丰富文化内涵

1.举办传统文化讲堂

2020年，我校邀请市豫剧团演员周盼龙进行地方戏曲知识讲堂，150名学

生参与戏曲现场教学，提升了我校学生的艺术修养和文化自信。2021年，我校举办以"传统文化"为主题的"云"讲堂。郭华伟老师营造了浓厚的课堂氛围，400名学生感受到炽热的民族情感。2022年，我校音乐组李鑫鹏老师以中华优秀传统文化"民族戏剧"为主题，结合河南地方特色，开展豫剧文化讲堂。2023年，"新乡好人"路恺老师以中华优秀传统文化"乐于助人"为主题，面向全校学生做了一场专题主题讲座，引导学生身体力行传承和发扬乐于助人的传统美德，进一步提升了我校学生的文化自信和道德素养。

2.开展传统文化活动

书法社团在指导教师黄华宇的组织下，每年开展学生书写春联送温暖活动，开展硬笔、软笔书法作品大赛，选取优秀作品，送参省市级各项比赛，为校园增添一丝书香气。

戏曲社团邀请艺术家入校开展戏曲演出、戏曲知识讲座，排练戏曲节目，引领了我校师生的戏曲热情，让大家体会到了戏曲的魅力。

传统体育项目是中华民族传统文化的一种综合形态，它是我国传统历史文化的重要内容。传统体育运动项目在每年的校运动会上大放光彩，如踢毽子、武术、拔河、跳大绳、推铁环等，点燃了全校师生热爱传统体育的激情。此外，我校每天开展阳光大课间传统健身操活动，1600人齐聚操场，舞动青春。

我校多次举办"传承经典文化·名著经典诵读"活动，大气磅礴、激情澎湃的名著诗词诵读活动，点燃了全校师生的激情。学校充分利用校图书馆、班级图书角，有计划、有组织地向学生推荐读物、读本，营造浓厚的读书氛围，帮助学生养成良好的读书习惯，多读书，读好书，好读书，提高读写能力，夯实文化底蕴，陶冶情操。

3.过好民族传统节日

中华优秀传统文化教育不仅在校园内，更在校园外。我校充分利用传统节日组织开展丰富多彩的节日民俗、孝老爱亲等活动，推动"我们的节日"在全校广泛开展。

每年寒假，我校都开展欢庆新春、元宵节活动，通过贴春联、包饺子等活动，营造欢乐健康、快乐吉祥的节庆氛围；每年清明节，开展祭英烈主题活动；端午节和中秋节，开展主题经典诵读活动，传承文明，继往开来；中秋节期间，发挥学生能动性，各班同学分享中秋小故事，学习中秋相关经典诗文，感受传统文化的魅力；重阳节期间，号召全校学生在家感恩敬老，为父母分担家务，为爷爷奶奶洗脚捶背。既让孩子们充分感受到了传统习俗的魅力，也传承弘扬了中华民族的传统美德。

4. 日常传统文化教育

（1）每天5分钟经典诵读活动

全校进行课前5分钟经典诵读活动，由语文教师组织并指导学生诵读，帮助学生尽快进入学习状态。学生发展中心利用广播站，反复播放中华经典《弟子规》《论语》等。

（2）"诵读之星"评选活动

为了鼓励学生读好经典诗文，学校每年举行"诵读之星"评选活动，对"诵读之星"进行表彰、奖励。

（3）传统文化主题手抄报比赛

每学年进行一次，学生选择自己喜欢的唐诗宋词，经典名句，配上图画，设计手抄报。学校对手抄报进行评奖，并将优秀的作品进行展览，张贴在校文化宣传栏处。

（4）"日行一善"教育实践活动

结合传统文化教育，引导学生从小向善，养成高尚的思想品质和良好的道德情操。要求学生在家庭、学校、社会中，从小事做起，学善、从善、扬善，培养助人为乐的优秀品质。

"中华优秀传统文化教育"系列活动，形式丰富多彩。相信我校全体师生在传承中华优秀传统文化的基础上，一定更加坚定我们的民族文化自信！

三、升旗仪式，厚植爱国情怀

升旗仪式课程是我校德育工作的重要组成部分，通过每周一的升旗仪式，将德育内容融入其中，使学生在参与仪式的过程中，感受到国家的庄严与伟大，体验到中华民族传统文化的博大精深，领悟到人生道理和道德准则。同时，升旗仪式课程也是我校特色教育的重要体现，通过丰富多彩的活动形式和内容，展示了学校的办学理念和教育成果。

（一）课程目标

培养学生的爱国主义精神、民族自豪感和责任感，树立正确的世界观、人生观和价值观。通过升旗仪式课程的学习与实践，使学生具备基本的道德品质和文明素养，能够自觉遵守社会公德，尊重他人，关心集体，热爱祖国，成为有理想、有道德、有文化、有纪律的新时代青少年。

一是增强学生的国家意识和民族自豪感，培养学生对祖国的深厚感情。

二是培养学生的道德品质和文明素养，引导学生树立正确的道德观念和行为准则。

三是弘扬中华优秀传统文化，传承革命精神，培养学生的历史责任感和使命感。

四是加强心理健康教育，提高学生的心理素质和应对能力。

五是强化安全教育，增强学生的安全意识和自我保护能力。

（二）课程内容

1. 日常德育

结合每周的升旗仪式，开展主题演讲、国旗下讲话等活动，引导学生树立正确的价值观和道德观。同时，结合日常生活中的点滴小事，教育学生遵守社会公德，尊重他人，关心集体，培养良好的行为习惯。

2. 中华传统节日教育

利用春节、清明节、端午节、中秋节等传统节日，开展主题升旗仪式和庆祝活动。通过讲述节日的来历、习俗和意义，让学生了解和感受中华民族的文化底蕴，增强民族自豪感和文化自信心。

3. 扣好人生第一粒扣子教育

通过升旗仪式上的主题演讲和实践活动，引导学生认识和理解"扣好人生第一粒扣子"的重要性。教育学生从小事做起，从点滴做起，养成良好的行为习惯和道德品质，为未来的成长和发展奠定坚实的基础。

4. 童心向党、学雷锋教育

开展"童心向党"主题升旗仪式，讲述党的光辉历程和伟大成就，引导学生树立爱党爱国的情感。同时，结合学雷锋活动，鼓励学生学习雷锋的奉献精神和服务意识，积极参与志愿服务和社会实践活动。

5. 心理健康教育与安全教育

定期开展心理健康教育讲座和安全教育活动，增强学生的心理素质和应对能力。通过升旗仪式上的安全提示和警示教育，引导学生关注自身安全，提高自我保护能力。

6. 革命传统教育

结合重要历史节点和纪念日，开展革命传统教育活动。通过讲述革命先烈的英勇事迹和革命精神，引导学生继承和发扬革命传统，增强历史责任感和使命感。

（三）课程实施

1. 成立小组，具体规划

成立了由书记、校长屈新红任组长，副校长李新华任副组长，逯全坤、李鑫鹏、周嘉丽及30名班主任为成员的升旗仪式课程实施小组，承担课程的具体规划和组织实施，为学校的升旗仪式活动提供有力的组织保障。通过小组的精心组织和实施，确保升旗仪式活动更加规范、庄重、有意义，为培养学生的爱国情怀和良好品德发挥更大的作用。

2. 流程规范，确保实效

升旗仪式是一项非常庄重且具有深刻教育意义的活动，流程的规范性和教育性非常重要。

（1）升旗仪式流程

集合整队：全体参与人员提前到达升旗地点，按照班级列队站好，保持安静肃立。

主持人宣布升旗仪式开始：主持人走到台前，面向全体人员，宣布升旗仪式正式开始。

出旗：旗手手持国旗，伴随着庄严的出旗曲，从队列一侧走到升旗台前。

升旗：国歌奏响的同时，旗手将国旗缓缓升至旗杆顶端，全体师生肃立，行注目礼。

国旗下讲话：主持人邀请领导致辞或学生代表发言，内容应围绕爱国主义、民族精神等主题，进行教育引导。

仪式结束：主持人宣布升旗仪式结束，全体师生有序离开升旗地点。

（2）升旗仪式规范

参与者应着装整齐，佩戴红领巾或团徽等标识，展现良好的精神风貌。

在升旗过程中，全体师生应保持肃静，不得交头接耳或嬉笑打闹。

行注目礼时，应抬头挺胸，目视国旗，表达敬意。

国旗下讲话内容应积极向上，具有教育意义，避免空洞、形式化的言辞。

通过制定详细的升旗仪式流程和规范，我们可以确保仪式的庄重性和教育性得到充分体现，激发全体参与人员的爱国情感和民族精神。

3. 提高认识，全员参与

加强师生对升旗仪式课程的认识和理解，提高参与度和积极性。首先，要明确升旗仪式不仅仅是一个形式，它代表着对国家的尊重、对历史的铭记以及对未来的期许。因此，我们要让师生们从内心深处认识到升旗仪式的重要性。

具体来说，学校组织专题教育活动，讲述国旗背后的历史故事，分享国旗下成长的故事，让师生们更加深入地了解国旗的意义。同时，我们利用现代科技手段，如制作微电影、动画等，以生动有趣的方式展现升旗仪式的内涵，让师生们更容易接受和理解。

在提高参与度和积极性方面，我们让师生们更多地参与到升旗仪式的筹备和执行中来。让学生自主设计国旗下的讲话内容，并担任升旗手，这样能增强学生的责任感和归属感。

总的来说，加强师生对升旗仪式课程的认识和理解，提高参与度和积极性，需要学校多方面的努力和创新。只要我们用心去做，一定能够让升旗仪式成为校园中一道亮丽的风景线。

4. 积极创新，增强效果

（1）形式创新

互动环节增加：在升旗仪式中，加入学生代表发言、主题演讲或朗诵环节，让学生有机会表达自己的想法和感受,增强活动的互动性。

多媒体技术应用:利用学校的多媒体设备,播放与主题相关的视频短片或PPT,直观地展示主题内容,提高学生的参与度和理解度。

仪式形式多样化:除了传统的升旗仪式,引入国旗知识竞赛、国旗下的小故事分享等形式,使升旗仪式更加生动有趣。

(2)内容创新

结合时事热点:根据当前的社会热点和时事新闻,设定升旗仪式的主题,引导学生关注社会、了解国家大事。

融入学校特色:结合我校办学理念、校园文化或特色课程,设计具有学校特色的升旗仪式内容,增强学生对学校的归属感和认同感。

注重德育教育:通过升旗仪式,弘扬爱国主义、集体主义精神,培养学生的道德品质和社会责任感。邀请优秀校友和社会人士分享他们的成长经历,激励学生积极向上。

(3)保障措施

定期评价与反馈:对升旗仪式活动进行定期评价,收集学生和教师的反馈意见,及时调整活动形式和内容,确保活动的针对性和实效性。

强化宣传教育:通过校园广播、宣传栏等渠道,对升旗仪式活动的意义、目的和内容进行广泛宣传,提高师生的重视程度和参与积极性。

与其他教育活动相结合:将升旗仪式活动与学校的其他教育活动相结合,如主题班会、社会实践活动等,形成教育合力,共同促进学生的全面发展。

综上所述,通过创新升旗仪式活动的形式和内容,结合我校实际情况和特色,我们可以有效增强教育效果,提高学生的综合素质和爱国情怀。

5.评价反馈,完善优化

(1)明确评价目标。评价目标应聚焦于升旗仪式的教育效果、师生的参与程度、仪式流程的规范性和创新性等方面。在此基础上,学校应制定具体、可操作的评价标准,升旗仪式的组织是否严密、学生是否表现出强烈的爱国情怀、教师是否发挥了积极的引导作用等。

(2)评价方法的选择。通过问卷调查了解师生对升旗仪式的满意度和意见建议；通过观察记录评估升旗仪式的实施过程和效果；通过访谈深入了解师生的参与体验和感受等。这些评价方法将有助于学校获取更全面、客观的评价信息。

（3）反馈机制的建立。我校设立多种反馈渠道，设置意见箱、开展线上调查、组织座谈会等，以便师生能够方便、快捷地提出自己的意见和建议。学校定期收集和分析这些反馈数据，找出升旗仪式中存在的问题和不足，为课程方案的优化提供有力支持。

（4）问题不足的改进。如果师生反映升旗仪式流程过于单调，学校就增加一些具有创新性和教育意义的环节；如果师生认为教育效果不佳，学校就加强爱国主义教育内容的深度和广度，提高仪式的教育效果。

此外，我校还注重课程方案的持续优化。学校定期组织升旗仪式课程方案的研讨和修订工作，邀请教育专家、师生代表等共同参与，集思广益，不断完善和优化课程方案。同时，学校还借鉴其他学校的成功经验和做法，结合本校实际情况进行创新和探索。

6. 优化方案，注重提升

首先，增强升旗仪式的文化内涵。升旗仪式不仅是一个简单的仪式活动，更是传承和弘扬中华优秀传统文化的重要载体。学校深入挖掘中华优秀传统文化的精髓，将其融入升旗仪式中，通过讲解、演讲、表演等多种形式，让师生在参与升旗仪式的过程中，深刻感受中华文化的博大精深，增强文化自信和民族自豪感。

其次，强化思想政治教育功能。升旗仪式是思想政治教育的重要阵地，学校可以充分利用这一平台，加强对师生的思想政治教育。通过升旗仪式，引导师生树立正确的世界观、人生观和价值观，培养师生的爱国情怀和社会责任感，激发师生为实现中华民族伟大复兴的中国梦而努力奋斗的精神动力。

再次，提升升旗仪式的组织管理水平。升旗仪式的组织管理是确保仪式顺利进行的关键。学校建立健全升旗仪式的组织管理体系，明确各部门的职责和任务，加强组织协调和沟通配合。同时，学校加强对升旗仪式参与人员的培训和管理，提高他们的专业素养和责任意识，确保升旗仪式的规范性和严谨性。

最后，加强升旗仪式的宣传和推广。升旗仪式是学校文化建设的重要组成部分，学校加强对升旗仪式的宣传和推广工作，能让更多的人了解升旗仪式的意义和价值。学校通过校园广播、校园网、微信公众号等多种渠道,对升旗仪式进行宣传报道,扩大升旗仪式的影响力,提高学校的知名度和美誉度。

升旗仪式课程是我校德育工作的重要组成部分,也是培养学生爱国主义精神和道德品质的有效途径。通过每周一的升旗仪式活动,让学生在实际操作中体验德育内容,增强对道德规范的认知和理解。同时,通过课程规划和实施的不断完善和优化,进一步提高升旗仪式课程的教育效果和质量。我们相信,在全校师生的共同努力下,升旗仪式课程一定会取得更加丰硕的成果。

四、主题班会,培育良好品格

主题班会是学校实施德育的重要阵地,是培养学生文明行为习惯、健康心理素质及良好道德品质的重要途径。我校以月主题抓好教育契机,每学期开展形式多样、内容丰富的主题班会,不断优化活动形式,真实触动学生心灵,激发出学生自我教育的潜能,满足学生的全面发展需要,不断提高学校德育工作成效。

(一)主题与时俱进,注重实践体验

我校主题班会始终紧跟时代,结合社会热点和学生实际,选取具有现实意义和教育意义的主题。如"同心战疫 共创未来"云主题班会活动、"用热辣滚烫开启新学年"等,引起学生兴趣并产生共鸣。此外,学校在主题班会的形式上进行了创新和尝试。除了传统的演讲、讨论外,还增加了带领学生到真实场景进行互动游戏等生动有趣的活动形式。这不仅提高了学生的参与度,也让他们在亲身体验中深刻理解和领悟班会主题。

(二)班级管理高效,家校凝成合力

班主任通过主题班会聆听学生的心声,了解学生的需求,从而更有针对性地进行班级管理。学生在参与主题班会的过程中不仅提高了语言表达能力、组织协调能力,还增强了团队合作意识和创新思维。同时,主题班会也帮助学生树立了正确的价值观和人生观,促进了学生综合素质的全面提升。学生也能更加深入地了解彼此,建立起更加和谐融洽的班级氛围。邀请家长参与的主题班会,能够让家长更加直观地了解孩子在校的表现和成长,从而更加积极地参与到孩子的教育

中来，促成家校合力拧成一股劲儿。

（三）教师受益成长，成果展示丰富

每次主题班会即是一次德育教育，每一次学生互动发言都锻炼了班主任的应变能力、沟通能力。在一次次班会的精心策划中，教师不断发掘出自己的潜力和优势，并积累了大量班会总结、心得体会、创意作品等，形式多样、内容丰富，形成了自己的班级德育工作思路和特色。

新乡市第三十中学的主题班会工作成效显著，亮点特色突出。主题班会不仅提升了学生的综合素质和班级凝聚力，也促进了家校共育和学校整体德育工作的发展。未来，学校将继续深化主题班会课程，为学生的全面健康发展，班主任队伍的持续进步贡献更大力量。

五、劳动实践，传承劳动精神

国家新一轮基础教育课程改革明确规定了劳动与综合实践是义务教育阶段国家规定的必修课程。为培养学生劳动技能、实践能力和创新精神，全面推进素质教育，我以劳动教育为核心，结合跨学科知识，通过实践操作、团队合作等多种方式，让学生在劳动实践中体验成长的快乐，培养勤劳节俭、艰苦奋斗的精神，形成了学校的活动特色。

（一）整合教育资源，注重实践操作

我校充分利用校内外的教育资源，如校内精耕园、消防大队、工厂、社区等，为学生提供丰富的劳动实践场所。每学期组织学生参与种植、手工制作、科研等实践活动，让学生在实践中学习劳动技能，培养良好品质。学生做到保持班级事物整洁、校园干净、护绿花草，参与家庭劳动，并在精耕园做好种植蔬菜、打理花卉等复杂性劳动，在社团中学习手工编织、烹饪菜肴、生物物理实践操作等，真正实现"劳动自理"。

（二）开展团队合作，促跨学科融合

我校鼓励各班以小组合作的形式完成劳动任务，培养学生的团队协作精神和沟通能力。在劳动实践过程中，学生相互学习、相互帮助，共同完成任务。同时，

结合各学科的教学内容，将劳动教育与学科教学紧密结合，让学生在劳动实践中深化对学科知识的理解与运用，既提升了劳动教育的实效性，又丰富了学科教学的内涵。

（三）专业引领研修，注重成果展示

我校积极组织教师参加劳动实践培训，外出学习教师返校后，组织进行交流分享会，推动全校教师对劳动综合实践活动课程的深入理解，让全校教师受益匪浅，收获良多。同时，定期举办劳动成果展示活动。通过师生评价、同伴评价等多种方式，记录学生劳动实践过程，激励学生不断进步。

我校劳动综合实践课程实施以来，为学生提供了广阔的实践舞台，学生的劳动技能和实践能力得到了明显提升，其创新精神和团队合作意识也得到了有效培养。同时，该课程还得到了家长和社会的高度认可，为新乡市第三十中学在素质教育领域树立了良好的口碑。

（四）实践成长，探究劳动乐趣

新乡市第三十中学有着一片"精耕园"，这是我校为学生们量身打造的专属实践园，是属于各个班级的"责任田"，我校学子在此快乐地探究劳动的乐趣。

1. 劳动有规划

学生发展中心部署了"精耕园"劳动教育实践的耕作计划，后勤服务中心为各班准备了铁锹、多齿耙、起垄耙、棉线手套等劳动工具和时令种子。各班班长在其乐融融的氛围中，通过现场抽签的方式确定了自己班的责任田及种子。各班讨论制定了具有本班特色的耕种申请书。至此，前期准备工作已然结束，学生们跃跃欲试，迫不及待。

学生们在"老班们"的带领下，来到自己的"责任田"，开始了种菜的第一个步骤——开垦。"老班们"亲身耕耘，学生们认真聆听，学习模仿……

起垄作畦，翻地锄地，将潮湿土壤下的虫卵暴露出来，晾晒杀虫。

去除杂草，捡拾杂物，确保菜苗能够茁壮成长，不受阻挡。

劳动过程中，指导声、询问声、讲解声、欢笑声、打趣声……各种声音此起彼伏，前呼后应，这是三十中师生合力谱就的劳动交响乐。同学们双脚踩泥，弯下脊背，有的同学脸上也沾了泥，但大家特别高兴，也不觉得累，只盼着能赶紧

播种。

2. 播种新希望

惊蛰始雷，可耕之候。惊蛰到了，正是播种育苗的好时节。同学们戴上手套，手握工具，提着菜籽，迫不及待地走进田地。大家用铁铲向地里深挖数公分，小心翼翼地将种子撒下去，再用泥土填上。在师生的齐心协力下，很快便播种完毕。放眼望去，虽然还是原本的荒田样子，但同学们心中确信，要不了多久，精耕园便又是一片生机勃勃的菜地。在这畅想之中，无限的幸福感涌上心头。

3. 守候责任田

种子已然洒下，丰收尚需汗水。

田间劳动其实很苦，但大部分学生都表现出了极高的劳动热情。大课间是他们的劳动时间，经常看到我校学子三五成群地走到自家责任田，把地畦修整得直直的，把水浇得足足的，拔掉长出的杂草，捡拾一下周边垃圾。大家一边劳作，一边兴奋地畅想收获，欢声笑语洒满田间地头。老师们脸上的笑容是感动的，孩子们脸上的笑容是欢快的，他们真正体验到了劳动的乐趣和集体荣誉感。

4. 收获丰硕果

从种子撒下的那刻起，每一位教师都在期待着，每一名学生都盼着丰收。功夫不负有心人，在一学期的辛勤养护下，各班都取得了大丰收。

六、魅力社团，拓展优势潜能

青少年儿童是祖国的未来，是21世纪国家建设的主力军，培养他们理解、宽容、谦让、诚实的待人态度和庄重大方、热情友好、礼貌待人的文明行为，是当前基础教育的重点工作之一。2021年，"双减"政策的实施，明确学校教育要聚焦学生的全面发展，聚焦学生身心健康的发展。在此形势下，中学教育不仅要抓好课内，而且还要做好课后服务，满足学生多样化和个性化发展需求，实施良好的养成教育，达到促进学生全面而有个性发展的教育目标。

开展学生社团活动，就是一条提高学校德育工作效果的有效途径。在社团活动中，学生的学习压力得以放松，视野得以拓宽，自身综合能力素养得以不断提升，收获到更多的人生财富。经过近几年的探索与实践，学生社团已成为我校校园文化生活中的重要组成部分，成为活动育人的重要途径。

（一）以兴趣为基础，科学设置社团

1.配置科学，类型多样

科学的学生社团配置、多样化的社团类型可以让更多的学生融入社团活动中，进而发展自身的兴趣和特长。2020年，在原有社团的基础上，我校全面征集了在校学生的意见和建议，最终决定从体育、艺术、文化、科学等方面来增设学生喜欢的社团。截至2024年，我校共开设舞蹈、美术、合唱、书法、模特礼仪、无人机、心理、物理、摄影、足球、篮球、乒乓球、象棋、吉他、手工、体能训练、文学阅读、历史故事汇、英语戏剧社、化学家、生物探究社、物理科学院等22个社团。每个社团对学生核心素养培养的重点不同，但又相互交叉，相互促进。

2.规划部署，宣传纳新

自2020年至今，我校愈加重视社团纳新工作，每个学年新生入学时，校团委、学生发展中心提前规划、重点部署，做到有条不紊地启动纳新工作。

首先，做好前期宣传工作。通过学校宣传栏、电子屏、国旗下讲话等平台，以及各社团辅导教师精心制作的宣传海报等，为学生、社团双向选择做好充分准备，引导学生根据自身的爱好和兴趣特点选择社团。

其次，纳新双选会现场是各个社团与同学们的"双向奔赴"。社团各负责人积极宣传社团的亮点之处，耐心为前来咨询的同学们讲解社团的活动计划和内容。同学们在充分了解社团情况的基础上，根据自己的爱好自由选择社团，真正做到人人有社团、个个有活动，为学生的个性发展、全面成长提供了多彩的平台。

（二）以发展为目标，创新内容形式

1.混龄教学，培养学生合作意识

我校社团采取混龄教学的办法，不同年级、不同年龄段的学生，基于相同或相似的兴趣爱好，走进同一个社团，在团队中开展合作，进行人际互动，提高协同能力，不仅为自己的学习承担责任，同时也为其他同学的进步扛起一份担当。比如篮球、足球等体育社团，又比如舞蹈、合唱等需要团体协作的社团，都为培养学生的合作意识起到了极大作用。

2.项目学习，增进学生生活体验

社团活动具有非系统性特征，体现学科课程所不具备的灵活性。我校社团借

鉴跨学科的有效学习模式，倡导项目化学习，在一个相对完整的时段完成一项闭合的项目任务，让学生在真实的情境中完成知识技能的积累，提炼解决问题的方法，给学生发展特长提供可能。例如舞蹈社团排练舞蹈项目、心理社团排练心理剧、合唱社团组织排练歌曲等，都在社团活动的项目学习中让学生充满激情和兴趣。

3. 个性学习，适应学生多元发展

我校每个社团规模不一，每个社团根据学生人数配置一到三位指导教师，保障一名指导教师面对最多 30 名学生，这样的师生配比有助于教师对学生的个性化学习从多角度、多层面开展指导。学校每周五的两节延时课为社团活动时间，共计两个小时，充足的活动时间带来自由开放的课堂氛围，带来积极美好的心态，在良好的师生互动中，学生大胆质疑、放手尝试、勇于改变，成就自己的新奇创意和发展梦想。

4. 多元评价，提高学生综合素养

与学科类评价不太一样，社团活动成果的评价更注重过程性评价、激励性评价，强调多元评价。在我校社团成果的评价中，特别注重发展学生智能、技能和综合素养，注重学生能否按时参加集体活动、能否提交活动成果报告或作品。2021 年 12 月，我校建校 30 周年文艺会演中，舞蹈社团、合唱社团、播音社团、礼仪社团的孩子们和指导教师共同策划、共同布置，为建校 30 周年文艺会演贡献了一个又一个精彩的节目，展示了学生社团异彩纷呈的风采。

（三）以评价为抓手，严格管理社团

社团活动如火如荼开展的同时，社团的管理要更加有序、有效。我校出台了《学生社团管理和考核办法》，社团活动由德育副校长总负责，团委书记具体负责。每次社团活动时间，派专人进行检查登记，及时在社团工作群里进行通报，并参考学生满意度调查结果，对社团进行过程性考核与期末考核，评选出优秀社团。通过对社团的严格管理，学生社团活动期间整个校园井然有序，我校学生学有所得、玩有所获。

（四）以竞赛为舞台，展示活动成果

为了让学生始终保持对社团活动的高度热情，学校充分搭建平台让学生展示活动成果。体育方面，学校每学期组织篮球联赛、足球联赛、全校运动会，同时积极组织校队参加市内外各项体育比赛。艺术方面，每个学期末举办社团学生优秀书画展，将优秀书画作品展览于校园每个角落；每年5月、9月，举办校园艺术节，合唱团、舞蹈社团、播音主持社团的孩子们在艺术节上展示活动成果。科技方面，无人机社团的孩子们在学校大型活动时展示他们的飞行技巧，激发全校学生热爱科学的兴趣。学科方面，举办物理科学竞赛、书香校园阅读比赛等。

丰富多彩的社团活动，深受孩子们喜爱，也得到了广大家长的认可和称赞。孩子们在活动中培养兴趣、陶冶情操、发展特长，丰富了我校校园文化生活，营造了浓厚的校园艺术氛围，真正践行了新乡市第三十中学为学生终身发展奠基的办学理念。

附1：

舞出属于自己的人生——水月舞蹈社团

在充满生机和活力的校园里，有一群怀揣舞蹈梦想的学生，她们共同创建了水月舞蹈社团。自成立以来，水月舞蹈社团不断发展壮大，成为校园内外备受瞩目的文化团体。社团成员们凭借着对舞蹈的热爱和执着，不断挑战自我，追求卓越，为校园生活增添了无尽的活力与魅力。

新乡市第三十中学水月舞蹈社团，成立于2014年，以发展学生个性、陶冶学生情操、加强学生艺术实践为目标，开展了扎实的舞蹈技能训练、表演、比赛等活动。在舞蹈教师李鑫鹏的耐心教导下，在每一名社团成员的努力下，水月舞蹈社团自觉践行社会主义核心价值观，全身心地投入训练和排练活动中，形成了积极上进、团结互助的精神面貌，积极参加各项演出比赛，取得了优异的成绩，多次获得各级表彰。

一、以舞为伴，刻苦训练

基本功是每一个舞者的基石。每周的社团课时间，经常看到同学们不怕吃苦，投入大量的时间和精力进行严格的训练，不断磨炼自己的技艺。对于舞蹈课的教学，李鑫鹏老师采用系统性、阶段性相结合的原则，做到定时间、定地点、定内容，使每堂课都能让学生学有所获，学生的舞蹈水平得到了迅速的提高。多年以来，我们观察历届舞蹈社团的成员，通过积极参加舞蹈训练，他们不仅舞蹈技能有了很大提高，而且也爱上了上学，从不旷课，对自己充满信心，进步非常明显。

二、舞出精彩，点亮舞台

舞蹈社团要实现自身的快速发展，必须创作出自己优秀的作品。每当有大型演出时，社团指导老师李鑫鹏积极组织所有成员参与作品创作，在创作时非常注重体现各位社团成员的特色和特长。同时，李鑫鹏老师积极与各位同人倾力合作，共同设计优质的音乐及舞蹈背景。

正是由于我们对舞蹈创作的重视，使得舞蹈社团的成员获得了很多表现自我的机会，每一个舞蹈作品均为原创，学生在排练自己原创作品的过程中能够获得很大的成就感，也有效增强了她们的集体荣誉感，对于学生综合素质的提升起到了极大的作用。

十年来，水月舞蹈社团每年都会积极参与校内外的各种相关活动，更是担负着每次校园艺术节、元旦晚会等大型活动的开场舞任务。每次演出，指导教师李鑫鹏和社团的成员们以最饱满的热情和最专业的水准，为全校师生呈现一场场精彩绝伦的演出，以精湛的技艺和富有感染力的表演征服了在场的每一位观众。

水月舞蹈社团多次参加校内外各类演出活动，社团成员们凭借出色的表现屡获殊荣，为学校争得了荣誉。

2014年荣获新乡市第一届青少年儿童素质展示活动一等奖；

2015年受邀参加新乡电视台暖暖新年节目录制活动；

2016年荣获河南省中学生艺术节三等奖；

2017年荣获新乡市教育系统廉政文艺演出特殊贡献奖；

2018年受邀参加新乡市春节联欢晚会节目录制工作；

2019年荣获新乡市中学生舞蹈节一等奖；

2020年荣获河南省第三届舞蹈节二等奖；

2021年荣获新乡市中学生艺术展演中学组一等奖；

2022年荣获"星星火炬"杯艺术大赛优胜奖；

2023年荣获新乡市优秀社团。

三、舞蹈之韵，锦绣风采

水月舞蹈社团的存在不仅丰富了校园文化生活，也为广大学子提供了一个展示自我、锻炼能力的平台。社团成员们在舞蹈的世界里找到了属于自己的激情与梦想，同时也为身边的人带来了无尽的欢乐与感动。水月舞蹈社团的发展历程告诉我们，只要心怀梦想，勇敢追求，就一定能在人生的舞台上绽放出最耀眼的光芒。

在平时的舞蹈训练和各种舞蹈演出中，我们都引导全体成员共同配合、通力合作，融音乐、律动、人体美感、肢体技能于一体，对社团成员的成长、品行素质、自身的修养以及智力开发等方面都产生很大的促进作用。与此同时，培养团队合作能力，提高社团在学校及社会上的影响力，使学生强身健体、修身塑体、言情益智，提高自己的个人外在形象，显著提升内在气质，彰显三十中学子锦绣风采。

四、舞艺骨干，提升素养

舞蹈社团作为学校的重要社团之一，培养社团骨干工作也是尤为重要的。这些骨干不仅需要有较强的舞蹈综合素质，也要有过硬的政治思想素养，方能带动整个社团充满正能量，这对于社团的健康发展非常重要。此外，李鑫鹏老师制定了严格的社团管理和考核制度，定期对社团成员进行考核，优秀的队员将会获得一定奖励，这对培养队员良好习惯有一定的激励作用。与此同时，还要求队员们树立"舞蹈学习两不误"理念，不能因练习舞蹈而耽误了学业。李鑫鹏老师分享了多种实用性很强的方法，希望同学们在舞蹈社团中提升自己，成就自己。

五、"舞"力全开，"艺"路畅通

舞蹈社团与社会接触的机会更多一些，走外向型的发展道路是提高社团成员素质、扩大自身影响力的必由之路。我校学生发展中心、团委积极鼓励舞蹈社团"立足校园、面向社会"，在平常训练提高自身舞蹈技能的同时，积极参加校外及社会团体的活动，这样可以提高社团成员的胆量和与人交往的能力，在这些活动中充分展示才华、锻炼能力,为今后的发展打下坚实的基础。

　　水月舞蹈社团是一个充满活力和激情的团体,它承载着青春的梦想和追求,为校园生活增添了无尽的色彩。在未来的日子里,水月舞蹈社团将继续舞动青春,绽放激情,为校园舞蹈文化的发展谱写更加辉煌的篇章。

附2：

心"理"有你，悦享健康——"心悦"心理社团

新乡市第三十中学心悦心理社团成立于2011年，由我校各个班级的心理委员组成。他们热爱集体、充满活力、乐于助人，在校园内积极传播向上向善正能量，组成了我们共同的、热心服务同学成长的心悦心理社团。在学校领导的大力支持下，在心理健康学科组教师的耐心教导下，在每一名社团成员的努力下，心悦心理社团形成了积极上进、团结互助的精神面貌，较好地实现了自我教育、自我管理的功能，在我校的心理健康工作中发挥了极大的作用。

一、心灵关爱心灵，生命影响生命

我校是进城务工子女学校，城市儿童、流动儿童两个群体共同生活、学习在同一个校园，如何促成他们的亲密交流，促进他们心灵的健康成长，是我校教育教学工作面临的首要问题，也是我校心悦心理社团工作面临的极大挑战。

"心灵关爱心灵，生命影响生命，分享心灵阳光，共享心理健康"，这是我校心悦心理社团的宗旨。学生的健康成长，离不开同伴的互助。心悦心理社团的每一名成员都积极努力，辅佐班主任和心理健康教师，在班级中普及心理知识，帮助有困惑的学生寻求老师帮助，对心理有困惑的学生持续密切关注，防止他们的心理困惑进一步扩大。

二、缤纷社团活动，校园活力青春

社团活动作为重要的育人途径，在提升学生素养方面发挥了不可替代的作用。心悦心理社团成员群策群力，每月在校内开展心理主题活动，通过心理图片展、心理手抄报评比、班级团体游戏、校园心理剧展演、心理辅导体验等活动，带动更多学生认识心理健康，提升心理素养。

每月的心理主题活动之外，心理社团也积极参加各项志愿者服务，参加义工活动，参加公益行动，在各项走出校园的活动中，社团成员开阔视野，发现和培

养对生活的热爱，做好自身对未来的规划，打造积极的心理素养。

三、家校协同育人，守护"心"路成长

校园周围的社区环境对学生的影响很大，心悦心理社团积极走进周边社区，向社区居民广泛宣传心理健康知识，协助教师一起面向家长开展心理健康讲座，引导他们正确认识心理辅导，提高心理健康意识，从而对我校学生及家长的心理健康意识起到促进作用。

特别是每年的全国家庭教育宣传周，我校心理社团与学校一起，面向家长宣传，引导家长积极关注未成年人心理健康，做好家庭亲子沟通，护航孩子快乐成长，共同守护美好未来。

四、心花五月飞扬，悦享心理健康

5月25日是心理健康日，"525"谐音为"我爱我"，每年5月的心理健康月活动，是我校心理健康工作最为隆重、最具特色的活动。心理学科组、心理社团设计了多个板块的活动，引领广大师生在活动中获得心理感悟和体验，如班级建设活动《秀出我精彩》《班级拔河比赛》，团体心理辅导活动《同心鼓》《跑火车》《贪吃蛇》，中考考前团体辅导活动《纸杯运水》，全校学生互帮互助《我想对你说》留言墙活动等等。特别是心理社团成员积极创编的《滚铁环》，新的玩法给中华传统民间游戏注入新的时代气息，也让成员们在参与设计的过程中，获得了极大的成就感，增强了自信心。

心理健康月系列活动的成功开展，有效提高了我校学生对心理健康重要性的认识，引领三十中学子向美而行，增强自信，享受美好的人生旅程！

在全体成员的共同努力下，社团连连取得佳绩，多次荣获新乡市校园心理剧比赛一等奖。心理学科组依托心理社团所进行的课题研究，也荣获2021新乡市教科研优秀成果奖。心悦心理社团，已然成为一个风雨同舟的集体。每位成员心的凝聚，汇成了"心灵关爱心灵，生命影响生命，分享心灵阳光，共享心理健康"的社团宗旨。校园心理健康问题不容忽视，心悦心理社团定将再接再厉，不畏艰难，勇于创新，争取更大的进步。

第四章　精实课堂　高效学习

第一节　建构"一体两翼"，明确三大概念

教育教学质量是学校的生命线，是事关学校的生存和发展、学生前途和命运的大事，提高教育教学质量是学校一切工作的重心。课堂教学是学校素质教育的主渠道，在当前"减负提质"的新形势下，切实加强课堂精致管理，提高课堂教学的有效性，是提高教学质量的根本所在。

我校建立了"一体两翼"的课堂教学管理组织。"一体"即年级管理，各年级由一名副校长负责；"两翼"即每个年级由一名教务处主任或副主任带领的教师团队，一名政教处主任或副主任带领的班主任团队。年级主管副校长及两位主任领导协调好本年级的两个团队的工作，增强团队的凝聚力，让集体的力量发挥到最好，教学效率达到最高，教学质量实现最优。

打造精实课堂

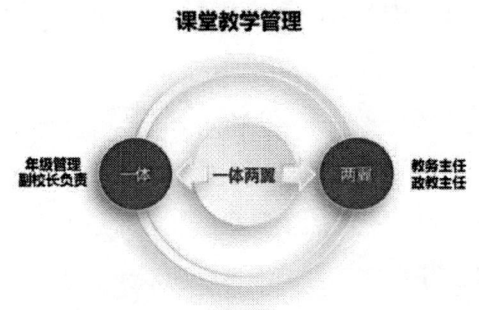

"一体两翼"课堂教学管理

教学副校长主抓学校教学工作,依据学校总体计划制定全校教学工作计划和实施办法,依托教师发展中心开展各项教育教学工作。教师发展中心主要负责教学和教科研工作,教师发展中心主任主要负责教学管理工作,依托教研组开展教学工作,指导各学科组制订教学计划,按时完成教学任务,组织好各项教学活动。各学科组长负责指导、督促本学科教师开展具体教学工作。教科研主任主要负责教科研工作,依托名师工作室和课题组开展各项教学研究、课题立项结题、教师培训工作。

为落实立德树人根本任务,深化课程改革,促进义务教育高质量发展,教育部组织专家对义务教育课程方案和义务教育课程标准进行了修订。《义务教育课程方案和课程标准(2022年版)》和各学科义务教育课程标准的正式颁布,是我国基础教育界的一件大事。实施新方案和新课标,对优化学校育人蓝图具有重要意义。然而,新方案和新课标要真正落地,还需要学校拿出具体方案并付诸行动。

为推动新课标的落地,我校开展了一系列活动。尤其是2023年以来,学校掀起三轮头脑风暴,有力推进教师教学理念的转变,教学方式的变革。

1. 读课标,找变化。"新方案"和"新课标"正式颁布后,学校第一时间购买并颁发到每一位教师手中,要求人人研读,找出与老课标的不同的地方,然后组内交流并研讨在实际教学中如何改变教学策略。

2. 读课例，谈转变。课标较枯燥、空洞，有些教师读不进去或读不深入。我校又为各学科教师选择了一本"课例式解读"，使大家在阅读真实课例的基础上真正理解如何落实新课标。接下来，通过进行组内交流、校级展示两轮研讨，达到了思维碰撞、理念转变并付诸行动的目的，产生极好的效果。

3. 听讲座，再提升。2024年3月20日下午，河南省陶行知研究会秘书长、河南省基础教育专家徐万山研究员到我校进行题为《研究性学习及其活动指导》的专题讲座。徐万山研究员首先阐述了研究性学习的概念、特点及其在当今教育中的重要意义。他强调，研究性学习是一种以学生为主体、以问题为导向、以实践为手段的学习方式，旨在培养学生的创新精神和实践能力。这种学习方式有助于激发学生的学习兴趣，提升他们的综合素质，使他们更好地适应未来社会的发展需求。徐万山研究员结合具体案例，详细讲解了研究性学习的实施步骤和方法。他强调了教师在研究性学习中的角色定位，即作为引导者、支持者和合作者，要帮助学生发现问题、分析问题、解决问题，并在此过程中培养学生的思维能力、合作能力和解决问题的能力。徐万山研究员还对研究性学习活动的设计与实施提出了具体的指导建议。他建议学校要结合自身实际，充分利用校内外资源，为学生搭建多样化的研究平台；同时，要注重培养学生的自主学习能力和团队协作能力，让他们在研究中成长，在实践中提升。讲座结束后，我校教师纷纷表示受益匪浅，对研究性学习有了更深刻的认识和理解，也更有信心在今后的教学实践中积极探索和尝试这种新的学习方式。

研究性学习指导只是当前新课标倡导的学习方式之一，老师们将会通过研究性学习指导的实践与探索，继续在综合实践活动、项目式学习、跨学科学习、校本课程开发等方面大胆尝试，转变教学方式，培养具有核心素养和实践能力的时代新人。

第二节　明确课改理念　探究教学指向

一

新课标，新理念，新课堂；大单元，大语文，大先生

（语文组　王晓敏）

2022版新课标一个最大的变化就是"大"，教学组织形式强调"大单元"整合，语文考评的范围也更"大"，生活有多宽广，语文就有多宽广。要求教师也必须由原来的教书匠转变成研究型的"大先生"。

（一）厘清概念

1. 语文核心素养

语文核心素养是我们的课程培养目标，"义务教育语文课程培养的核心素养，是学生在积极的语文实践活动中积累、建构并在真实的语言运用情境中表现出来的，是文化自信和语言运用、思维能力、审美创造的综合体现"。将文化自信放在前面，是为了凸显课程承担的立德树人的根本任务，强调语文课程的育人导向。在文化自信、思维能力和审美创造三个方面的目标要求中都强调了立足语言文字这个条件，强调语言运用的基础性地位，可以让我们明晰并坚守语文学科的边界，避免走向泛语文、非语文的歧路。

2. 真实的语言运用情境

什么是"真实的语言运用情境"呢？难道我们教"登泰山"的文章就一定要去爬泰山吗？王宁先生指出："所谓'情境'，指的是课堂教学内容涉及的语境。所谓'真实'，指的是这种语境对学生而言是真实的，是他们在继续学习和今后生活中能够遇到的，也是能引起他们联想，启发他们往下思考，从而在这个思考过程中获得需要的方法，积累必要的资源，丰富语言文字运用的经验。"因此从学科逻辑看，真实的语言运用情境要能够引领学生沉浸到语言文字中，不能游离于文本之外，追求语言文字外的热闹；从生活逻辑看，应以解决实际问题为指归，使学生更好地积累语言经验，梳理语言规律，从而培养语感，体悟语理；从心理逻辑看，应符合学生的年龄特点和认知特征。

3. 语文学习任务群

"语文学习任务群"替代"综合性学习"，难道综合性学习不重要了吗？并不是的。自从2001版课标提出"综合性学习"后，经过20余年的探索，其价值和作用已经得到了认可。为强调语文学科的综合性、实践性和情境性，2022版课标承接高中课标修订的思路，将语文学习任务群作为课程内容的组织形态。就本质而言，语文学习任务群是综合性学习的"升级版"，以"语文学习任务群"替代"综合性学习"，意味着综合性学习从语文课程的边缘进入了中心，意味着语文实践活动成为语文课程的主体和常态。

语文学习任务群是课程（学习）内容的组织形态，分为语言文字积累与梳理、实用性阅读与交流、文学阅读与创意表达、思辨性阅读与表达、整本书阅读、跨学科学习六大任务群。

（二）正确理解"学习任务群"

1. 语文学习任务群体现的教育理念

（1）"生活教育"：强调语文学习与生活的联系，强调语文学习的趣味性和意义感。

（2）"社会即学校"：目的在于通过创设富有挑战性和开放性的学习任务，使语文教育向无限广袤的生活拓展，打开学生的身体和心灵的空间。

（3）"教学做合一"：老师和学生一起面对生活中的问题，围绕"做"这个中心，一起"教"，一起"学"。促使学生成为自己学习的管理者和调控者，教师成为学生学习的引导者和陪伴者。

2. 语文学习任务群的内涵

学习：教的目的是"学"，以"学生的学习"为中心。任务：以问题解决为指向，建立学习与生活的联系。群：是"任务"的"群"，而非文本的"群"。

六个语文学习任务群中的"群"指向的是在整个义务阶段某个语文学习领域

所设计的所有任务的集合。我们在具体设计和实施时，其实涉及的还是某个学习任务群中的一个个学习任务，只是这些任务包含了很多活动而已。

3.语文学习任务群的设计与实施形态

可以分为三种，一是基于单篇的学习任务设计与实施；二是基于多篇的学习任务设计与实施；三是基于项目的学习任务设计与实施。

4.语文学习任务群设计的基本原则

语文学习任务群是由一个个学习任务组成的，在设计这些学习任务时要遵循以下四个原则：以学为中心的设计原则、基于课标的原则、立足语文的原则、评价促动的原则。

5.学习任务群设计的六要素模型

教学设计是一种通过系统思考目标、内容、方法、评价等课程要素达成的教、学、评一致性实施的活动。课程的目标、内容、学业质量、实施建议等前后呼应，相辅相成，构成了完整的教学指导系统。

六要素模型是由六个要素构成的任务设计系统，即学习目标、真实情境、活动过程、学习支架、评价工具、实践反思。这六要素彼此关联，环环相扣，形成了一个完整的闭环结构。

6.语文学习任务群设计操作步骤：

步骤一：

备课标：明确课标要求→素养目标

步骤二：

备教材：明确教材要求→学习目标

步骤三：

定主题：明确活动主题→统领作用

步骤四：

定情境：明确活动情境→任务+角色

步骤五：

设任务：明确学习任务→任务+活动

步骤六：

给资源：提供学习支架→学习资源

步骤七：

用评价：设计评价量表→评价等级＋方法

（三）学生实践分享

本学期我们要求阅读的整本书有《经典常谈》和《《钢铁是怎样炼成的》这两本书。其中《经典常谈》对于学生来说有些枯燥，难度较大。我引领学生这样有计划地进行阅读：

1.寒假有计划初读，微信群抽查批注；

2.开学后研读，每天读一章节（10页左右），完成章节练习题；

3.学生分章节讲解重点，交流感受；

4.从练习题中提炼重点内容做一张手抄报；

5.课代表命题进行测试。

让学生讲课，我也是抱着试试看的心态。没想到大部分学生讲得还很不错，有几个对所讲章节研究得还很是深入。学生做这件事的过程是很具有挑战性的、很艰辛的，但是这种体验和收获也是终身难忘的。我真正感受到新课标"做中学"这一理念特别能够提升学生的综合能力。

（四）教学方式变革感言

1.更新观念，落实行动；

2.研究课标，吃透考点；

3.整合教材，追求理解；

4.相信学生，相信自己。

二

新课标理念下，数学教什么？怎么教？

（数学组　樊　华）

《初中数学义务教育课程标准（2022年版）课例式解读》深入浅出地解读了2022版新课程标准，它通过一个个生动的案例和案例解析，帮助我们对新课程标准有了更深一步的了解。

（一）数学教什么？

在刚参加工作时一个问题一直在困扰着我，数学到底要教给学生什么？知识？公式？典型题目、模型？随着时间的流逝，知识是最容易遗忘的，而数学的学习经历能给学生们留下什么印记，对他们今后的学习、工作、生活有着怎样的影响呢？

2010年我看到了日本数学家米山国藏曾阐述这样的观点：在学校学的数学知识，毕业后没什么机会可用，一两年后很快就忘掉了。然而，不管他们从事什么工作，铭记在心的数学精神、数学思想、研究方法和看问题的角度等，却随时随地发生作用，使他们受益终身。因此，引导学生学习数学时，除了重视数学概念、法则、公式、性质等显性的知识教学，更应该重视数学意识、数学思想方法、数学思维方式等数学素养的培养，使数学学习给学生留下意识、思想、经验、习惯、快乐，为学生的后续学习和可持续发展奠定基础。

如今经过了十几年，社会的高速发展对教育有了更高的要求。2023年在阿联酋迪拜召开的世界政府峰会上，埃隆·马斯克接受了远程访谈，谈到目前人们不是针对问题开展教学，而是针对工具进行教学。这就像开设了一门螺丝刀课程或扳手课程，但学生可能不理解为什么要有一门课程学习螺丝刀和扳手。

这十几年，我国的教育也发生了翻天覆地的变化。国家把以人为本，全面推进素质教育作为教育工作的主要任务。2023年5月29日《新闻联播》花了12分钟讲述了教育的改革，在这12分钟里"科技"两个字至少讲了20遍，加强拔尖创新人才自主培养，不断提升原始创新能力和人才培养质量，为解决我国关键核心技术攻关提供人才支撑。"科技兴国"对理科老师提出了更高的要求。

（二）数学怎么教？

如何培养出国家所需要的高素质技术技能人才，作为数学教师应该怎么做，2022版课程标准从三个大方面十二个小方面详细阐述了如何培养学生的数学核心素养，为我们今后的数学教学提供了明确的方向。

1.加强对概念的理解—关注数学概念本质的教学—加强概念教学；

2.关注内容间的关联—整体把握教学内容之间的关联—实施大单元教学(经历式教学)；

3.加强尺规作图—从度量的角度加强对图形的认识，理解图形的关系—加强几何直观；

4.加强综合与实践—以真实情境为载体，以跨学科学习为主(经历式教学)—强化情境设计与问题提出—主题式或项目式学习的方式搜索。

学习数学的主要目的是培养人的思维能力，特别是逻辑思维能力，培养学生善于思考，有独创精神。数学这座大厦的基石就是基本概念。基础阶段的数学教育就是实现"从具体数学到概念化数学的转变，建立严格的逻辑思维意识"。李邦河院士说，数学根本上是玩概念的，不是玩技巧。技巧不足道也！概念教学的核心是概括：将凝结在数学概念中的数学家的思维打开，以典型丰富的实例为载体，引导学生展开观察、分析各事例的属性、抽象概括共同本质属性，归纳得出数学概念。重在让学生感受概念形成的过程，培养学生的抽象概括能力，而不是直接告诉学生概念。在教学中，有的老师自己总结了许多数学模型公式让学生背记而忽略了让自己学生体会知识生成的过程，寻找模型背后的基本概念，死记硬背和模型题目训练可能会实现短时间做题速度和正确率的提高，但当过多的模型和知识掺杂在一起时，学生就会出现背错公式、混淆模型等低级失误。有的教师甚至苦苦研究中考题目特点和命题规律总结，给学生让学生在考试时节省时间，而不是教会学生如何分析题目回归基本概念，这些做法严重偏离了数学的正轨，学生在数学上耗费大量时间、精力，结果可能是对数学的内容、方法和意义知之甚少，"数学育人"终将落空。正处于九年级中考冲刺阶段的我们，也在思考中考的复习方式。中考变的是什么：题型，不同知识的组合，同一个核心知识考察角度和方式的不同。不变的是什么：核心知识；解决问题的通性通法；数学思想。所以复习中应不断回到概念，从基本概念出发思考问题、解决问题，加强概念的联系性，从概念的联系中寻找解决问题的新思路。

教学不是终于知识，而是始于知识。学生掌握数学知识，不能依赖死记硬背，而应以理解为基础，并在知识的应用中不断巩固和深化。

（三）大单元教学的思考

"数学课程标准"体现的整体性。数学知识的教学，要注重知识的"生长点"与"延伸点"，把每堂课教学的知识置于整体知识的体系中，注重知识的结构和体系，处理好局部知识与整体知识的关系，引导学生感受数学的整体性，体会对于某些数学知识可以从不同的角度加以分析、从不同层次进行理解。因为研究一个数学对象是有基本套路的，因此单元是自带的。

1. 纵向知识体系的大单元教学

数与代数、图形与几何体系的大单元，以每一章节知识体系为整体的小单元。

2. 横向知识体系的大单元教学

通过横向知识体系的单元教学，让学生体会不同教学内容之间数学研究方法的一致性和可迁移性，帮助学生学会用整体的、联系的、发展的眼光看问题，形成科学的思维习惯。

"路曼曼其修远兮，吾将上下而求索。"新教材新理念的实施对我们每位老师提出了更高的要求，只要我们能更好地践行新课标新理念，我们的教学舞台将是精彩的，我们教学成果将是丰硕的。

三

如何在英语教学中培养学生思维品质

（英语组　张领红）

2022版课标明确提出，英语课程要培养的学生核心素养，包括语言能力、文化意识、思维品质和学习能力四个方面。

（一）核心素养在英语教学中的实践和应用

1. 继续沿用以往有效的教学方法

虽然核心素养与以往我们经常提到的能力、技能、知识、素质等概念不完全一样，但核心素养的内涵并不都是全新的内容，而是包括了能力、技能、知识和素质等。所以之前采用的教学途径和方法，特别是那些行之有效的方法不仅要继续使用，还要发扬光大。并不一定需要采用一套全新的方法。

2. 摒弃低效的教学方式

经过实践被证明是低效甚至无效的一些做法，要坚决大胆地摈弃。要认真反思以往做法的科学性、合理性和有效性。

3. 优化并创新教学方式与方法

作为一线教师，我们应该在准确把握核心素养的实质内涵以及新课标教学理念和教学要求的基础上，紧密围绕课堂教学实践，反思已有教学方法的科学性和有效性，探索新的教学方式与方法，使课堂教学活动能够切实促进学生核心素养的发展。

思维品质是核心素养的重要组成部分。思维品质的提升有助于学生学会发现问题、分析问题和解决问题，对事物作出正确的价值判断。

2022版课标指出，思维品质指人的思维个性特征，反映学生在理解、分析、比较、推断、批判、评价、创新等方面的层次和水平。每个人都有思维品质，但人的思维品质是有差异的。有层次差异，水平差异、方式差异、活跃程度差异。

（二）如何培养学生的思维品质

1. 根据学生的层次差异、水平差异、方式差异和活跃程度差异等，引领他们进行深层次的思考、推理判断、多角度去看待问题。

课堂提问有技巧，提问问题也需要因人而问，对症提问，这里的"症"指的就是学生的各种差异，这就需要我们充分了解学生的学习情况。

2. 引导学生课堂上说有逻辑的话语。因为说话缺乏逻辑，就是思维品质缺失的一种表现。

实际生活中，如果不讲英语，我们问一名学生喜欢大熊猫的原因，他大概不会说因为大熊猫是黑白相间的吧。课堂上遇到以上类似情况，我们可以引导学生从其他角度来回答这个问题。所以，在我们的英语教学中，不仅要关注学生的语音是否正确、语调是否准确、语法是否无误，更要注重语言交流过程中内在的思维逻辑，不能单纯为了说英语、用英语。

3.设计需要真实的思维过程的活动，才能锻炼并展现学生多方面的思维品质。

在思维品质的培养中很重要的一点是要培养学生观察、归纳、总结的能力。学生通过观察不同的句子并找出其中的差异，进而归纳语法规则，在原有知识的基础上通过分析建构新的知识，这就是思考与学习的过程。

（三）在英语语法教学中培养学生思维品质

语法教学是我们英语教学的重要组成部分，那么如何在英语语法教学中培养学生思维品质？课例解读中李爱云老师的教学思路我认为很值得借鉴学习，他提倡四步法教学过程：导入语境，培养思维的开放性；归纳规则，培养思维的准确性；巩固运用，培养思维的创造性；讨论话题，培养思维的批判性。

1.导入语境，培养思维的开放性

在这个环节中，让学生对相关句型有一个初步的认知，并把代表性的句子板书到黑板上，为下一个环节做好铺垫。我选择与学生学习生活环境相关的内容就可以简单创设情境，不仅可以让学习活动更真实，还能引起学生的学习兴趣，有利于激活学生的思维，达到事半功倍的效果。

2.归纳规则，培养思维的准确性

在英语教学中，有不少老师会选择直接将语法规则告知学生，这样看似乎是节省时间，实际在具体运用中我们会发现学生其实掌握得并不好，因为学生在学习中缺乏了思考的过程，并不能很好地准确灵活运用语法规则，反而是事倍功半。如果让学生观察例句，通过教师的指导，采用体验、实践、参与、探究、合作等方式，学生就能够更好地进一步发现语言规律，掌握语言知识技能。正如美国教育家苏娜丹戴克过的："告诉我，我会忘记；做给我看，我会记住；让我参加，我就会完全理解。"

3. 巩固运用，培养思维的创造性

让学生放眼室内、室外，以小组对话、两人对话等不同的对话练习形式讨论描述所见景象、人物、设施等，达到巩固使用目标句型的效果。

4. 讨论话题，培养思维的批判性

在学生熟悉相关句型及相关短语词汇后，我们可以引导学生通过谈论不同的话题进行由浅入深、由点到面的操练，来巩固所学语法等相关知识。

在学生进一步掌握目标句型后，老师需要进一步设计操练来继续巩固运用。不仅让学生在口头上会运用，还要能运用到书面上。于是，当天的作业布置的是一篇小作文，旨在通过书面运用让学生准确掌握所学语言知识，达到运用相对自如的效果。

通过近期进一步的学习新课标，特别是课例式解读，让我不断明确英语课的实施路径。作为一线英语教师，我们要通过英语课程来发展学生的核心素养。有方法，有思路，有过程，还要多反思，才能真正让核心素养落地。

课例式解读上所列的反思问题清单，可以帮助我们更好地审视自己的课堂教学：

1. 我在课堂上说了什么、做了什么？
2. 我在课堂上说的话和做的事是否最大限度地促进了学生的学习？
3. 我设计的教学目标覆盖了核心素养的哪些目标？
4. 我在课堂上组织的教学活动是否符合英语教学的原理？
5. 在我的课堂上，学生在说什么、做什么？
6. 学生课堂上说的话和做的事是否有利于促进核心素养发展？
7. 课堂上学生是否积极参与了有利于核心素养发展的实践活动？

前四个问题是作为课堂引导者的我们应该首先反思的，回答好这几个问题可以促进我们设计课堂教学的各项活动；后三个问题针对的是课堂学习的主体——学生，只有关注学生课堂所说、所做、所想、所得，才算真正关注到学生。经常反思以上问题，才能让核心素养在我们的英语教学中真正落地。

第三节　融合信息技术，点亮智慧课堂

在信息化时代背景下，我校借助互联网将信息技术和学科教学深度融合，利用信息技术点亮智慧课堂，提高教学效果。电子书包、仿真实验、在线课堂、作业盒子等教学形式使课堂学习绚烂多彩，能够不断激发学生学习兴趣，持续吸引学生学习注意力，随时利用大数据测评学生学习效果。智能终端的使用符合当下学生心理特点和行为习惯，他们喜欢在平板电脑上进行各种各样的学习尝试，因为云平台会对他们的自主预习、课堂发言、作业完成情况进行实时指导与反馈。在学习任务清单、云平台、微课的引领下，学生都能够按照要求完成学习任务，并且课堂学习思维活跃，参与度高、表现欲强，学习状态积极主动，学习成绩显著提高，综合素质得到加强。学情诊断报告可以随时将学生的学习情况通过手机发给家长，使家长能够及时了解孩子在校学习的情况，明白孩子努力的方向，有效指导家长对症下药，真正实现了家校合作。

			"电子书包"翻转课堂教师课表				
姓名		张领红	班级	七3	上课时间	5.18	节次	6
科目		英语	上课地点	七3	课题	Unit8Topic1 Review		
课型			新课讲授☑复习、习题课				
		有	技术手段（如何展示给学生）				无
课前	微课	有	课前将微课上传至学校视频平台，通过作业盒子复制地址链接发给学生				
	导学案						无
	课前练习（互动性题目）	有	作业盒子				

续表

				"电子书包"翻转课堂教师课表	
课中	课件	有	利用白板播放PPT	
	课前答疑	有	作业盒子集中答疑	
	随堂评测（互动性题目）	有	电子书包	
课后	课后巩固（互动性题目）	有	作业盒子	
简述您课前的具体实施方法	学生通过作业盒子学习微课内容；老师结合作业盒子答题了解学生知识掌握情况；布置学生按要求整理复习笔记。		请您识别右边的二维码为我的课堂做出评价	

为了进一步提高学校教师的教育教学水平，促进学校各个班级的教育资源均衡，帮助年轻教师快速成长，发挥集体备课的智慧，提高教师备课效率，我们采用了线上线下相结合的网络备课形式。

备课过程由主备课人周一发起备课任务，同学科其他教师共同参与，分工协作，责任到人，及时反馈，在云平台上讨论交流共享资源。周三、周四利用教研活动时间确定教案，使教案设计、教学过程达到最优化。这样就使教师们的教研不仅发生在面对面交流时，还可以发生在触动手机屏幕的每一个瞬间，使老师们随时随地都能进行交流、教研，备课效率得到极大提高。同时，校长和教务主任也能从后台通过权限分配看到各学科的备课情况，及时作出指导和督促，从而最有效地深入教师第一线。网络教研的实施解决了传统教研时间短、难深入和流于形式的弊端，也杜绝了一些教师不认真、不参与的行为。校内网络教研逐步趋于成熟后我们还将扩大区域，进行校际，市际教研。

二、创新评价方式

（一）听课评价

我们创新了课堂评价方式——二维码评课，就是教师之间可以通过扫描个人二维码的形式进行线上评课，同时结合线下评课，全时高效。传统的评课方式很难做到节节点评、人人交流，二维码评课方式对其是一种很好的补充和发展。每一位听课者都可以借助互联网，利用问卷星免费资源，及时精准地把自己听课后的评价、感受、建议传递给讲课教师并进行交流讨论，使讲课教师能获得更多的原汁原味的点评和建议。对于教学管理者，二维码评课方式更方便教务处掌握每一位教师完成听课任务的数量和质量，在后台我们可以查阅教师听课的具体时间和评课内容，从而杜绝了教师为完成听课任务而突击听课、虚假听课，实现了教师听课的真正意义，使教师听课逐步由被动到主动，促进了教师的专业成长。

（二）成绩评价

我校采用"智学网"系统平台，进行网上阅卷，每次考试成绩统计、分析自动生成，准确详尽。校长、教务主任、教师可以通过账号查阅到年级、班级成绩的优劣位次、存在的问题、努力的方向，有力的促进了补救教学的针对性，这是传统评价方式无法比拟的。学情诊断报告也使家长耳目一新，通过学情诊断报告，家长能够及时了解孩子在学校的学习过程中优势和不足，哪些科目和知识点需要加强，克服了传统评价的局限性和滞后性，有效解决了家长盲目指导，有劲使不上的困难，极大地调动了家长的积极性。家长积极参与，有效监督，真正实现了家校合作。

三、构建"全时教学"模式

全时教学模式是信息化环境下课堂教学的新模式，它将以班级为对象的分时式教学方式，转变为以学生为对象的全时教学方式，它把教学时间全时化、教学内容系统化、教学结构模块化、教学过程数字化、教学诊断精细化。全时教学模式下，教学时间不再仅仅是学校内、课堂上的时间，而是借助信息化的环境和手段将课堂教学时间延伸，让学生在校内校外、课内课外，只要是学生想学习，就能随时随地进行学习，并能在第一时间寻求到老师的帮助，不再让学生因为受到时空限制而影响学习进度，降低学习效率。

课前线上预习。学生根据老师准备的课前预习任务清单自主进行微课、习题检测等数字资源的课前学习，并借助互联网进行在线交流答疑。学生完成预习并在规定时间提交作业后,在学情分析平台的帮助下,作业的提交情况、完成情况、每道题的正确率以及整体预习效果等诊断报告便会马上反馈到学生和教师的智能终端。根据诊断报告学生能及时进行再预习,老师也能对第二天的课堂做出及时调整与改善,为课堂教学提供了有力的数据支撑。

课中双主教学。课堂上,上课教师利用课前大数据诊断分析的结果,先进行课前预习答疑,通过学生小组合作答疑和教师集中答疑,突破本节课的重点、难点、易错点。然后在教师的引导下进行重难点的强化训练,整个课堂中采用学生互提问题、互帮答疑、强化训练、教师解疑的形式进行,使学生充分体验获取知识的过程。从真正意义上实现教师的主导作用和学生的主体地位。

课后在线作业。教师利用云平台布置数字作业或让学生在云平台上自主设计当天或章节性的作业,学生利用"人人通"智能终端在线完成作业并提交,老师依托云平台接收和批改学生作业,采用线上线下相结合的方式解答学生疑问,"全时"帮助学生。此外,学情分析平台能及时地将学生作业的完成情况和知识点掌握情况形成诊断报告,供教师评阅,克服了老师批改作业周期长、反馈慢的难题,同时也利于教师对成绩优劣和成因进行分析研究,查找学习问题,提高学习质量。

实践表明,"全时教学模式"是信息技术环境下的一种新型教学模式,可以有效地解决教学方式转变、学习方式转变的问题,有效地解决教师教育技术能力的提升问题,有效地解决信息技术与各学科的融合问题,有效地解决学生的个性化发展问题,具有一定的推广价值。

第四节 实行"推门""点课" 助推"精致"成长

为了更深入地了解教师的教学情况,学校实行推门课制度及"点课制"。学校领导带领部分骨干教师,随时随机入班听课,课后及时反馈评议、指导;或者由教师发展中心组织相关人员临时通知听课,听完后对教师平时的教学情况进行学生问卷调查。对教学效果不理想的教师进行具体指导、帮扶并持续跟踪,极大地推动了教师平时的教学工作。

一、加强领导，建立机构

为使"听课、评课"活动有条不紊进行的同时能收到实效，学校成立领导小组。业务校长任组长，教师发展中心主任任副组长，16位学科组长为成员。

二、大力宣传，营造氛围

学校召开全体教师大会，全面传达学校有关"听课、评课"活动要求，阐述开展"听课、评课"活动的目的意义，使每一位教师乐于全身心投入"听课、评课"活动中来，为该活动实施营造良好的氛围。

三、要求具体，扎实推进

（一）保证听课数量，做好听课记录

学校各学科任课教师每学期听课不少于要求节数。听课人必须在听课笔记上认真做好记录。听课记录主要包括教学实录和教学评点两个方面。

教学实录：

1.听课要素。包括听课时间、学科、班级、执教者、课题、第几课时等；

2.教学过程。包括教学环节及各个环节的时间安排；教学内容以及教学时采用的方法；学生活动情况以及教学效果。

教学评点：

主要围绕"哪些方面好，为什么好""哪些方面不足，为什么不足""对于不足之处如何改进，为什么这样改进"的思路进行，具体包括：

（1）教材处理与教学思路、目标；

（2）教学重点、难点；

（3）课堂结构设计；

（4）教学方法选择；

（5）教学手段运用；

（6）教学基本功；

（7）教学思想体现。

（二）加强听评课考核，确保工作实效

学校认真组织听课评课活动的考核工作，既考核教师听课评课的数量，更关注听课评课的质量，注重教师听课过程中是否有深入思考，评课中是否能发现授课教师的优点，又能提出存在问题和改进建议，能否为今后的教学工作提供服务。对听课过程发现的授课能力较强、教学效率较高、总体反响较好的教师在全体会上通报表扬，并定期组织上示范观摩课，发挥他们的辐射作用。

（三）搭建展示平台，张扬教学个性

积极推选"名师精品课堂"活动，及时组织听、评、议，让大家直观感受到"什么样的课是好课""课如何上才能高效"等。此外，我们每年都要组织各类展示课，如新入职教师的"过关课""同课异构""骨干教师示范课""校内评优课"等，给教师搭建展示自我、相互学习的平台，效果显著。建立"听课、评课"长效机制，努力营造浓厚的活动氛围，鼓励和倡导教师多深入课堂听课、评课。

听课评课是学校课堂教学研究的基本途径和方式，是学校校本教研活动的重要内容，是学校了解和掌握教师教学水平的重要手段。常态化的听评课活动可以以评促研，浓厚教研氛围；以评督学，促进教师加强学习；以评引辩，激发教师争论。通过活动不断总结推广教学经验，解决教学中存在的问题，促进教师专业发展，提高教师队伍的整体教学水平，切实提高课堂教学效益，全面提升学校的教学质量。

第五节 作业分层创新 促进"双减"落地

一、倡导分层作业，减轻课业负担

（一）集体教研，备好分层作业

集体教研时，各科老师要根据不同班级的学情，有计划、有侧重点地布置作业。每位老师在布置自己该科作业之前，一定提前把所有的题目先做一遍，并按题目难易程度设置为"A，B，C"三个等级。C级题班级90%的同学可做，B级

题 50% 的同学可做，A 级题是综合性、拓展性或者有难度的题，10% 的同学可做，其他同学选作。鼓励老师们大胆删去一些重复性、机械性或者偏、难、怪的题目。

（二）科学安排，尽量校内完成

积极倡导各科教师要加强个性化辅导，充分利用课堂、延时课，尽量使学生在学校完成作业，至少保证难题不回家做。我们在课堂上选用的当堂练习或者达标检测型题，都可以从老师备好的 B、C 级题里挑选，对于一些科目要补充例题时，可以从 A 级题里选取。这样在老师的引导下，学生们提前完成了一部分的作业，课堂效率高，也可以减轻学生们的负担。

（三）互相协调，控制作业总量

任课老师根据班级中等程度的同学预估出完成该科作业所需要的时间，由课代表连同作业一起书写到黑板上。各任课老师在留作业时可以互相查看，做到心中有数。避免出现"科科不超量，但学生们总体写不完"的现象，每天书面作业平均完成时间不超过 90 分钟。班主任负责对本班作业进行监督和调控。休息日、节假日来临时，我们每位任课老师都可以看看开学后的第一天自己有几节课，根据这节课里能讲评的内容多少来布置作业。布置作业时遵循两个原则：能批改的布置，能及时讲评的布置。

（四）作业讲评，做到及时有效

任课教师尽可能增加作业批改的次数。针对作业中的共性问题集体讲评，个别问题面批矫正或者个别辅导。资料习题类作业讲评一定要举一反三，同类型或者相似题帮助学生分类，总结解决问题的思路和细节。

（五）习题订正，持续跟踪监督

批改完的作业或者讲评完的习题，老师们要关注到学生的订错完成情况。建议老师们要求课代表或者小组长全面检查，任课老师重点关注个别同学。教师发展中心会不定期检查老师们批改作业的次数和学生作业、教辅等订错情况。

二、创新作业设计　促进深度思考

（一）初中语文作业的现状

作业作为教学过程的一个基本环节，其作用不言而喻，然而传统教学中的初中语文作业，普遍存在着一些问题。

我们教师在作业设计和布置方面，大都是以考试为唯一目的，一般都着眼在语言积累和语言训练上。往往以单一的练习为主，内容和要求也是"一刀切"，要求学生按照统一的标准完成，缺乏个性设计。学生对作业没有丝毫兴趣，纯粹是为了不受批评而完成作业，学生对学习的兴趣和感情在作业中逐渐泯灭，学生语文素养的提高也无从谈起，学生的创新意识和个性遭到扼杀。

（二）初中语文创新作业设计遵循的原则

1.趣味性原则

兴趣对学生的认知能力、创造思维的形成和发展都起到非常重要的作用。中学生本身具有探求新知识的欲望，因此，语文作业应富含趣味性，有效激发学生的探求欲望、创新兴趣。

2.启发性原则

教师要通过创设学习情境引导学生自主学习、独立思考、积极探索，培养学生自觉掌握和提高对学科知识的分析能力和解决问题的能力。所以，语文作业设计应当注重启发性，尽量减少填鸭式、机械性的教学手段。

3.应用性原则

我们学习的目的归根结底是应用。应用性作业应联系生活实际，让学生感悟语文学习与现实生活的紧密关系，以激活学生已有知识与经验，激发学生好奇心，使学生产生探究欲望，主动学习。

4.创新性原则

为培养学生的创新思维，语文作业设计必须将学生置于一个动态、开放的学习情境当中，开拓作业练习形式，不断注入联系生活、符合学生兴趣和需求的新内容，引导学生寻找、搜集和利用学习资源，鼓励学生大胆质疑和丰富想象。

5. 综合性原则

作业体系必须以课标为准绳；应该体现学生语文素质、能力培养的整体协调性；作业体系应是开放的体系，应根据时代需要和环境变化不断调整和变革。

（三）初中语文创新作业设计的策略

1. 布置分层性的作业

以前我们布置作业全都是全班要求一样，内容一样。这就导致某些基础较差的学生不能完成任务，而一些优等生又觉得没有发挥的空间。现在我们给学生布置作业时尽可能考虑分层布置，将练习册或试卷上的题目分成基础题、提高题、拓展题。根据学生的学习程度给他们选择合适的作业进行布置，避免不必要的机械重复。当然，我们也鼓励学生尽量向高一级的任务挑战，实现自我提高。这样人人有自己能够完成的任务，只要完成质量好，都能受到表扬，学习自然也有信心了。

2. 布置技能类的作业

语文教学不能把学生们教化成背诵抄写的机器，关键是要培养学生学习语文的各项技能。

教完八年级课后古诗词《长歌行》《早寒江上有怀》《望洞庭湖赠张丞相》《黄鹤楼》《浣溪沙》后我们会发现，诗词中都选择了"水"这一意象，于是作业可以设计为：1. 找出这五首作品中含有"水"这一意象的诗句；2. 诗句中作者借"水"分别抒发了怎样的情感；3. 你还知道其他古典诗词中借"水"抒怀的诗句吗，抒的什么怀呢，写下来；4. 针对以上探究结果，写一篇"水与古代文人的情感抒发"的小文章。这个作业设计，让学生对诗歌中特定意象表达特定情感有了较全面完整的理解，培养了学生的分析能力、综合能力、比较鉴赏能力、写作能力，激发了他们学习语文的兴趣。

3. 布置情感教育类的作业

语文课程应重视提高学生的品德修养和审美情趣，促进德、智、体、美的和谐发展。学生几乎每天接触课本中思想性较强的课文，耳濡目染，受到潜移默化的教育，它所产生的教育作用是其他学科无法比拟的，我们注重在语文作业中渗透思想教育和情感熏陶。在教完《背影》后，要求学生回家仔细观察父母的某个细节,如炒菜、洗碗、拖地、倒茶等等,耐心地用心地听听父母的唠叨,然后写下自己的感悟。作业中学生们都谈到了被自己忽略的厌烦的生活细节中蕴含着父母的关爱,所以更能体会《背影》一文中的父子深情,也更能体会父母的用心良苦。学生的家长也反映这次的作业拉近了孩子和自己的距离,应多提倡这样的作业。

4. 布置学生感兴趣的作业

孔子说:"知之者不如好之者,好之者不如乐之者。"兴趣能激发学生的学习动机。它虽不能改变人的智力水平,却影响人的智力发展。如果教师布置作业注意到兴趣性。这对巩固学生的知识是十分有利的。比如教《答谢中书书》之前,布置学生以小组为单位,赏析文中"你发现的美",学生自己尝试制作PPT,自己当老师上台讲解,与大家一起分享自己的发现感悟,学生对这个作业兴趣很浓,热情很高,效果也不错。

5. 布置关注生活的作业

语文教学应当面向学生们的生活,使学生能够在生活中学习语文。在布置作业时也应注意要联系生活。如一年一度的春节、一家团圆的中秋节、飘着粽子香的端午节都是同学们喜闻乐道的,他们觉得这就是生活的一部分,没有什么特别,所以往往忽视。我们根据这些习俗,适时地组织学生开展"春节的来历""中秋赏月""学包粽子""话端阳""思屈原"等研究性实践活动,让学生明白"生活处处皆语文",同时培养了学生的语文能力,陶冶了学生的情操。

总之,初中语文创新作业的内容应该是丰富多彩的,形式应该是多种多样的,它应该能极大地调动学生的学习兴趣,使学生在生活中运用语文知识形成综合能力,并为学生的终身发展奠定坚实的基础。在"提质减负"的大背景下,语文教师要以新课程标准精神为依据,紧扣语文学科特点,树立以学生为本,新颖多样、面向全体、重视学以致用的语文作业观,开创语文作业的创新之路。

第六节 打造精品课例 贵在六项要素

一说精品课例,大家都认为那一定是省市优质课竞赛的获奖课。拿下一节优质课,需要付出许多额外的努力,感觉是被扒掉了一层皮。竞争的过程很痛苦,磨课的过程有提高，获奖的感觉很幸福，推出自己的精品课例很自豪。但是优质课不等于是精品课，而精品课一定是优质课。两者之间一个重要区别在于是不是线上教学，是否具有教学创意，是否能够入选省级和国家级精品课程网站，能够做到资源共享，还要适当参阅你的点击率。

其实"工夫在诗外"。上出精品课例，既需要平时的积累，也需要精巧的设计，还需要用心地研磨，更需要灵动的创意。上出一节精品课例，更需要我们坚守初心，上好每节家常课。只有在平时的努力中积累优质课的经验，领会优质课的标准，聚合优质课的要素，打磨优质课的创意，潜心思考、跟进实践、用心琢磨怎样上出特色课的亮点，活动课的灵动，创新课的新意，戏剧课的体会，综合课的融通，精品课的味道，优质课的层次，经典课的内涵。有了平常的厚重积累，讲出一节好课就不是问题，获取优质课就是水到渠成的事情，推出自己的精品课也就成为自己的事业追求的目标。

所谓精品是指物质中最纯粹的部分，经过去伪存真、去粗取精，提炼而成。精品课例一定是经过名师团队的苦心修改、精心创作、潜心思考、匠心研磨，体现出设计精心、立意精巧、点拨精到、语言精妙、过程精致、课件精美、展示精彩，被大伙一致视为精品。

精品课例意在给大家的教学做出一个示范，提供一个样板，明确一个方向，提示一个思路。掌握精品课例基本要素，就成为教师专业研究的重要内容。

一、清晰有效的学习目标

目标有三层意思：1. 指射击、攻击或寻求的对象。2. 也指想要到达的地方、境地或者标准。3. 人们对活动预期结果的主观设想。我们把目标引入教育领域，提出学习目标的概念。

过去经常说教学目标，现在要说学习目标。一字之差，说明学习主体的重大变化。教学目标是教师设计教学的依据，以师为主；学习目标是学生学习的依据，以生为主。目标是一个导向，指导我们学习的方向；目标是一个激励，陪伴我们努力的进取；目标是一个预期，给予我们成功的标准。问题是许多孩子上课之初，脑子一片空白，根本没有目标，不知道自己要到哪里去，只会被动等待，等着听老师上课讲解。一般学生与优秀学生的区别，就在于上课之前通过预习，有了比较清晰有效的学习目标。

学习目标有三层意思：1. 知识体系是由知识点、线、面，构成一个知识体系或知识网络。我们要清楚地知道每节课有多少个知识点，这些知识点彼此之间的联系以及它们在知识网络中的位置，克服点状化学习，避免碎片化学习。2. 学习能力的层次要求，分为识记、理解、应用、分析、综合、评价六个层次，学习不是简单的背诵，除了学以致用，我们还强调"学以致思""学以致通""学以致慧"。目前自己达到哪个层次？3. 学习内容的价值选择，知道学习的重点、难点、疑点考点之所在，哪些内容最有意义，最有价值，最值得我们付出努力，同时明白采用什么策略，使用什么方法，来解决这些疑难问题。

清晰有效的学习目标，所谓清晰也有四个含义：

一是导学的起点清晰。依据学生的学习基础、生活经历、知识储备和认知习惯做出判断，课堂教学的起点放在哪儿，节点是什么，终点在哪里。同时考虑教学切入点、生活联系点、设问启发点、思维碰撞点的统筹安排。

二是导学的指向清晰。通过学习，达到结果的一种预期。导学的指向要超越知识学习和能力培养的层次，要聚焦学科素养与核心素养的课程落地。围绕素养的维度、素养的高度做文章。同时，把学习与未来的人生相联系，引导学生明确自己的职业倾向、职业选择和人生志向。

三是导学的路径清晰。目标明确了，但如何达成目标，如何选择合适的策略与方法，如何规划达成目标的路径？课程改革要实现学习方式"革命性的变化"，就是要从接受性学习转向自主性学习、探究性学习、发现性学习，努力在教学实践中尝试应用项目学习、深度学习、跨学科主题学习的方法来实现导学路径。

四是导学的效果清晰。导学的效果要做到可检测可测评，实现教学评一体化设计与实施。最终的效果一定要通过自我检测、自我矫正、自我补救来实现自我完善。

二、引人入胜的课堂导入

（一）课堂导入的定义

课堂导入是指在正式上课之前或上课之始，教师采取一系列有效方法，以明确学习目标，调动学习兴趣，丰富情感联系，拓展学习主题，激活学生思维，营造学习氛围，激发学习欲望，把学生迅速引导到积极学习状态的一种教学组织行为。课堂导入是有效学习的基础，也是师生对话的开始，更是头脑碰撞的风暴，它可以保证高比例的有效学习时间。

（二）课堂导入的作用

"良好的开端是成功的一半"，那么课堂导入是教学过程必不可少的重要环节，需要教师充分发挥自己的主导作用。

引人入胜的课堂导入，可以保证上课伊始就快速进入学习状态，创设情境调动学生的学习兴趣，呈现目标引导学生的努力方向，设计问题引起学生的有意关注，拓展主题刺激学生的深度探究，这一切都依赖于基于教学设计形成的引人入胜的课堂导入。导入，才能真正体现名师的价值。

引人入胜，是指通过精巧的设计，使人进入美妙的境界。那就需要老师完成两次设计，充满个性见解，把教材内容变得十分吸引人，使学生沉醉其中，充满向往，无力自拔而潜心学习。导课很容易，能够做到引人入胜的程度却很难。可以说，这是一般教师与优秀教师在专业发展上的第一个分水岭，也是名师具备的基本特征。

（三）课堂导入的策略

1. 明确学习目标，制定学习策略；
2. 调整学生情绪，迅速进入状态；
3. 调动有注关注，聚焦课程主题；
4. 联系生活经历，营造学习氛围；
5. 提供学习支架，引导自主探究；
6. 引导知识建构，引导素养落地。

（四）课堂导入的形式

1. 目标导入，明确学习指向；
2. 成语导入，传承优秀文化；
3. 游戏导入，营造轻松氛围；

4. 故事导入，趣化教材内容；

5. 新闻导入，关注社会热点；

6. 复习导入，沟通知识联系；

7. 图画导入，再现历史情境；

8. 音乐导入，产生情感共鸣；

9. 人物导入，比较价值判断；

10. 概念导入，探究理论要素。

导入是一种从不稳定到稳定状态的自然过渡，充分体现教师的主导作用。

三、生动鲜活的教学情境

优秀教师的基本特征总是善于打开教室的大门，联系生活的世界；善于打开心理的枷锁，敞开学生的心灵；善于联系生命的经历，丰富认知的途径；善于创设一个全新的情境，引导学生的深度学习。

创设生动鲜活的教学情境，是课程改革"用"教材教的具体表现。怎样把国标教材讲活讲好讲透彻，既生动有趣又深入浅出，既联系生活又紧扣主题，既关注社会又引导思考，对教师的专业能力是一个挑战。它要求教师用心创设教学情境，精心设计教学活动，热心规划师生对话，尽心提升学习主题，把"死"教材讲成"活"教材，把"死"知识讲成"活"知识，把"死"人物讲成"活"人物，把"死"方法讲成"活"方法，把"死"结论讲成"活"结论。通过身临其境的学习、事物异同的比较、感同身受的体会、启发思考的通透，进而提升学生学习的积极性和主动性，实现学以致思、学以致通、学以致慧的能力进阶、思维进档与品格进步。

教学情境是指教师尊重学生主体地位，潜心教学设计，创设带有生活背景、情感色彩、生命启发和主题拓展的教学活动，来趣化学习内容，活化学习主题，深化生命体验，转化思维方式，引导学生关注教材与生活的联系、人类与自然的联系、课堂与社会的联系、活动与情感的联系以及点拨与心灵的联系，使得学习内容具有生命力，学习主题能够感动人，学习旨意能够激励人，让学生产生一种求知渴望，以积极主动的心态投入学习。

有人说"没有兴趣就没有学习"。兴趣从何而来？来自求知的内在渴望，成长的迫切需求，生动的学习情境和教师的适时激励。情境对于有效教学是如此之重要，以至于有人提出"情境教学"的理论。李吉林先生是情境教学的倡导人，先生经过精心研究，把情境教学扩充成为情境教育，荣获基础教育国家级教学成果特等奖。为丰富中国基础教育理论研究做出了自己的突出贡献。

孔子讲"不愤不启，不悱不发"，就是强调情境对于启发思考，教师适时点拨，实现双向互动，达成教学感动，促进思维灵动的重要性。

创设情境需要教师把课标放在心上，寻找核心素养的生活案例，依据学生的生活经历、认识基础、知识储备和思维习惯，适当考虑学校的技术装备和现有条件，引导学生走出教材，走出教室，走出校园，以更广阔的视野和更坚定的自信，走进生活，走向自然，走向社会，走向心灵，真正体现"生活即教育"的原理和建构主义的教育理念，完成核心素养的内在呼应，做到核心素养的课程落地。

创设教学情境，既要服务学生的主体地位，又要呼应教师的主导地位。创设情境最常见的方法是使用信息技术创设模拟情境，让学生身临其境；最精彩的情境是编写课本剧，让学生进行角色扮演；最难忘的情境是实际操作，解决具体问题；最开心的情境是影视观摩，尝试寓教于乐；最精巧的情境是科技试验，让学生大开眼界；最期盼的情境是创新设计，引导深度探究；最便捷的情境是讲述故事，实现自我教育；最生动的情境是动漫设计，鼓励形象思维；最鲜活的情境是心灵对话，开启智慧之门。

比如请学生上讲台，发给一个玉米棒子，请其用手"掰"开，在生活中体验"掰"字的创作，从而领悟古人造字的用意。这种体验情境既简单有效又不复杂，可以取得良好的教学效果。

四、深度参与的自主建构

参与，不是简单被动地参加某种教学活动，而是基于有趣的学习主题，强烈的求知欲望，积极的学习态度，主动的自主选择，有效的教学引导，高尚的人生志向。"预闻而参议其事"，强调事先知道做好教学设计而非事后安排追加活动。

有效教学最基本的特征是要占有"高比例的有效学习时间"，这个"高比例"

有赖于教师的组织与引导,"有效学习"则取决于学生深度参与的实施与推进。

深度参与的课堂应该是安静思考的课堂,也应是热烈讨论的课堂;应该是倾心聆听的课堂,也应是头脑碰撞的课堂;应该是具身学习的课堂,也应是逻辑推论的课堂;应该是认知冲突的课堂,也应是主题探究的课堂;应该是小组合作的课堂,也应是自主建构的课堂。

(一)深度参与的提出

深度参与是美国芝加哥大学施瓦布教授1961年应邀在哈佛大学做《作为探究的科学教学》报告中首次提出的概念,后来得到广泛响应,又引申出深度思考、深度探究、深度学习等概念。

教师都知道学生参与课堂活动对于提高学习效果的积极作用,也都会强调师生互动、生生互动、问题讨论、小组合作、学生展示等。但对课堂参与缺少系统研究,处在一种感性认知的阶段。

(二)深度参与的概念

按照施瓦布教授的观点,在学生主动参与的前提下,围绕探究主题,根据自己的猜想或者设计,运用科学的方法,做出对问题的解释、解答与解决,同时进行全面系统、深入精细的探究,并在探究过程中获得思维能力的发展、创新能力的提高,自主建构知识体系的一种学习方法。深度参与是基于建构主义理论的一种学习方法。

深度参与的典型形式是课堂讨论、小组展示、实验演示、头脑风暴、角色扮演、案例分析、逻辑推理、现场辩论等。

(三)深度参与的三大观念

1. 静态课堂转向动态生成的课程观;
2. 灌输储存转向优化输出的教学观;
3. 基于传递转向基于发现的学习观。

(四)深度参与的四种方式

1. 活动 – 行为参与;
2. 体验 – 情感参与;

3. 认知 – 建构参与；

4. 发现 – 分享参与。

（五）深度参与的五项条件

1. 心理安全：心理基础，消除负担；

2. 自主选择：个人权利，自由表达；

3. 能力适应：能力基础，适度挑战；

4. 认知冲突：心理动机，求胜欲望；

5. 有效支架：资源补充，教学引导。

（六）深度参与的六个表现

1. 民主宽松的课堂氛围；

2. 认知冲突的有效引导；

3. 积极踊跃的主动参与；

4. 解疑释惑的用心点拨；

5. 恍然大悟的思维通透；

6. 交流分享的愉悦体验。

（七）深度参与的经典案例——衡水中学的学习要求

1. 强调预习：

提前参与，明确重点，产生求知期待。

2. 先复习后做题：

自我参与，梳理思路，明确问题导向。

3. 限时作业：

积极参与，强化训练，养成良好习惯。

4. 跟进矫正（纠错本）：

深度参与，追根溯源，寻找出错原因。

5. 典型引路（例题本）：

拓展参与，触类旁通，掌握基本原理。

（八）深度参与的个性定义

在教师的指导下，围绕核心素养的课程落地，设计有层次、有价值，有意义的主问题，通过学生的分析、讨论、探究、感悟，进行情感体验、能力培养、知识建构价值认同的一种学习过程与方法，以期促成学生的自主发展。

五、富含意蕴的课堂小结

一出戏剧临近结束的时候，导演总会推出压轴大戏，将整个演出推向高潮。一堂好课也是这样，需要有一个压轴节目，这就是课堂小结。"阅人无数，不如高人指路"，表现在课堂教学上，就是教师的课堂小结。

有了小结，课堂就有高潮，让人激动；

有了小结，课堂就有主题，让人崇高；

有了小结，课堂就有内涵，让人厚重；

有了小结，课堂就有对话，让人灵动；

有了小结，课堂就有点拨，让人通透；

有了小结，课堂就有余味，让人怀念；

有了小结，课堂就有内涵，让人敬重；

有了小结，课堂就有提升，让人进步。

（一）课堂小结的定义

课堂小结是指完成某项教学任务和学习目标的终了阶段，对所学知识和技能进行归纳总结、回顾分析、比较异同、发现特征的一种导学方式，意在指导学生巩固学习成果，发现学习问题，明确学习重点，梳理学习线索，掌握学习方法，提高学习能力，改善学习状态，优化学习品质的一种行为方式。

但是非常遗憾，课堂小结并没有引起教师的广泛重视，在课堂教学中处于一个薄弱环节。就是有一些课堂小结，也没有做到全面、系统、深刻、厚重、多维、灵动的要求。

（二）课堂小结的关键要素

因目标而清晰，因主题而突出；

因互动而精彩,因情境而生动;
因对话而深入,因共鸣而感动;
因小结而深刻,因建构而生成。

(三)课堂小结的作用

1. 巩固学习成果:通过对所学知识和技能的及时回顾、认真梳理、全面总结,可以起到强化认知、优化理解、查漏补缺、改进提高的作用。所以有效教学必须有课堂小结的环节。

2. 梳理学习线索:面对繁多的知识概念、定义、定理、公式、要点、疑点,分门别类重新认知,以明确学习主题,梳理学习线索,提升学习立意,深化学习意义,进行点—线—面—体的重新组合。

3. 回应学习目标:分解检测,评价效果。

4. 突出学习主题:提升立意,深化意义。

5. 促进深度理解:促进思考,删繁就简。

6. 优化信息输出:积极知识,主动表达。

7. 强化实际应用:举一反三,掌握原理。

8. 内化核心素养:终身发展,必备能力。

(四)课堂小结的主要形式

1. 提纲挈领,简明扼要。

2. 生活经历,内在联系。

3. 巧设悬念,求知渴望。

4. 主题拓展,深度探究。

5. 理性思维,逻辑推导。

6. 回应目标,素养落地。

7. 小组合作,思维导图。

8. 发现差异,深度学习。

(五)课堂小结的精彩案例

《愚公移山——面对困境的正确选择》

跳出课文看课文，跳出课文看问题。

跳出课文看人生，跳出课文看哲理。

把课文情境换算成每个人可能面临的人生困境，进而引导我们进行比较思考，得出科学的结论，做出正确的选择。这是一种学以致用的生活联系，更是一种情境变化的人生考题。

例：《愚公移山》的课堂小结

一道难题，两种思考，顺从还是改变；

一个选择，两种对话，愚公背后之智；

一个行动，两种反应，行动改变结果；

一个坚持，两种结果，坚持改变命运；

一种感动，两种启示，感动赢得帮助；

一种精神，两种激励，信仰铸就精神。

（六）富含意蕴的教研思考

意蕴是指事物的内容或意义，也指文本意旨。我们在此解释为教材内在的含义、意义、意味，也包括人生哲理与精神内涵。它需要教师在认真研读课标、教材的基础上，领悟教材背后的理性内涵、德行品质、灵性思维和悟性启迪。

任何一部作品，都要表达社会意义，转达育人主张，上达自然法则，通达人生智慧。课程也是同样的道理。

课堂小结是体现教师主导作用，点拨学生灵性思维，引导尝试深度学习，体悟教育蕴意所在，完成教育"四达"程度的有效手段。

六、核心素养的课程落地

（一）核心素养的基本概念

核心素养是指学生应具备的能适应终身发展和社会发展需要的必备品格和关键能力。专家们把核心素养概括为文化基础、自主发展和社会参与三个方面，具体化为人文底蕴、科学精神、学会学习、健康生活、责任担当和实践创新六个维度。2023年新的课程标准又增加了跨学科学习能力和合作精神、艺术与审美、信息科技素养三个维度的内容。

（二）核心素养的深度理解

核心素养的概念既是落实立德树人根本任务的重要举措，从而把党的教育方针形象化理解，具体化执行，生活化运用，问题化考评，情境化变通；又是连接宏观教育理念，落实育人目标和具体教学实践的中间环节；还是完善学习目标，优化教学设计，提高教学效能，提升教学品质的具体要求。

对一线教师来说，如何完整准确地理解"核心素养"的文化内涵和教育蕴意，把它具体落实在每节课堂上，使之成为经典课例的基本要素，这是一个严峻的挑战。他们习惯了教知识、讲流程、练能力、考要点，现在变成了"必备品格""关键能力"，总感觉有点儿摸不着头脑。

核心素养是知识、能力、态度和价值观的有机集合体，统整了未来社会发展的需求和学生个性成长的要求，使学生能够成为更健全的个体，更好地适应未来社会的发展的需求，并为终身学习，终身发展打下良好的基础。

（三）核心素养的具体解析

以语文学科为例，语文学科的"必备品格"聚焦在四个方面：

语言积累的建构与应用；

思维能力的发展与提升；

艺术审美的鉴赏与创造；

优秀文化的传承与理解。

语文学科的"关键能力"关注四个维度：

1. 知识维度：科学、人文、社会、技术、心理、人工智能等。
2. 习惯维度：自律，自强，自觉，勤奋，健康，安全，环保，生态等。
3. 情感维度：责任，担当，尊重，友善，团队，合作，进取，努力等。
4. 能力维度：分析，比较，判断，解决，归纳，沟通，总结，表达等。

课程落地的四个指向：

1. 批判性思维：是对信息、观点和论据进行独立分析的能力，能够判断事物的真实性与可靠性，从而做出明智的决策。

批判性思维的四个步骤：提问—分析—评价—推理。

批判性思维的基本态度：开放+理性+包容+尊重。

2.合作能力:一个人在团队中与他人分工协作、有效沟通、分享资源和解决问题的能力。

要求学会倾听,学会表达,学会协商,解决冲突。需要有包容的心态,能够理解他人、尊重他人、信任他人。

3.创新能力:面对复杂问题,能够做出独特、新颖、有价值的解决方案的能力。它需要具有发散思维的能力,善于打破常规,勇于尝试创新,敢于接受失败,肯于付出努力。

深度学习、跨界学习和求知心态、探索精神是培育创新能力的基本要素。

4.跨文化交流能力:是指在不同经历、不同层次、不同文化背景下能够进行流畅、准确、得体、舒适的交流能力。需要了解不同文化的形成过程、认知习惯、思维方式、具体差异和文化特点,预备开放、包容、尊重、理解不同文化的态度。

(四)核心素养的课程落地

1.落地含义:教师怎么教?

(1)把陈述性知识转化为程序性知识。换成通俗一点的说法,即把消极知识变成积极知识,完成知识从输入到输出的过程,通过学生的生活经历,联系比较,理解消化,完成知识的建构过程。

(2)学习过程中,创设情境,设计活动,鼓励参与,调动兴趣,让学生体验到学习的快乐,掌握思维的方法,提高学习的效能。同时鼓励师生间的深度对话,通过头脑碰撞,捕捉灵感,丰富教学创意,实现教学相长。

2.素养呈现:教材怎样读?

(1)研读课标,提升教学立意。发现教材中最有意义、最有价值的问题,进行拓展学习。以《灰雀》为例,列宁和小男孩儿谁是故事的主人公?列宁由灰雀的失踪提出问题,其作用在引起男孩的回应,引导男孩的改变,起到教育无痕的感化作用。本课的主旨意义就在于教育孩子,犯了错误要勇于承认错误、改正错误。如果过多地纠缠于探究灰雀是怎样失踪的,列宁与小男孩是如何对话的,就会误导学生,失去了发现文本主旨意义。

(2)问题设计,提供思考机会。核心素养的课程落地,要求做到问题设计、课堂操作、过程评价与自我感知。

问题设计的起点，要考虑学生已有的生活经历、知识储备、知识层次、认知水平和思维方式。

问题设计的匹配，同一层次的学生，在不同成长阶段施以不同的教学内容和教学方法，实现教与学的匹配。

问题设计的引导，既要有单个问题的解决，又要有系列问题的思考；既要有问题的"症状解"，又要求问题的"根本解"。

问题设计的解决，要求老师提供适当的任务要求、适宜的内容主题、适合的方式方法、适时的点拨指导、适切的问题议题、适宜的环境氛围。

问题设计的要诀：数学类问题设计＝事实＋概念＋性质＋结构＋应用＋建模。

文史类问题设计＝问题＋生活＋联系＋点拨＋意义＋思考＋逻辑。

3.素养指向：教育蕴育

任何一门课程、任何一篇课文，都有要表达的思想、表达的意义、表达的感受，这种教育蕴意隐藏在课文背后，需要教师在研读教材的基础上，去发现它呈现它，设计导学创意，完成文本立意，达成学习深意，做到核心素养的课程落地。

教材内容隐藏的德性品质、理性内涵、灵性思维、悟性启迪，是课程的灵魂所在，具有丰富的人生哲理和精神内涵，具备含蓄性、多义性的特征。领悟不到这种教育逻辑和教育蕴意，你就无法完成核心素养的课程落地。

第四篇
精致教育·精品育人

在精致教育理念的引领下，学校荣获了多项荣誉：河南省文明校园标兵，首批河南省"五育"并举实验学校，河南省义务教育标准化管理示范校，首批河南省中小学示范性图书馆，首批河南省中小学数字校园标杆校，河南省德育先进集体，河南省中小学心理健康教育示范校，河南省中小学生研学旅行实验校等。我们的教师、学生更是快速成长，百花齐放！

第一章 学生成才 追逐梦想

第一节 "五育"并举 成效显著

在新乡市第三十中学这片热土上,我们始终秉持"德智体美劳"五育并举的教育理念,致力于培养全面发展的优秀学生。多年来,我们坚持以学生为本,注重学生的个体差异和全面发展,通过多角度的育人方式,取得了显著的教育成果。

一、德育为先,塑造品格

德育是教育的灵魂,是塑造学生品格的关键。在新乡市第三十中学,我们注重培养学生的道德品质和社会责任感。通过开设德育课程、举办主题教育活动、开展志愿服务等多种形式,引导学生树立正确的世界观、人生观和价值观。我们鼓励学生积极参与社会实践,通过亲身体验和感悟,增强他们的社会责任感和公民意识。同时,我们还注重培养学生的自律意识和自我管理能力,让他们成为具有高尚品格和良好行为习惯的优秀青少年。

二、智育为重,启迪智慧

智育是教育的基础,是提升学生综合素质的核心。在新乡市第三十中学,我们注重培养学生的学科素养和创新能力。首先,我们拥有一支高素质的教师队伍,他们通过精心备课、创新教学方法,激发学生的学习兴趣和求知欲。同时,我们还注重培养学生的自主学习能力和合作探究精神,让他们在掌握基础知识的同时,能够独立思考、合作探究、解决问题。此外,我们还积极开展科技创新活动,为学生提供展示才华的平台，培养他们的创新精神和实践能力。

三、体育为基，锤炼意志

体育是教育的重要组成部分，是锤炼学生意志、增强体质的有效途径。在新乡市第三十中学，我们注重培养学生的体育素养和健康意识。我们开设了丰富多彩的体育课程和活动，让学生在运动中感受快乐、增强体质。同时，我们还注重培养学生的团队合作精神和竞争意识，让他们在比赛中学会坚持、拼搏和奋斗。通过体育锻炼，学生的意志品质得到了锤炼，身体素质得到了提升，为他们的全面发展奠定了坚实的基础。

四、美育为魂，陶冶情操

美育是培养学生审美情趣和创造力的重要手段。在新乡市第三十中学，我们注重通过美育课程和活动，让学生感受美的魅力，陶冶情操。我们开设了音乐、美术、舞蹈等美育课程，让学生在欣赏和创作中感受艺术的魅力。同时，我们还积极举办各类文艺演出和展览活动，为学生提供展示才华的舞台。通过美育教育，学生的审美情趣得到了提升，创造力得到了激发，他们的精神世界得到了丰富和充实。

五、劳动为荣，培养技能

劳动教育是培养学生劳动技能和实践能力的重要途径。在新乡市第三十中学，我们注重通过劳动教育，让学生树立正确的劳动观念，掌握基本的劳动技能。我们开设了劳动课程和实践活动，让学生在参与中体验劳动的艰辛和乐趣。同时，我们还鼓励学生参与家庭劳动和社会实践，培养他们的劳动习惯和实践能力。通过劳动教育，学生不仅掌握了实用的技能，还培养了勤劳、节俭的品质，为他们未来的生活和职业发展奠定了坚实的基础。

我们相信，在未来的日子里，新乡市第三十中学将继续秉承优良传统，不断创新发展，为培养更多优秀人才做出更大的贡献。

学生获奖情况一览表（部分）

荣誉名称	颁奖单位	获奖类别	获奖时间
集体荣誉奖项			
新乡市中学中职社团工作先进学校	共青团新乡市委 新乡市教育局	集体荣誉	2018年1月
新乡市中小学生"小梅花奖"团体二等奖	中共新乡市委宣传部 新乡市教育局	集体荣誉	2018年1月
河南省中小学优秀学生心理剧一等奖	河南省基础教育教学研究室	集体荣誉	2018年8月
新乡市第五届青少年儿童素质展示活动优秀组织奖（一等奖）	新乡市教育局	集体荣誉	2018年10月
新乡市第六届中小学生艺术展演艺术表演类一等奖	新乡市教育局	集体荣誉	2019年1月
河南省第六届中小学生艺术展演二等奖	河南省教育厅	集体荣誉	2019年3月
新乡市"新时代 新希望"中小学校心理剧比赛特等奖	新乡市教育局	集体荣誉	2019年4月
新乡市"新时代 新希望"中小学校心理剧比赛一等奖	新乡市教育局	集体荣誉	2019年4月
新乡市教育系统庆祝中华人民共和国成立70周年暨五四运动100周年文艺汇演一等奖	新乡市教育局	集体荣誉	2019年5月
河南省第三届学生舞蹈节中学组三等奖	河南省教育厅河南省文学艺术界联合会 河南省舞蹈家协会	集体荣誉	2019年6月
新乡市"学宪法 讲宪法"优秀组织奖	新乡市教育局 新乡市人民法院	集体荣誉	2020年4月
新乡市"星星火炬"少儿才艺选拔赛优秀组织奖	新乡市教育局	集体荣誉	2020年6月
新乡市第七届青少年儿童素质展示活动优秀组织奖（一等奖）	新乡市教育局	集体荣誉	2020年9月
新乡市"五四"红旗团委	共青团新乡市委	集体荣誉	2021年5月
新乡市第八届青少年儿童素质展示活动优秀组织奖（一等奖）	新乡市教育局	集体荣誉	2021年9月
河南省中小学优秀学生心理剧二等奖	河南省基础教育教学研究室	集体荣誉	2021年10月
新乡市"市长杯"青少年校园足球联赛初中男子超级组一等奖	新乡市教育局 新乡市体育局	集体荣誉	2021年10月
河南省第七届中小学生艺术展演三等奖	河南省教育厅	集体荣誉	2022年3月
新乡市贫困资助"筑梦未来"诗歌大赛优秀组织单位	新乡市教育局	集体荣誉	2023年3月

续表

荣誉名称	颁奖单位	获奖类别	获奖时间
新乡市"市长杯"青少年校园足球联赛初中男子组一等奖	新乡市教育局 新乡市体育局	集体荣誉	2023年4月
新乡市第十届青少年儿童素质展示活动优秀组织奖（一等奖）	新乡市教育局	集体荣誉	2023年8月
新乡市"晨光曙光"杯青少年篮球联赛初中男子组亚军	新乡市教育局 新乡市体育局	集体荣誉	2023年10月
学生个人奖项			
河南省"文明学生"（学生：凌岚钰）	河南省教育厅 河南省文明办	个人荣誉	2018年9月
2018—2019学年市级三好学生（学生：师均析）	新乡市教育局	个人荣誉	
2018—2019学年市级三好学生（学生：王淋一）	新乡市教育局	个人荣誉	
2018—2019学年市级三好学生（学生：李辰涵）	新乡市教育局	个人荣誉	
2018—2019学年市级三好学生（学生：贾秉怡）	新乡市教育局	个人荣誉	
2018—2019学年市级三好学生（学生：李爽）	新乡市教育局	个人荣誉	
2018—2019学年市级三好学生（学生：郑瑾）	新乡市教育局	个人荣誉	
河南省"墨香书法"中学毛笔组三等奖（学生：曾子良）	河南省教育厅	个人荣誉	2018年12月
新乡市"新时代好少年"（学生：李欣悦）	新乡市文明办 新乡市教育局 共青团新乡市委 新乡市妇联 新乡市关工委	个人荣誉	2018年12月
河南省文明学生（学生：凌岚钰）	中共河南省委高校工委 河南省教育厅	个人荣誉	2019年5月
新乡市第六届青少年儿童素质展示活动一等奖（学生：崔宸雨）	新乡市教育局	个人荣誉	2019年11月
新乡市第七届青少年儿童素质展示活动一等奖（学生：孙小力）	新乡市教育局	个人荣誉	2020年11月
2019—2020学年市级三好学生（学生：张琳）	新乡市教育局	个人荣誉	2020年12月
2019—2020学年市级三好学生（学生：悦源）	新乡市教育局	个人荣誉	2020年12月
2019—2020学年市级三好学生（学生：赵甜甜）	新乡市教育局	个人荣誉	2020年12月
2019—2020学年市级三好学生（学生：常若晗）	新乡市教育局	个人荣誉	2020年12月
2019—2020学年市级三好学生（学生：于婧怡）	新乡市教育局	个人荣誉	2020年12月

续表

荣誉名称	颁奖单位	获奖类别	获奖时间
2019-2020学年市级三好学生（学生：田玉露）	新乡市教育局	个人荣誉	2020年12月
2021-2022学年市级三好学生（学生：苏豫帆）	新乡市教育局	个人荣誉	2021年12月
新乡市第八届青少年儿童素质展示活动一等奖（学生：孙凌梅子）	新乡市教育局	个人荣誉	2021年12月
新乡市第八届青少年儿童素质展示活动一等奖（学生：王心蕊）	新乡市教育局	个人荣誉	2021年12月
新乡市第八届青少年儿童素质展示活动一等奖（学生：原子轩）	新乡市教育局	个人荣誉	2021年12月
新乡市第八届青少年儿童素质展示活动一等奖（学生：张子涵）	新乡市教育局	个人荣誉	2021年12月
新乡市文明学生（学生：于程程）	新乡市教育局 新乡市文明办	个人荣誉	2022年10月
2021-2022学年市级三好学生（学生：何昊明）	新乡市教育局	个人荣誉	2021年12月
2022-2023学年市级三好学生（学生：王怡心）	新乡市教育局	个人荣誉	2022年12月
2022-2023学年市级三好学生（学生：刘世玺）	新乡市教育局	个人荣誉	2022年12月
2022-2023学年市级三好学生（学生：郭梓萱）	新乡市教育局	个人荣誉	2022年12月
2022-2023学年市级三好学生（学生：李奕涵）	新乡市教育局	个人荣誉	2022年12月
2022-2023学年市级优秀学生干部（学生：侯雨琦）	新乡市教育局	个人荣誉	2022年12月
新乡市优秀共青团员（学生：苏豫帆）	共青团新乡市委	个人荣誉	2023年5月
2023-2014学年市级三好学生（学生：郭子轩）	新乡市教育局	个人荣誉	2023年12月
2023-2014学年市级三好学生（学生：徐梓洋）	新乡市教育局	个人荣誉	2023年12月
2023-2014学年市级三好学生（学生：刘雨航）	新乡市教育局	个人荣誉	2023年12月

第二节　感谢恩师　陪伴成长

一、从新乡到南京，再到重庆

笔者简介：苗吉祥，2011年进入新乡市三十中就读（班主任霍德华老师）。2014年考入新乡一中，2017年考入河海大学（财务管理专业），2021年保送至重庆大学攻读管理科学与工程专业硕士研究生。

新乡的夏末，阳光总是那么明媚，又带着几分温暖。我回忆起在新乡市三十中的时光，想起了蓝绿色的校服、每天都会写的"成长日记"、放学前的班会……

老霍，这个称呼里既有尊敬，也有亲近。他不像传统意义上的严师，更像一个启发心智的引路人。他的语文课不会让人昏昏欲睡，那些看似枯燥无味的古文和诗词，经过他的讲解都能让我有很多别样且生动的理解。他的目光总是炯炯有神，他也常常鼓励我们多读书，读好书，开阔眼界，丰富内心。在他的影响下，我开始阅读三毛、顾城、汪国真等作家的作品。

三毛在撒哈拉的流浪与自由，让我对远方充满了向往，并在性格中融入了一丝独立的影子，开始期待北方小城之外的生活。顾城的诗中则总能透出一束朦胧的充满力量的光，"黑夜给了我黑色的眼睛，/我却用它寻找光明"，当时读到这句诗时，突然萌生出一种一定要好好学习，寻找自己想要的光明的信念。汪国真的哲学思考，则让我对挫折有了更深刻的理解，"既然选择了远方，/便只顾风雨兼程"，是我求学之路上永远的座右铭。

在老霍和张老师（数学老师）、刘老师（英语老师）等恩师的悉心指导下，我顺利考入了新乡一中的文科实验班——博闻班。这个班级汇聚了整个一中文科的佼佼者，学习氛围浓厚。在这里，我也结识了许多志同道合的朋友。我们一起探讨文学、哲学、历史等各种话题，共同进步。

2017年，经过一场名为高考的无声战争后，我来到了位于六朝古都南京的河海大学。秦淮河的水波荡漾，夫子庙的灯火辉煌，紫金山的巍峨耸立，南京的古老与现代交织在一起，每一寸土地都仿佛是一本厚重的历史书，让我在阅读中不断成长。本科期间，虽然选择了商科专业，但我依然在学习专业知识之外，保持着初中时养成的读书习惯和对文学的热爱，不断丰富自己的内心世界。

毕业后，凭借较为优异的综合表现，我获得了保送重庆大学研究生的机会。在这里，我深入研究专业领域的知识，也感受着这座山城独有的魅力。洪崖洞的吊脚楼依山就势，错落有致；嘉陵江与长江的交汇之处百舸争流，波光粼粼。重庆的每一步都仿佛是一次心灵的旅行，让我在行走中收获着成长与感悟。

距我从三十中毕业将近十年，从新乡到南京，再到重庆，三十中正是我读万卷书、行万里路的起点，无论何时，我都会感谢所有在三十中引导我从这个起点出发的老师。如今，我又走到了研究生的毕业季，也即将走到自己近二十年求学之路的终点，准备转变身份迎接新的挑战与机遇，我会带着这些城市的记忆与感悟，继续好好地书写生活这本厚书的下一章。

二、感恩母校育桃李，情系三十中铸芳华

笔者简介：娄诤，2008年进入新乡市三十中就读（班主任霍德华老师），2011年考入河南师范大学附属中学理科班，2014年考入浙江中医药大学，2019年获得免试推荐攻读硕士研究生资格至浙江大学深造，后通过博士研究生面试继续就读于浙江大学。在校期间获得国家奖学金、学校奖学金、校友奖学金，以及省优秀毕业生、校优秀毕业生、校三好学生等荣誉称号。

时间如白驹过隙，再回忆起就读于三十中的时光仿佛还是昨天的事情，而这匆匆三年却值得我用一辈子的时光来怀念和感激。

当你问起青春是什么，那也许是清晨时琅琅的读书声，是解不开的数学题，是永远期待着的下课铃声，是扎着马尾辫的姑娘和绿茵场上奔跑的少年，也是任性叛逆后的顶撞，离别时的泪如雨下。在我看来，青春只有一次，是从童真烂漫的孩提到有家国情怀、使命感、有理想、敢担当，具有全球视野的当代青年的一次蜕变。在这个过程中，会经历失败后坚强地想要从头再来，会为了梦想奋不顾身、义无反顾，会切切实实感受到雨过天晴的通透和雨后彩虹的绚烂。然而，处于青春期的孩子也常常因怀着对世界的憧憬和片面的理解而误入歧途，从而荒废了人生中宝贵的年华。因此，在这一人生关键的十字路口，选得对，走得稳，才

会为未来的人生成长和发展打下坚实的基础。何其幸运，我能够在青春年少时就读于三十中，并且遇到霍德华老师（也是我们的"霍哥"）认真负责的班主任。每每想到霍哥，我总想起美国诗人沃尔特·惠特曼的诗句："哦，船长，我的船长！"霍哥像一位满怀热情又经验丰富的船长带领着班级里每位"水手"劈波斩浪，踏浪而歌，带领我们向胜利的彼岸砥砺前行。如果中途有谁掉了队，迷了途，打了盹儿，霍哥会毫不犹豫地吹着响亮的号角，用他有力的大手托举着"水手们"继续向前。可，青春只有读书、做题、考试吗？三十中，除了给予我浓厚的学习氛围，还教会了我如何做人，如何做事，如何成为一个心智健全的中学生。班级读书会、篮球比赛、话剧表演、板报比赛等极大丰富了每一位同学的内心世界。曾经的我们不过是端坐在教室里的普通学生，却因为三十中优良的学习氛围、完善的硬件设施、优质的教师群体而获得了穷理尽性之学、真知文知精意的勇气和以善良之心温暖世界的品格。

如果有一台时光机，我愿再回三十中度过最美好的青春，再用尽全力呐喊一次："哦，船长，我的船长！"

三、回忆三十中，感恩母校情

笔者简介：付浩然，2014年进入新乡市第三十中学就读（班主任霍德华老师），2017年中考以669分（全市第六，数理化均满分）的成绩考入一中，2020年考入郑州大学（学弟学妹们可别学我，努力学考得越高越好）。大学期间曾获得校级奖学金，荣获三好学生称号，获得省级编程比赛相关奖项，并取得推免资格，保研至国防科技大学。

光阴似箭，想想初中时青涩的自己，现在的我成熟了许多。回想过去的求学经历，三十中对我的影响很大，所以当初中班主任霍老师找到我时，我很乐意分享自己的经历，以一个大哥哥的身份和学弟学妹们谈谈心。

现在还清楚地记得，当时小升初时我辗转参加了好几个市重点中学的入学考试，结果可怜的我没人要，我就来到了三十中就读，也有幸遇到了霍德华老师，他可以说是我人生中的第一位贵人。现在想想，这真是一种缘分。也正是三十中让我一改小学那种天真快乐、没心没肺的状态，养成了爱思考、知上进的习惯。霍老师性格沉稳，有思想深度，善于挖掘学生的性格特点，懂得因材施教。这些我在初中是感受不到的，后来随着年龄的增长与思想的成熟，才慢慢品味出来的。

我很爱思考，遇到问题不喜欢浅尝辄止，而是要寻根究底地把问题的来龙去脉搞清楚，所以做事学习很认真，干什么都抱着举轻若重的态度。霍老师精准地把握了这点，他也很努力地挖掘和培养我。犹能清楚地记得某天上午的最后一节语文课，关于一篇课文的分段问题我跟老师争论到拖堂了半小时，连累到其他同学十二点半了还没吃上饭。当时我真是年少懵懂，不懂得考虑别人的感受，同时也充分说明霍老师十分支持我对课文的深入思考。

除了霍老师，其他老师对我也十分关心，现在想想仍感觉很温暖。犹记得与张老师讨论习题时，那画得密密麻麻的辅助线；记得姚老师上英语课时，那活泼可爱的台风；记得梁老师做大气压实验洒得满地都是水时，满教室的哄堂大笑；记得杨老师在最后一节化学课上，那催人泪下的拥抱；记得葛老师查到我没背会结构图时，那恨铁不成钢的批评；记得问李老师为什么社会主义好时，那语重心长的教诲……诸如此类，不胜枚举，回想起来仍历历在目。

初中阶段我基本没受到其他因素的干扰——比如有的初中生可能早恋、玩游戏或者叛逆等，而我全身心地投入学习，心态很稳定，体育训练也很扎实，体育考试也取得了理想的成绩。中考前的一段时间，我一度很担心我的数学会遇到难题或粗心算错，但心态没有大的波动，每天按部就班地按照自己的节奏稳扎稳打。现在回想起来，心态如此稳，中考超常发挥也就不稀奇了。数学考试也很顺利，没有出现之前担心的情况。

就这样，我顺利进入了一中本部学习。进到一中之后，一下子高手云集，我的自信心受到很大打击。到了高二下学期，我的内心一度焦虑，状态波动很大，高考发挥失常也就不足为奇了。好在到了大学，我因为不甘心而奋发努力，取得了保研资格，也算一定程度上弥补了高考的遗憾。

未来的路还不知会怎样，但我唯一知道的是路就在脚下，通向何方全看自己怎么走。路虽远，行则将至；事虽难，做则必成。只要坚持不懈地走，一定能走到想去的地方。

也许将来有一天，奋斗得精疲力竭的时候，回想起过去老师们的关心，脑海中浮现出霍老师那殷切期望的眼神，便顿觉精神抖擞，充满力量，我还能再战！

四、感谢恩师　感恩母校

笔者简介：赵英杰，2014 年进入新乡市三十中就读（班主任霍德华老师），2017 年考入新乡市一中老校区，2020 年高考以文科 636 分（全省排名 625）的总成绩考入中国政法大学，2024 年获得推荐免试资格并成功保研本校，继续在中国政法大学攻读世界经济硕士学位，目前以学生助理身份在中国政法大学学校办公室协助办公。在校期间多次获得校级三好学生荣誉称号和学业奖学金等。

一晃从三十中毕业七年了，我已从曾经懵懂的初中生成长为如今的准研究生。在这长达十六年的求学之路里，三十中的经历对我影响颇深。所以当初中班主任霍老师找到我，想让我写一篇在三十中的求学经历时，我立刻答应了下来。只不过我的文笔并不好，写不出什么妙笔生花的好文，只是作为一个过来人，朴实而又动情地讲述那一段值得怀念的求学之路。

初见三十中是在 2014 年夏天，我来参加入学分班考试，竟稀里糊涂地考进了重点班。那时的我还懵懂无知，对于考试成绩的好坏以及上重点班与否都没有概念。如今回想起学业之路上不断求索的经历，时常会感叹环境对于一个人的影响实在是太大了。也不由得感慨，进入三十中重点班或许就是我人生的第一个阶梯，在之后的时光里，我顺着这个阶梯爬到了市一中，又爬到了博闻班（当时市一中文科重点班），之后则来到了北京，至如今保研上岸。而顺这个阶梯向上，我相信还有更广阔的天地和未来。

初中的三年正值青春，少年的内心如野火般炽热，做事也难免浮躁，容易出错。还记得初三时学业压力增大，青春的荷尔蒙又躁动不安，那时我的成绩总是起伏不定。也正是那一年，班主任霍老师主动找我谈话不下十次，是他不厌其烦地跟我谈心，让我一次次地认识到自己的幼稚，使我重振旗鼓把精力放在学业上。

霍老师是我求学路上的良师益友，在许多迷茫的时刻为我指明了方向。虽然那一次次长谈的内容早已被时间所模糊，但霍老师在我心中建立起的信念让我受用一生，那就是人要懂得知耻而后勇。每当我学习分心、成绩下滑时，霍老师总能直戳要害地点明我的错误，或是三心二意，或是急功近利。老师知道我是一个要强的人，正是他一次次及时的批评指正，刺激着我不甘人后，激励着我专心求学。以至于在初中毕业后的学习生涯中，我始终牢记知耻而后勇的理念，在新的环境下依然保持前行的步伐，争当同辈中的佼佼者，奋发向上，才有了如今的成就。

初中三年对我人格的塑造起到了关键的作用。在三十中1000多个日日夜夜里，老师们的谆谆教导不仅让我收获了书本上的知识，更让我学会了为人处世的道理。母校的培育使我不断成长成才，也为我日后个人心态的成熟和远大理想的树立奠定了坚实的基石。

正值阳春三月，嫩柳吐翠，北京的清风将我的思绪吹回七年前，那段在三十中的求学时光仿佛一幅幅美好的画卷在我脑海中徘徊。在那片熟悉的校园里，我度过了青涩而美好的岁月，难忘那时放学之后，在操场上练习长跑挥洒汗水的自己；难忘那些和蔼亲切、辛勤教导我们的老师；难忘那些团结互助，可爱有趣的同学。这一段段记忆的碎片汇聚成我对三十中的回忆，那是一段快乐的、充实的、难以忘怀的时光。如今的我早已长大，经历了许许多多之后，对于母校的感激更是充盈于心头。正好借此文章，以表达我对母校三十中的怀念与感激，愿母校桃李芬芳、果实累累，祝学弟学妹们学业有成，前途似海。

五、青衿之志　履践致远

笔者简介：王钰惠，中共党员，2011年进入新乡市三十中就读（班主任 霍德华老师），2014年考入新乡市一中本部，2017年考入黑龙江大学新闻传播学院，在校期间曾获得三好学生、优秀团干部、优秀志愿者等荣誉称号，获得过校综合奖学金。2020年获推荐免试资格并通过自主申请成功保研至北京体育大学，攻读新闻与传播专业硕士研究生。2023年入职北京广播电视台，正式参加工作。

我的校园生活在2023年的夏天最终落下帷幕，从母校毕业已十年，驻足回首，初中三年的光阴如烟火。这座充满活力的校园，留存了太多美好的青春回忆和影响我一生的人生哲理。

天道酬勤，宁静致远。我的求学之路整体来看是一波三折的，但母校始终是我前行之路的压舱石。我的中考超常发挥，如愿考入一中本部，但高考并未考出自己理想的成绩，这对我来讲是一次失败的经历，也深受打击。或许在学习方面我真的没什么天赋异禀和聪明才智，但"天道酬勤"的教诲时时在我心中作响，总有一股想要往前冲的劲儿，不愿轻易妥协，偏要尝尽世间苦乐梦长。"天道酬勤"这四个字是我的班主任老霍在我毕业时写给我的寄语,下一句是"钰惠必胜"。我在班里的成绩一直不算拔尖,有点儿偏科,考场心态欠佳,老霍会时刻关注我们的心理状态,在考试成绩不佳的时候与我们谈心,疏导我们及时调整心态。每个科目的老师也都尽职尽责,和蔼可亲,循循善诱,我真的很感激他们,让我从一个稚嫩无知的孩子,慢慢懂得人间的道理,成为德智体美劳全面发展的好学生。

充实自我,步履不停。母校教授我的不只是文明其精神,野蛮其体魄也很重要。犹记得老霍会带着我们班的女生学习打篮球,举办篮球比赛。那是我第一次接触篮球,也是从那时候开始喜欢打篮球,这让我们在学习之余增强体魄,也拥有了一些难忘的趣事和宝贵的回忆。刚得知自己获得推免资格时,我的心情既欣喜又无助,因为这并不在本打算考研的我的计划内,我只能摸着石头过河。这段时光漫长又难熬,一不小心就会陷入精神内耗,打篮球就成了我释放坏情绪的宣泄渠道。这项从初中启蒙的运动,助力了我中招体考强大身体素质的养成,燃起了我大学期间对滑雪和羽毛球等多项运动的兴趣,也是我申请北体大读研深造的原因之一,治愈着我每个黯然无光的日子。

躬身实践,慎言勇行。"每个优秀的人,都有一段沉默的时光,那段时光,是付出了很多努力,却得不到结果的日子,我们把它叫作扎根。"我认为每个人都需要有这么一段扎根的日子。不管它是漫长的还是短暂的,这都是一个宝贵的收获,都会是未来让我们变得自信、从容的基石,只有在这样的基础上,我们才能不断地充实自我,才能把握得住心动的机会,才能做到最好的自己。大学四年我继续秉承信念与热爱,积极参加大型赛事、交流项目、志愿活动等,努力开阔视野,脚踏实地,沉淀自我,收获经验。也是这些经历的累积,为我之后意外获得保研名额打下了坚实基础。做这些事情的时候我并未设想会做得多么成功,只是觉得我定要做些我足够热爱且有意义的事情。就像老霍曾鼓励我们的那样,"既然选择了远方,便只顾风雨兼程"。这句话一直激励着我,让我始终感到自己眼里有光,心中有梦。

虽然如今我已告别校园步入社会,但学海无止境,感悟初心,师恩铭记。感恩母校,感谢我的班主任老霍和曾教授我知识的老师们。"青衿之志,履践致远。"愿我能一直保持生命力,不忘初心,砥砺前行。愿爱我的母校桃李芬芳,更展宏图,再谱华章!

第二章 教师成长 职业幸福

我校在职教师 114 名。其中省级名师 6 人，占 5.26%；省级骨干教师 25 人，占 21.93%；市级名师 4 人，占 3.51%；市级骨干教师 11 人，占 9.65%。合计 46 人，占 40.35%。年龄及学科结构合理，为学校可持续发展奠定了坚实基础。同时，教师队伍专业化程度较高，本科以上学历 91%，研究生学历 6%，高级教师占比 34.86%。

近年来，学校通过"名师工作室"引领，走出去请进来，强化校本培训等途径，教师整体素质明显提升，涌现出一批爱岗敬业、业务精良的骨干，成为学校乃至全市的典范。同时，教师在教育教学等方面成绩突出，受到学生、家长及社会的好评，获得省级以上荣誉 70 余项，市级以上荣誉更多。

新乡市第三十中学教师荣誉证书一览表（省级）

类别	项目	获奖时间	获奖名称	颁奖单位	获奖教师	获奖等级	序号
优质课	河南省基础教研室优质课	2018 年 11 月	河南省教育系统优质课	河南省教育厅	姚晓艳	三等奖	1
		2019 年 12 月	河南省教育系统优质课	河南省教育厅	袁领军	三等奖	2
		2021	河南省教育系统优质课	河南省教育厅	胡威	二等奖	3
		2022 年 1 月	河南省教育系统优质课	河南省教育厅	刘康丽	二等奖	4
		2023 年 5 月	河南省教育系统优质课	河南省教育厅	秦亮	一等奖	5
		2023 年 5 月	河南省教育系统优质课	河南省教育厅	孟宪艳	二等奖	6

续表

类别	项目	获奖时间	获奖名称	颁奖单位	获奖教师	获奖等级	序号
优质课	一师一优课基础教育精品课	2018年11月	河南省教育系统优质课	河南省教育厅	葛金涛	一等奖	7
		2019年10月	河南省教育系统优质课	河南省教育厅	路恺	二等奖	8
		2021年1月	河南省教育系统优质课	河南省教育厅	霍德华	三等奖	9
		2022年12月	河南省教育系统优质课	河南省教育厅	魏静	二等奖	10
		2023	河南省教育系统优质课	河南省教育厅	陈晨	二等奖	11
	信息技术与课程融合优质课	2019年11月	信息技术与课程融合优质课	河南省电化教育馆	王晓敏	二等奖	12
		2020年8月	信息技术与课程融合优质课	河南省教育厅	秦亮	二等奖	13
		2022年9月	信息技术与课程融合优质课	河南省教育厅	郝灵美	二等奖	14
		2022年9月	信息技术与课程融合优质课	河南省教育厅	姚晓艳	二等奖	15
	河南省实验教学优质课	2020年12月	河南省教育系统优质课	河南省教育厅	秦亮	二等奖	16
		2021年12月	河南省教育系统优质课	河南省教育厅	姚晓艳	二等奖	17
	河南省教育系统教学技能竞赛	2018年9月	河南省教育系统教学技能竞赛	河南省教育厅 河南省总工会	秦亮	二等奖	18
		2021年10月	河南省教育系统教学技能竞赛	河南省教育厅 河南省总工会	李冠婧	一等奖	19
科研课题	河南省教育科学规划课题	2018年7月	河南省教育科学规划一般课题	河南省教育科学规划领导小组办公室	牛敏	优秀	1
		2018年7月	河南省教育科学规划一般课题	河南省教育科学规划领导小组办公室	张培	优秀	2
		2019年8月	河南省教育科学规划一般课题	河南省教育科学规划领导小组办公室	屈新红	优秀	3
		2019年8月	河南省教育科学规划一般课题	河南省教育科学规划领导小组办公室	李新华	良好	4

续表

类别	项目	获奖时间	获奖名称	颁奖单位	获奖教师	获奖等级	序号
科研课题	河南省教育科学规划课题	2019年8月	河南省教育科学规划一般课题	河南省教育科学规划领导小组办公室	李冠婧	合格	5
		2019年9月	河南省教育科学规划电化专项课题	河南省教育科学规划领导小组办公室	楚炜	合格	6
		2020年7月	河南省教育科学规划一般课题	河南省教育科学规划领导小组办公室	秦亮	良好	7
		2022年8月	河南省教育科学规划装备专项课题课题	河南省教育科学规划领导小组办公室	孟宪艳	良好	8
	河南省基础教育教学研究项目	2019年9月	河南省基础教育教学研究项目	河南省教育厅	屈新红	结项	9
		2021年10月	河南省基础教育教学研究项目	河南省教育厅	李武军	结项	10
		2023年9月	河南省基础教育教学研究项目	河南省教育厅	秦亮	良好	11
科研成果	河南省基础教育教学成果奖	2021年8月	河南省基础教育教学成果奖	河南省教育厅	屈新红	三等奖	1
	河南省教育科学研究优秀成果	2018年8月	河南省教育科学研究优秀成果	河南省教育厅	秦亮	一等奖	2
		2018年9月	河南省教育科学研究优秀成果	河南省教育厅	张培	二等奖	3
		2019年8月	河南省教育科学研究优秀成果	河南省教育厅	魏应东	一等奖	4
		2020年8月	河南省教育科学研究优秀成果	河南省教育厅	屈新红	二等奖	5
		2020年8月	河南省教育科学研究优秀成果	河南省教育厅	李新华	二等奖	6
		2020年8月	河南省教育科学研究优秀成果	河南省教育厅	李冠婧	二等奖	7
		2020年8月	河南省教育科学研究优秀成果	河南省教育厅	楚炜	二等奖	8
		2021年7月	河南省教育科学研究优秀成果	河南省教育厅	秦亮	二等奖	9
		2023年8月	河南省教育科学研究优秀成果	河南省教育厅	孟宪艳	二等奖	10

续表

类别	项目	获奖时间	获奖名称	颁奖单位	获奖教师	获奖等级	序号
科研成果	河南省教育信息化理论研究和应用成果	2018年9月	河南省教育信息化理论研究和应用成果	河南省教育厅	屈新红	二等奖	11
		2019年9月	河南省教育信息化理论研究和应用成果	河南省教育厅	张培	二等奖	12
名师	河南省名师	2008年9月	河南省名师	河南省教育厅	郭华伟		1
		2009年9月	河南省名师	河南省教育厅	杨桂芳		2
		2018年8月	河南省名师	河南省教育厅	魏应东		3
		2021年5月	河南省名师	河南省教育厅	许家利		4
		2022年3月	河南省名师	河南省教育厅	李振华		5
		2023年9月	河南省名师	河南省教育厅	孟鸣		6
骨干教师	河南省骨干教师	2015年9月	河南省骨干教师	河南省教育厅	贺领		1
		2015年9月	河南省骨干教师	河南省教育厅	刘新萍		2
		2015年9月	河南省骨干教师	河南省教育厅	屈新红		3
		2017年6月	河南省骨干教师	河南省教育厅	楚炜		4
		2018年8月	河南省骨干教师	河南省教育厅	李俊		5
		2019年5月	河南省骨干教师	河南省教育厅	霍德华		6
		2021年5月	河南省骨干教师	河南省教育厅	张丽君		7
		2021年5月	河南省骨干教师	河南省教育厅	张培		8
		2022年3月	河南省骨干教师	河南省教育厅	张领红		9
		2023年1月	河南省骨干教师	河南省教育厅	何昱		10
		2023年1月	河南省骨干教师	河南省教育厅	李琳		11
		2023年1月	河南省骨干教师	河南省教育厅	逯全坤		12

续表

类别	项目	获奖时间	获奖名称	颁奖单位	获奖教师	获奖等级	序号
骨干教师	河南省骨干教师	2023年1月	河南省骨干教师	河南省教育厅	马冰玉		13
		2023年1月	河南省骨干教师	河南省教育厅	秦亮		14
		2023年9月	河南省骨干教师	河南省教育厅	王芳		15
		2023年9月	河南省骨干教师	河南省教育厅	王晓敏		16
		2023年9月	河南省骨干教师	河南省教育厅	魏静		17
		2024	河南省骨干教师	河南省教育厅	常国栋		18
		2024	河南省骨干教师	河南省教育厅	樊华		19
		2024	河南省骨干教师	河南省教育厅	葛金涛		20
		2024	河南省骨干教师	河南省教育厅	郭莉莉		21
		2024	河南省骨干教师	河南省教育厅	郝灵美		22
		2024	河南省骨干教师	河南省教育厅	李冠婧		23
		2024	河南省骨干教师	河南省教育厅	夏高峰		24
		2024	河南省骨干教师	河南省教育厅	姚晓艳		25

新乡市第三十中学教师德育荣誉证书一览表（省级）

类别	获奖时间	获奖名称	颁奖单位	获奖教师	获奖等级	序号
集体	2018年11月	河南省文明班级	河南省教育厅，河南省委高校工委	杨延波		1
个人	2018年12月	河南省中小学德育工作先进个人	河南省教育厅	秦亮		2
个人	2019年12月	河南省中小学德育工作先进个人	河南省教育厅	葛金涛		3
个人	2020年8月	河南省文明教师	河南省教育厅，河南省委高校工委	路恺		4
个人	2020年11月	河南省中小学优秀班主任	河南省教育厅	李冠婧		5

续表

类别	获奖时间	获奖名称	颁奖单位	获奖教师	获奖等级	序号
个人	2020年12月	河南省中小学德育工作先进个人	河南省教育厅	逯全坤		6
个人	2021年9月	河南省中小学优秀班主任	河南省教育厅	郭华伟		7
集体	2022年1月	河南省文明班级	河南省教育厅，河南省委高校工委	周嘉丽		8
个人	2023年1月	河南省中小学优秀班主任	河南省教育厅	魏静		9

第一节　互联网＋助力精致教学

王晓敏老师是语文学科的教师，曾获得河南省教学标兵、河南省骨干教师、新乡市教学标兵、新乡市骨干教师、新乡市文明教师、市级名师、新乡市市长教育质量奖（名教师质量奖）、新乡市教育科研先进个人等荣誉。

王老师三十年如一日，潜心钻研教材教法，具有坚实的学科理论知识和扎实的教学基本功。教学中注重把握语文教育的根本，提倡"情趣语文"，树立"大语文教育观"，开展丰富多彩的语文实践活动，培养学生的创新精神和实践能力。注重教育教学面向全体学生，发展学生特长，提高学生综合素养。在课程改革的当下更是善于学习，勇于挑战，积极实践新课标理念，努力创设真实的语言运用情境，让学生在"做中学"，使知识与素养，学习与生活有机融合。勤于钻研，善于总结，形成了个人独特的教学风格。教育教学能力强，成绩优异。担任班主任多年，始终把德育工作放在首位。能真正走进学生心灵，对学生成长负责。始终用知识启迪学生智慧，用爱心滋养学生心田，用行为引领学生成长，默默地将信仰与追求，编织进日常教育管理之中，用实际行动诠释了一个平凡教师的人生价值，得到学生、学校和家长的认可和肯定。

王老师带领备课组探索出的"互联网＋"背景下初中语文有效学习模式及课堂绩效评价标准，在全校推广应用。她多年来重视中考试题研究，善于总结答题规律，归纳的记叙文阅读"六字箴言""打造个人范文'四菜一汤'""作文教学三步走"在本校和兄弟学校推广交流。引领示范课《说明文阅读能力提升课》及专题讲座《落实新课标理念，提高课堂效率》《近五年河南中考语文学科试题分析暨复习策略》均受到领导及同行的一致好评。班级管理方面尤其在后进生转化上效果显著，所带学生炎光耀成功转变的事例作为典型案例在全校集会上交流。疫情期间，所上德育课《把灾难当教材与祖国共成长》受到家长及师生的高度肯定。班级管理专题讲座《播洒爱心，静等花开》在全体班主任培训中交流。主持的课题《情境体验策略在初中作文教学中的应用实践研究》成果在省骨干教师培训班作为优秀案例进行分享。近年来获奖的省级课题、成果、优质课共有8项。

一枝独放不是春，万紫千红春满园。接下来，王老师将带领全体语文组教师在新课改的道路上踔厉奋发，笃行不息，为三十中的发展贡献自己更大的力量！

第二节　优质课成就专业成长

秦亮是我校优秀的中青年教师，曾获得河南省书香班级班主任、河南省德育工作先进个人、河南省教育厅学术技术带头人、河南省教学标兵、新乡市文明教师、新乡市教科研先进个人、新乡市优秀教师、新乡市市长教育质量奖（名教师质量奖）等荣誉。

在初中物理教育教学工作中，秦亮悉心钻研课程标准，通过教学研讨、课堂教学、作业设计、试题命制、课题研究等途径加强自身的教育教学能力，提高物理专业的技术水平。在物理课堂教学中，他经常参与听课、评课活动，主动向经验丰富的教师请教，在加深对物理课堂教学理解的同时，逐步打造出一节节优质课。

秦亮曾两次荣获新乡市初中物理优质课一等奖第一名。2023年，他被推荐参加河南省基础教研室组织的初中物理优质课评比活动，获得一等奖。在接到参加此项评比活动后，他便开始认真准备，仔细阅读活动文件，详细了解评分标准和注意事项，逐项对照，不断完善。在指定的四节课的范围内，秦亮通过各种途径收集备课材料：反复研读教材和教参的相关内容，下载并阅读与课题相关的参考文献，上网观摩其他教师展示的优质课，从而形成了自己初步的教学设计。在试讲阶段，秦亮主动邀请我校物理学科组的其他教师前来课堂听课、评课，虚心接受各位老师提出的宝贵意见和建议，反复试讲，反复打磨，致力于将每一节课都打造成高质量的精品课。随后，秦亮主动邀请新乡市基础教研室的物理教研员和兼职教研员到我校听课、评课，在教研员们的指导和帮助下，秦亮将准备的四节课提升到了一个新的高度，增强了参赛并获奖的信心。

在赴郑州参赛时，我校物理组的老师组队前行，大家分工合作，有的准备实验器材，有的准备教学设计，有的调试课件，大家齐心协力，为秦亮做好服务工作。在比赛时，秦亮沉着冷静，站在讲台上发挥出了应有的水平，将几个月来的智慧、汗水、团队合作、专家指导转化成一节完美的优质课，最终获得一等奖。

活动结束后，秦亮没有放松，而是与我校的物理教师复盘准备这一节课的前前后后。将各个细节都认真地梳理了一遍，总结经验和教训，一方面对今后的课堂教学进行反思，一方面为今后参加此类活动的教师积累宝贵的经验。

"路曼曼其修远兮，吾将上下而求索"，秦亮老师将和我校物理组的老师们一道坚定前行，为我校物理教育教学质量的稳步提升做出应有的贡献。

第三节　"六条线"完善教学设计

李冠婧是我校一名化学教师，曾获得河南省优秀班主任、河南省教学技能大赛一等奖、新乡市教学技能大赛特等奖、新乡市五一劳动奖章、新乡市优质课一等奖、新乡市教学标兵、新乡市学术技术带头人、新乡市教育系统模范班主任、新乡市中小学德育先进个人等荣誉。

2021年9月，李冠婧老师接到参加河南省初中技能大赛的通知，她十分珍惜这次来之不易的机会，对于她来说，参加此次比赛不仅仅是一次竞技，更是一次全方位的教学实践和自我挑战。

在比赛准备阶段，她投入了大量的时间和精力：深入研究化学教材，梳理知识脉络，确保每一个细节都准确无误。同时，她还广泛涉猎教学理论和方法，尝试将最新的教育理念和科技前沿融入自己的课堂教学中，始终坚定核心素养导向下的教学目标——以"情景线、问题线、实验线、概念线、应用线、素养线"六线作为课堂教学设计的主线。这种严谨的教学态度和对知识的追求，让人深感敬佩。

比赛过程中，李冠婧老师展现出了纯熟的教学技能和深厚的专业素养。她以贴切的实验案例和生动的语言，将化学知识讲解得深入浅出，引人入胜。同时，通过教师演示实验激发学生的学习兴趣，通过学生实验增强学生的实验操作和团队协作能力，通过提问和讨论培养学生的逻辑思维，通过链接科技前沿让学生深刻领会化学来源于生活并服务于生活，培养学生的爱国主义精神，处处着力营造高效活跃的课堂氛围。

比赛结束后，她并没满足于眼前的成绩，而是认真听取了评委的点评和建议，虚心接受批评，认真自我反思，努力改进自己的不足。这种谦虚好学的精神，让人看到了她在教育道路上的潜力和前景。

总的来说，李冠婧老师参加化学技能大赛的体会是深刻而宝贵的。这次经历不仅提升了她的教学能力，也让她更加坚定了对教育事业的热爱和追求。相信在未来的教育道路上，李冠婧老师会继续努力，不断前行，把拳拳爱心带给每位学生，用千百倍的耕耘，换来桃李满园香！

第四节　敬业奉献就是幸福所在

尚丽娟，第三十中学历史教师、班主任。转眼间，尚老师已经在教育战线上工作了 24 个年头。24 年来，作为一名一线教师，凭着对教育事业的强烈责任感，把对党的教育事业的忠诚和对本职工作的热爱，全部熔铸在自身从事的事业中。工作中曾多次获得市教学标兵、模范班主任、市名师等荣誉称号，并多次在省、市级组织的优质课评比中获奖。所带班级班风正、学风浓，在历次测试中成绩均名列前茅，深受领导和家长的好评。尚老师处处以身作则，发挥模范带头作用，立志做一个平凡而不平庸的教师。

"教育植根于爱。"尚老师坚信有爱的教育胜过任何一种教育，要让学生成才，把他们带到理想的境地，就必须关心爱护他们，做他们的知心人。在工作中，尚老师始终针对学生的个性特征和心理特点，注重与学生沟通交流，做好学生的思想政治工作，特别是加强后进生的思想转化工作，采取"晓之以理，动之以情"，循序渐进的教育方法，与家长联系、配合，共同做好工作并取得成效。在教学的过程中，从端正学生们的学习态度，帮助掌握正确的学习方法入手，达到树立自信心，激发求知欲和上进心，让学生在寓教于乐中接受教育，从而自觉地投入学习中去，提高学业成绩，成长为优秀的中学生。

除了历史教学外，尚老师从事着班主任工作。班主任工作琐碎而繁杂，尚老师总是勤勤恳恳，要求学生做到的，自己务必率先垂范。从七年级清早七点开始的早读，到九年级清早六点二十到操场的跑步训练，她亲力亲为。从礼貌待人、诚实守信等行为规范到课间跑操等学生活动，她必身先士卒参与其中。

尤其到了九年级，因为她所带的班级多外来务工子女，以及家庭条件不太好的学生，家中学习环境不能保障，她就义务从晚上七点多下了延时课后坚持晚自习到九点多，基本保障了学生的作业完成问题。她的真情付出，树立了良好的班主任形象，赢得了学生、家长的信任和钦佩，为建立优秀班集体做了良好的铺垫。

人无德不立，业无德不兴。这足以见得德育教育的重要性，但相较于大道理的说教，以形式多样的活动为载体，在润物无声中更易于让孩子们所接受。因此，在实际带班过程中，尚丽娟老师善于抓住和创造各种教育机会，创设多样的教育活动，培养学生的道德情操、意志品质。如雷打不动的每周班会课，主题多种多样；每月末的最后一周的周五下午，利用两三节课的时间举行《生日会暨团建会》，加强学生的团队凝聚力；还有每月第一周的"介绍一本好书"，第二周的"小小演说家"，第三周的"辩论会"等，以活动为载体，加强学生德育建设，帮助学生树立正确的理想、信念、世界观。

"工作就是人生价值，人生的欢乐，也是幸福之所在"，尚老师用自己的实际行动印证了这句话。我工作着，我快乐着，我在那三尺讲台边，勤奋踏实地耕耘，无怨无悔地默默奉献！20多年的兢兢业业，20多年的务实求真。尚老师以全部的热情和精力投入自己的事业中，爱岗、敬业、正己、爱生，是一个教师的铮铮誓言。勤勤恳恳地工作，堂堂正正地做人，她在教育这片热土上闪光，她的生命为教育事业而燃烧，这就是一位普通教师不悔的追求。

耕耘不问收获，自有一路花香。只要初心不忘，脚下就是远方！努力做一名初心不改、润物无声的教育追梦人。坐而言，不如起而行！既然选择了再次起航，无论前方道路泥泞坎坷还是一路芬芳，尚丽娟老师都会义无反顾地走下去。因为教育就是坚守，为了最初的教育梦想、也为了变成自己想要的模样，尚老师必将勇敢迈开前进的脚步，永不停歇！

第五节 师德标兵且看"新乡好人"

路恺，新乡市第三十中学信息技术教师。市教研室信息技术兼职教研员，信息技术中心组成员。曾获得河南省文明教师、新乡市五一劳动奖章、市岗位学雷锋标兵、市师德标兵、市名师等诸多荣誉。

生于20世纪70年代的他，既经历过计划经济的物质匮乏，也见证了改革开放以来的巨大变化，更体会到繁荣昌盛的国家所营造的和谐社会环境所带来的各种便利和舒适。多年的教育熏陶和亲身经历，使他树立了这样一种信念：我们每个人并不是孤零零的存在，人在社会中，所走的每一步，所做的每件事，都离不开身边其他人以及社会各方面的支持，因此我们更应该用自己力所能及的力量去帮助别人，回馈社会。

于是，他参加工作20余年来，每年志愿献血两次，每次400毫升，从不间断。加上血小板捐献，合计20000多毫升。甚至2016年2月在北京，2016年11月在武汉，2017年9月在青岛，他出差途中遇到流动献血车上贴有血库紧张的告示，甚至不顾间隔期未满，也主动上前献血。解他人之急，就是最好的回馈社会，这是他内心坚定的主张。

通过献血，他结识了许多同样是志愿献血的朋友，也加入了他们的团队：新乡市志愿献血服务队和新乡市红十字会应急救援服务队。通过考核他获得了红十字会认可的急救员证及急救知识培训讲师资格。平时他积极参与面向社区、企事业单位的各类急救知识讲座和培训。尤其是2019年新乡市开始面向高一新生普及急救知识，他参与了一中、二中等多所高中的培训工作。

工作中乐于助人的他，面对同事们的求助，维修电脑、调试程序、编辑课件、影音剪辑，只要同事们张口，他总会竭尽所能。过硬的技术同样也使他在专业领域广为人知，小有名气，不少外单位和个人找到他寻求帮助，调试设备、展演稿件、剪辑视频、会议支持，只要他能做的，他都有求必应，把自己的专业技能应用到自己的义务服务中。先后参与了新乡市农村远教工程、新乡市现代教育技术培训、新乡市党员义工模范巡讲、河南省中小学同步课堂资源库制作等工作。他的尽心尽力，力求完美，赢得了好评。他却总说："学以致用，我的技能只有在为大家服务的时候才能体现出它的价值。"

他是信息技术教师，也喜欢无线电，持有业余无线电执照和电台操作证。大家知道，2008年汶川大地震从灾区传出第一条灾情信息的就是当地的一位业余无线电爱好者。国家也因此在各地市倡导组建了业余无线电应急通信救援队，他有幸成为新乡市业余无线电应急通信救援大队的第一批成员。2016年、2021年，新乡市两次大暴雨，整个城市一片泽国，早上五点多他就在台上沟通信息，联络附近的队员、好友和同事，上路给被大水冲坏的窨井做标记，帮助车主移动受困车辆，在被大水阻断的路段搭建临时通道，疏导交通拥堵。总之，尽自己的能力为别人、为城市贡献自己的一份力量。

2016年单位志愿者服务队开始组建，他更是积极参与其中，参与了老师和学生志愿团队的每一次活动，奉献了自己全部身心。从志愿活动的设计、组织到开展实施，再到志愿活动收尾善后，他总是全程参与，秉着让受益人满意、参与者乐意，让活动有意义的原则，尽力组织协调好每一次志愿服务活动。累计开展并完成职工志愿服务项目40个，参与人数3000余人次，累计服务时长8000个小时；学生志愿服务项目12个，服务人数6000余人次，累计服务时长超万小时。

近年来，他的这些事迹先后被《平原晚报》、新乡电视台《新乡大民生》栏目、新乡网、学习强国APP平台报道，并先后入围"新乡好人""最美新乡人""出彩河南人"评选活动。

而他永远怀着一颗谦逊的心，他说荣誉不仅是他一个人的，更属于身边和他共同努力、无私奉献的同事和朋友。身为人民教师，他相信人心本善，德存于心，风践于行，他所做的一切都是出自本心，并不图什么表扬和夸赞。修德不止，践行不止。为人师表，以身作范，路恺老师为学生树立了人生道路上的正确榜样，也必将在这一道路上一路前行。

第六节　融入团队　加速专业成长

张英老师是语文学科的教师,毕业于西北大学文学院,研究生学历,文学硕士。入职仅两年时间,在师傅许家利老师的培养下,迅速成长,脱颖而出,勇夺新乡市优质课评比一等奖;在学习宣传贯彻党的二十大精神"新时代 新征程 新青年"青年宣讲大赛活动中获优秀奖。

教学实践,理念先行。张英老师积极参与学校举办的校内学科公开课活动、市教研活动和各地名师交流活动,从中学习和积累了宝贵经验,改变和优化自己原有的思维模式和教学方式,并在实际教学中不断尝试,有意识地将学生生活日常融入语文课堂教学中,促使学生能够灵活运用知识和技能,真正地做到学以致用。

协作同心,其利断金。个人成长的背后,少不了团队的力量。准备比赛期间,许家利老师和张英老师不分昼夜地磨课,每天除了晚上回家休息外都坚守在学校。无论是环节设定、板书设计,还是评价量表、评价语推敲,许家利老师都精心指导,事无巨细,精益求精,让课堂效果更好地呈现。语文组的其他老师也纷纷伸出援手,帮忙调配时间、协助班级试课、完善教学资料、打印所需材料,助力比赛的顺利进行。成绩来之不易,磨砺使人成长。每一节课都是赛课教师的智慧结晶,更是学校教研团队潜心教研、打造高效课堂的成果显现。

读书明智,鉴往知来。读书是成长的源头活水,阅读教育理论书籍、经典作品,能加深自身底蕴,提高自身修养。张老师在准备比赛的过程中,认真研读《追求理解的教学设计》和学校名师工作室发放的一系列关于语文教学的专业书籍,并将书中内容以思维导图的形式呈现,分享给同组的老师。语文组的老师们一同学习和讨论书中的疑难点,并将知识融入平时的教学中,从而对书中的知识有了更深刻的理解。

行而不辍,未来可期。本次参加市优质课比赛,张英老师一路前行,一路收获,从最初对新课改印象模糊、手足无措,到最后侃侃而谈、落落大方,道阻且长,但行则将至,只要我们不忘作为人民教师的初心,不懈地奋斗,坚定地前行,把困难变成推动自己前行的力量,就能实现自己的目标与理想。

第三章 学校成功 分享幸福

第一节 硕果累累 见证"精致"成效

自2018年1月调任新乡市第三十中学校长以来,与全体教师统一思想、达成共识,树立不甘落后、逢旗必夺的信心,取得显著成绩。本人荣获河南省名校长、河南省优秀教育管理人才等荣誉称号,学校在文明校园创建中,成功实现连级跳,从市级文明校园到省级文明校园,再到省级标兵,全校教师得到极大鼓舞。此外,我校荣获首批河南省"五育"并举实验学校、河南省义务教育标准化管理示范校、首批河南省中小学示范性图书馆、首批河南省中小学数字校园标杆校、河南省德育先进集体、河南省个体心理辅导案例一等奖、河南省义务教育装备标准化实验学校、河南省中小学生研学旅行实验校、河南省中小学知识产权普及教育实验基地、河南省中小学体育艺术特色校等荣誉50余项。

一、主要荣誉

新乡市第三十中学2018年-2023年学校荣誉统计表

序号	时间	荣誉称号	颁发单位
1	2018年1月	新乡市社团工作先进学校	团市委、新乡市教育局
2	2018年2月	学校卫生工作先进集体	新乡市教育局
3	2018年3月	红旗区消防工作先进单位	红旗区人民政府
4	2018年4月	河南省中小学生研学旅行实验校	河南省教育厅
5	2018年4月	河南省中小学知识产权普及教育实验基地	河南省教育厅

续表

序号	时间	荣誉称号	颁发单位
6	2018年5月	中等学校招生考试优秀考点	新乡市招生办公室
7	2018年6月	河南省中小学体育艺术特色校	河南省教育厅
8	2018年8月	新乡市学宪法演讲比赛优秀组织奖	新乡市教育局
9	2018年9月	"星星火炬"全国青少年艺术英才推选活动新乡市选拔赛优秀组织奖	新乡市教育局
10	2018年10月	新乡市第五届青少年儿童素质教育展示活动优秀组织奖	新乡市教育局
11	2018年12月	河南省义务教育装备标准化实验学校	河南省教育厅
12	2018年12月	河南省国家教育考试先进标准化考点	河南省教育厅
13	2019年1月	第一节教师合唱节金奖	新乡市教育局
14	2019年1月	第六届中小学生艺术展演表演一等奖	新乡市教育局
15	2019年1月	新乡市学校体育工作先进单位	新乡市教育局
16	2019年2月	新乡市文明校园	中共新乡市委、新乡市人民政府
17	2019年3月	校园综治平安建设先进单位	新乡市教育局、新乡市公安局
18	2019年3月	学校卫生工作先进集体	新乡市教育局
19	2019年3月	新乡市未成年人心理健康工作三级辅导体系示范性站点	新乡市文明办、新乡市教育局
20	2019年4月	第三届校园心理剧比赛及展演优秀组织奖	新乡市教育局
21	2019年4月	新乡市教育宣传优胜单位	新乡市教育局
22	2019年5月	庆祝中华人民共和国成立70周年暨纪念五四运动100周年文艺汇演优秀组织奖	新乡市教育局
23	2019年9月	家访工作先进单位	新乡市教育局
24	2019年9月	新乡市支教工作先进集体	新乡市教育局
25	2019年12月	教育系统青少年普法工作先进集体	市委依法治市办公室、新乡市教育局
26	2019年12月	河南省中小学数字校园标杆校	河南省教育厅
27	2020年1月	教育系统学校美育工作先进单位	新乡市教育局
28	2020年1月	教育系统学校体育工作先进单位	新乡市教育局
29	2020年4月	河南省文明校园	中共河南省委河南省人民政府
30	2020年6月	先进基层党组织	中共新乡市教育局党组
31	2020年9月	支教工作先进集体	新乡市教育局
32	2020年12月	校园足球特色学校	校园足球工作领导小组办公室

续表

序号	时间	荣誉称号	颁发单位
33	2020年12月	春雨行动先进单位	新乡市教育局
34	2021年1月	新乡市教育系统抗击新冠肺炎先进单位	新乡市教育局
35	2021年1月	新乡市学校美育工作先进单位	新乡市教育局
36	2021年3月	河南省卫生先进单位	河南省爱国卫生运动委员会
37	2021年5月	教育宣传先进学校	新乡市教育局
38	2021年6月	新乡市红旗区优秀驻区单位党组织	中共红旗区委
39	2021年7月	河南省第二批义务教育标准化管理示范校	河南省教育厅
40	2021年9月	初中教学先进学校	新乡市教育局
41	2021年10月	河南省中小学示范性图书馆（首批）	河南省教育厅
42	2021年12月	新乡市第八届青少年儿童素质教育展示活动优秀组织奖	新乡市教育局
43	2022年2月	体育工作先进单位	新乡市教育局
44	2022年10月	教育系统先进基层党组织	中共新乡市教育局党组
45	2022年12月	河南省中小学德育工作先进集体	河南省教育厅
46	2022年12月	首批河南省"五育"并举实验学校	河南省教育厅
47	2023年6月	五星级党支部	教育局机关党委
48	2023年6月	河南省文明校园（标兵）	中共河南省委河南省人民政府
49	2023年10月	初中教育教学先进学校	新乡市教育局
50	2024年2月	目标管理先进单位	新乡市教育局
51	2024年2月	教育科研工作先进单位	新乡市教育局

二、宣传报道

近几年，我校在省都市频道、学习强国河南平台、《新乡日报》、新乡电视台《新乡大民生》栏目等省市级媒体，宣传报道100余次。

新乡市第三十中学2019年—2024年宣传报道统计表

序号	报道内容	刊发媒体	刊发日期
1	"学习习近平总书记重要讲话，做新时代勇担当敢作为教师"主题党日活动	新乡日报	2019年4月4日
2	市三十中"春雨行动"架起两校连心桥前往封丘县荆乡回民中学	新乡日报	2019年4月25日
3	新乡市第三十中学到封丘荆乡回民中学春雨行动——提升课堂教学研讨会	新乡日报	2019年6月12日

续表

序号	报道内容	刊发媒体	刊发日期
4	新乡好人路恺，新乡市第三十中学教师，8年40余次献血量高达15800ml	新乡日报	2019年6月26日
5	新乡市第三十中学社区文明志愿者开展环境卫生整治活动	新乡日报	2019年6月27日
6	新乡市第三十中学路恺老师无偿献血18年	新乡日报	2019年7月18日
7	市第三十中学赴四川师范大学进行教师专业素养提升培训	新乡日报	2019年7月25日
8	市第三十中学到河南省军区新乡第一干休所进行慰问活动	新乡日报	2019年8月8日
9	精致女校长的精致教育观——河南省第五批中小学名校长届新红	新乡日报	2019年12月27日
10	新乡市第三十中学中招白天冲刺誓词大会	新乡民生	2019年3月15日
11	新乡市第三十中学网络教研优质课大赛	新乡民生	2019年5月
12	无产献血二十载 这位老师很有爱	新乡民生	2019年6月1日
13	毕业礼	新乡民生	2019年6月
14	党员参观学习愚公移山红色教育基地	新乡民生	2019年7月2日
15	路恺：无偿献血1.58万毫升，用热血点亮生命希望。	学习强国河南学习平台	2019年7月11日
16	新乡市第三十中学庆祝中华人民共和国成立70周年暨文明师生表彰大会	新乡民生	2019年9月23日
17	市三十中学礼赞教师节 鲜花送老师	新乡民生	2019年9月10日
18	河南省优秀教育管理人才风采——新乡市第三十中学屈新红	河南教育时报	2019年12月10日
19	新乡市第三十中学依托互联网+打造紧致教育	新乡日报	2020年1月2日
20	学习强国 新乡市第三十中学 在一起河南新乡：疫情防控宅在家 学生停课不停学	学习强国河南学习平台	2020年2月15日
21	学习强国 新乡市第三十中学 在一起河南新乡：面对疫情 他这样教育孩子	学习强国河南学习平台	2020年2月23日
22	新乡市第三十中学线上云班会豫鄂一家亲	河南省都市频道	2020年3月18日
23	学习强国 新乡市第三十中学 河南新乡：主题"云班会"与武汉同学心连心	学习强国河南学习平台	2020年3月24日
24	学习强国 新乡市第三十中学 河南新乡：别开生面的思政课	学习强国河南学习平台	2020年12月6日
25	新乡市第三十中学开展春雨行动	新乡日报	2020年1月17日
26	长江黄河同源 武汉新乡一心	新乡日报	2020年3月26日
27	初级中学积极备战 静待学生复学返校	新乡日报	2020年4月9日
28	市三十中举行社会主义核心价值观大讲堂	新乡日报	2020年5月28日
29	市三十中优质课比赛圆满结束	新乡日报	2020年6月4日

续表

序号	报道内容	刊发媒体	刊发日期
30	市三十中举行立项课题开题报告会	新乡日报	2020年7月9日
31	市第三十中学开展科研总结和图书捐赠活动	新乡日报	2020年8月6日
32	市三十中师生开展志愿服务活动	新乡日报	2020年8月20日
33	打造校本培训品牌 共促教师专业发展	新乡日报	2020年9月2日
34	市三十中学举行创文宣誓大会 行文明之举做文明学子	新乡日报	2020年09月18日
35	市三十中 开展消防安全教育活动	新乡日报	2020年11月26日
36	市三十中"春雨行动"掠影 春风化雨 润泽乡土	新乡日报	2020年12月10日
37	市三十中开展读书交流活动	新乡日报	2020年12月17日
38	新乡市第三十中学"期末复习经验交流和课题中期报告交流会"	新乡日报	2020年1月15日
39	新乡市第三十中学"疫情期间网络教学工作研讨会"	新乡日报	2020年4月16日
40	新乡市第三十中学捐书500余册，线上与线下教学经验交流	新乡日报	2020年5月8日
41	新乡市第三十中学捐书450余册，进行读书交流	新乡日报	2020年5月27日
42	新乡市第三十中学与荆乡回民中学共同开展"教学与管理研讨"	新乡日报	2020年7月1日
43	新乡市第三十中学捐书500余册，进行课题指导	新乡日报	2020年10月14日
44	新乡市第三十中学捐书500余册，潘静送教下乡	新乡日报	2020年11月4日
45	新乡市第三十中学捐书200余册文具100套，成立教师读书会	新乡日报	2020年12月9日
46	市三十中春雨行动成绩卓著	新乡日报	2021年1月7日
47	市三十中工会第六届会员代表大会第一次全体会议召开	新乡日报	2021年1月14日
48	市三十中开展师德师风教育	新乡日报	2021年1月21日
49	创新思政课 为国育良才	新乡电视台	2021年1月29日
50	创新思政课 为国育良才	新乡日报	2021年1月29日
51	中考百日冲刺 誓师鼓舞士气	新乡电视台	2021年3月15日
52	学校手拉手 让乡村孩子多点快乐	新乡电视台	2021年3月18日
53	开展帮扶行动 助力快乐成长	新乡日报	2021年3月18日
54	学校手拉手 让乡村孩子多点快乐	学习强国河南学习平台	2021年3月20日
55	市三十中《中小学教育惩戒规则》专题培训	新乡日报	2021年4月1日
56	市三十中名师工作室开启教学研讨新模式	新乡日报	2021年4月8日
57	市三十中开展社会主义核心价值观大讲堂活动	新乡日报	2021年4月28日

续表

序号	报道内容	刊发媒体	刊发日期
58	思政课堂在路上 洗礼精神练意志	新乡电视台	2021年5月13日
59	思政课堂在路上 洗礼精神练意志	学习强国河南学习平台	2021年5月15日
60	铮铮奋斗史 拳拳爱党心	新乡日报	2021年5月19日
61	市三十中开展图书捐赠和支教助学活	新乡日报	2021年6月9日
62	市领导赴三十中参加主题党日活动	新乡电视台	2021年7月2日
63	秋季模拟开学疫情防控演练	新乡日报	2021年9月1日
64	鲜花献老师 感恩教师节	新乡电视台	2021年9月10日
65	鲜花献老师 感恩教师节	学习强国河南学习平台	2021年9月11日
66	灾难是最好的教材	新乡日报	2021年9月12日
67	新生军训练意志 爱国教育正当时	新乡电视台	2021年9月13日
68	新生军训练意志 爱国教育正当时	学习强国河南学习平台	2021年9月15日
69	缅怀先烈 争做新时代好少年	新乡电视台	2021年10月14日
70	缅怀先烈 争做新时代好少年	学习强国河南学习平台	2021年10月15日
71	手拉手帮扶让乡村孩子快乐成长	新乡电视台	2021年10月31日
72	手拉手帮扶让乡村孩子快乐成长	学习强国河南学习平台	2021年11月1日
73	十九届六中全会主题团课	新乡日报	2021年12月8日
74	市三十中名师工作室启动新春读书研讨活动	新乡日报	2022年1月10日
75	市三十中：百日誓师燃激情 迎战中考擂战鼓	新乡大民生	2022年3月16日
76	市三十中开展清洁家园志愿服务活动	新乡日报	2022年4月13日
77	河南新乡：青春正成长 少先队员离队入团	学习强国新乡学习平台	2022年5月2日
78	市三十中举行离队入团暨14岁青春礼活动	新乡日报	2022年5月11日
79	市三十中：用心帮扶 让农村孩子快乐成长	新乡大民生	2022年6月16日
80	河南新乡：用心帮扶 让农村孩子快乐成长	学习强国新乡学习平台	2022年6月18日
81	河南新乡：全市中小学校长聚焦"双减"和发展	学习强国新乡学习平台	2022年7月5日
82	市三十中举办教师专业素养提升培训班	新乡日报	2022年9月1日
83	新华全媒+| 开学季看变化： 走出"题海" 趣味多 校园生活更丰富	新华社	2022年9月6日
84	文明创建提内涵 凝心聚力谱华章 ——新乡市第三十中学省级文明校园（标兵）创建工作纪实	新乡日报	2022年9月13日

续表

序号	报道内容	刊发媒体	刊发日期
85	新乡市第三十中学：教师节唱赞歌 97 名老师受表彰	新乡大民生	2022 年 9 月 10 日
86	市三十中召开立项课题开题报告会	新乡日报	2022 年 10 月 12 日
87	线上教研助力"双减"——市三十中开展"春雨行动"纪实	新乡日报	2022 年 11 月 30 日
88	市三十中举行社会主义核心价值观大讲堂	新乡日报	2023 年 3 月 8 日
89	市三十中：百日誓师展豪气 英姿勃发勇争先	新乡大民生	2023 年 3 月 14 日
90	河南新乡：结对帮扶 有欢乐有收获	学习强国新乡学习平台	2023 年 3 月 16 日
91	市三十中：结对帮扶 有欢乐有收获	新乡大民生	2023 年 3 月 17 日
92	市三十中开展农村少年宫帮扶志愿服务活动	新乡日报	2023 年 3 月 22 日
93	市三十中举行名师工作室读书研讨活动	新乡日报	2023 年 4 月 12 日
94	新乡市第三十中学离队入团仪式：告别星星火炬 迈向闪闪团徽	新乡教育服务平台	2023 年 5 月 9 日
95	河南新乡：学生离队入团 树立有为理想	学习强国新乡学习平台	2023 年 5 月 10 日
96	市三十中举办家庭教育宣传周系列活动	新乡日报	2023 年 5 月 24 日
97	河南新乡：师生包粽子插花 寄情端午	学习强国新乡学习平台	2023 年 6 月 24 日
98	河南新乡：师生包粽子插花 寄情端午	学习强国河南学习平台	2023 年 6 月 24 日
99	省军区新乡第一干休所为市三十中捐书	新乡日报	2023 年 6 月 28 日
100	河南新乡：学身边"好人"为党旗"添彩"	学习强国新乡学习平台	2023 年 7 月 4 日
101	【躬耕教坛 强国有我】庆祝教师节 为优秀教师颁奖	新乡大民生	2023 年 9 月 11 日
102	市三十中举行教师节庆祝活动	新乡日报	2023 年 9 月 13 日
103	新乡市三十中：军训历练新生 展示青春风采	新乡大民生	2023 年 9 月 13 日
104	致敬"蓝朋友" 争做"好少年"	新乡广播电视台	2023 年 10 月 11 日
105	致敬"蓝朋友" 争做"好少年"	新乡大民生	2023 年 10 月 12 日
106	河南新乡：少先队员致敬致敬"蓝朋友"争做"好少年"	学习强国新乡学习平台	2023 年 10 月 14 日
107	新乡市三十中：送教下乡 结对帮扶同提高	新乡大民生	2023 年 10 月 20 日
108	河南新乡：送教下乡 结对帮扶共成长	学习强国新乡学习平台	2023 年 10 月 21 日
109	市三十中开展"春雨行动"送教帮扶活动	新乡日报	2023 年 12 月 6 日
110	市三十中名师工作室"读书研讨活动"启动	新乡日报	2023 年 12 月 27 日

续表

序号	报道内容	刊发媒体	刊发日期
111	市三十中举办新年联欢会	新乡日报	2024年1月3日
112	市三十中开启"热辣滚烫"新学年	新乡日报	2024年2月28日
113	市三十中开展植树活动	新乡日报	2024年3月6日
114	市三十中：师生壮志在怀 冲刺中考"百日"	新乡大民生	2024年3月18日
115	【扣好人生第一粒扣子】市三十中：师生壮志在怀 冲刺中考"百日"	新乡广播电视台	2024年3月19日
116	市三十中：护航青春 禁毒宣传进校园	新乡大民生	2024年3月6日
117	【关爱保护未成年人健康成长】市三十中：护航青春禁毒宣传进校园	新乡广播电视台	2024年3月7日
118	河南新乡：护航青春 禁毒宣传进校园	学习强国新乡学习平台	2024年3月7日

三、科研课题

坚持科研兴校理念，建立以校长为首的教科研领导小组，亲自带领教师开展教育科研研究。近五年来，本人参与多项省级课题研究，其中三项为课题主持人，研究成果省级荣誉5项，市级1项。教师省级课题12项，科研成果13项，市级课题26项，市级成果21项。

新乡市第三十中学2018-2024年省级课题和省级成果一览表

类别	项目	获奖时间	课题名称	主持人	获奖等级
科研课题	河南省教育科学规划课题	2018年7月	移动互联技术支持下初中课堂"混合式"教与学方式的探究	牛敏	优秀
		2018年7月	互联网＋背景下初中语文有效学习策略研究	张培	优秀
		2019年8月	移动互联背景下"二维码班级文化"建设与应用的研究	屈新红	优秀
		2019年8月	智慧校园背景下建构"师生互助"学习共同体模式的行动研究	李新华	良好
		2019年8月	信息技术环境下中学化学实验教学创新性行动研究	李冠婧	合格
		2019年9月	信息技术环境下全时教学模式的构建与探究	楚炜	合格
		2020年7月	创客教育在培养中学物理学科核心素养中的应用研究	秦亮	良好

续表

类别	项目	获奖时间	课题名称	主持人	获奖等级
科研课题	河南省教育科学规划课题	2022年8月	微课资源与中招实验加试深度融合的研究	孟宪艳	良好
		2019年9月	移动互联技术支持下初中教师"二维码"评课绩效性研究	屈新红	结项
		2021年10月	核心素养视域下培养初中生物理类比思维能力的研究	李武军	结项
		2021年11月	以英语分级阅读扩展初中学生词汇量的实践研究	郭华伟	结项
		2023年9月	基于核心素养的初中物理创新型实验开发策略的研究	秦亮	良好
科研成果	河南省基础教育教学成果奖	2021年8月	信息化环境下初中智慧课堂建构与运用研究	屈新红	三等奖
	河南省教育科学研究优秀成果	2018年8月	基于移动互联网的初中物理智慧课堂建设与运用研究	秦亮	一等奖
		2018年9月	"互联网+"背景下的初中语文有效学习模式	张培	二等奖
		2019年8月	初中"协同备课"实施策略初探	魏应东	一等奖
		2020年8月	移动互联背景下"二维码班级文化"建设与应用的研究	屈新红	二等奖
		2020年8月	智慧校园背景下建构"师生互助"学习共同体模式的行动研究	李新华	二等奖
		2020年8月	信息技术环境下中学化学实验教学创新性行动研究	李冠婧	二等奖
		2020年8月	信息技术环境下全时教学模式的构建与探究	楚炜	二等奖
		2021年7月	创客教育在培养中学物理学科核心素养中的应用研究	秦亮	二等奖
		2023年8月	微课资源与中招实验加试深度融合的研究	孟宪艳	二等奖
	河南省基础教育教学研究项目优秀成果	2023年9月	核心素养视域下培养初中生物理类比思维能力的研究	李武军	三等奖
	河南省教育信息化理论研究和应用成果	2018年9月		屈新红	二等奖
		2019年9月	"互联网+"背景下的初中语文有效学习模式	张培	二等奖

新乡市第三十中学2018-2024年市级课题和市级成果一览表

类别	项目	获奖时间	课题名称	主持人	获奖等级
科研课题	新乡市教育科学规划课题	2018年7月	初级中学开展中华优秀传统文化的策略研究	霍德华	良好
		2018年7月	初中物理课堂分层教学的策略研究	秦亮	合格
		2018年7月	城市薄弱中学初中生网络安全教育的内容与策略研究	张敬豪	合格
		2019年7月	初中物理课堂小组合作学习的研究	胡正伟	良好
		2019年7月	中学书香班级建设的理论与实践研究	秦亮	合格
		2019年7月	初中历史课堂教学语言研究	郭莉莉	合格
		2019年7月	智能移动终端在初中英语学习中的应用与研究	周嘉丽	合格
		2020年7月	初中心理健康教育课程体验式教学实践的研究	袁领军	优秀
		2020年7月	师徒结对在青年教师专业发展中的实践研究	曹艺珂	良好
		2020年7月	初级中学校园足球普及与训练的实践研究	夏高峰	合格
		2020年7月	初中数学课堂情境创设有效性的研究	王永生	合格
		2021年7月	基于学习素养建构网络家班学习共同体模式的行动研究	葛金涛	良好
		2022年7月	微型化视域下初中记叙文写作让人物活起来的策略研究	郝灵美	优秀
		2022年7月	"英语流利说"对初中生口语能力影响的实践研究	朱嘉	良好
		2023年7月	情景体验策略在初中作文教学中的实践研究	王晓敏	良好
		2023年7月	动画短片在初中心理健康课堂中应用的实践研究	刘康丽	合格
	新乡市基础教育教学研究项目	2020年8月	APP支持下七年级学生英语阅读习惯的养成教育研究	李振华	结项
		2020年8月	互联网+时代学生语文学习模式研究	赵居东	结项
		2021年8月	基于初中道德与法治课对学生进行劳动教育的行动研究	马宁	结项
		2021年8月	中华优秀传统文化对初中生伦理道德影响的研究	秦亮	结项
		2022年7月	信息技术环境下初中数学课堂学生注意力失焦对策的研究	樊华	结项
		2022年7月	学科交叉视域下的地图史料在历史教学中运用之策略的研究	胡威	结项
		2022年7月	基于核心素养的初中数学文本阅读能力培养的研究	罗娜	结项
		2022年7月	核心素养视角下初中班级德育微活动设计的研究	魏静	结项

续表

科研课题	新乡市基础教育教学研究项目	2023年7月	"双减"背景下初级中学作业管理有效模式的研究	陈晨	结项
		2023年7月	班主任以学生社团活动辅助班级德育工作的研究	逯全坤	结项
科研成果	新乡市教育科研优秀成果	2018年7月	书香校园建设的理论与实践研究	秦亮	一等奖
		2018年7月	灵活运用教学模式提高物理课堂教学有效性的行动研究	楚炜	二等奖
		2018年7月	智慧校园网络教研的实施路径	秦亮	三等奖
		2020年11月	移动互联背景下"二维码班级文化"建设与应用的研究	屈新红	一等奖
		2020年11月	初中物理课堂小组合作学习的研究	胡正伟	一等奖
		2020年11月	智慧校园背景下建构"师生互助"学习共同体模式的行动研究	李新华	一等奖
		2020年11月	信息技术在初中化学实验教学中的应用	李冠婧	二等奖
		2020年11月	"全时教学模式"智慧课堂建构	楚炜	二等奖
		2020年11月	智慧背景下"互联网+"家班一体化学习共同体的研究	葛金涛	二等奖
		2021年9月	初中心理健康教育课程体验式教学实践的研究	袁领军	一等奖
		2021年9月	初中数学课堂情境创设有效性的研究	王永生	二等奖
		2021年9月	创客教育在培养中学物理学科核心素养中的应用研究	秦亮	二等奖
		2021年9月	初级中学校园足球普及与训练的实践研究	夏高峰	二等奖
		2021年9月	师徒结对在青年教师专业发展中的实践研究	曹艺珂	二等奖
		2022年9月	基于类比思维的物理模型的构建及应用	李武军	二等奖
		2022年9月	基于学习素养建构网络家班学习共同体模式的行动研究	葛金涛	二等奖
		2023年7月	培养初中生类比思维能力的教学策略	李武军	一等奖
		2023年7月	初中物理创新实验的开发策略	秦亮	二等奖
		2023年7月	微型化视域下初中记叙文写作让人物活起来的策略研究	郝灵美	二等奖

第二节　文明校园　彰显"精致"魅力

2018年调任市三十中学校长后，了解到学校争创省级文明校园屡创屡败，全体教职员工丧失信心、缺乏斗志，工作积极性不高，工作业绩不佳，学校发展进入瓶颈期。在反复调研并征求意见的基础上,将争创省级文明校园列入学校新的三年发展规划,并作为核心任务。在多次层层动员的基础上,我带领全体教职工,以文明创建为抓手,克服重重困难,修缮硬件设施,完善各项制度,夯实教师内功,学校各项工作不断取得显著成效。功夫不负有心人,在全体教职工的共同努力下,2019年,我校被评为"河南省文明校园",全体教职工信心倍增。2021年,我校又被评选为"全国文明校园先进校"。2022年,我校被评为"河南省文明校园(标兵)"。文明校园创建实现了连级跳,极大地鼓舞了全体师生不断努力、再创佳绩的信心和决心。目前,市三十中全体师生以饱满的热情积极投入全国文明校园创建当中。以此为契机,对学校发展提出更高要求;以此为动力,促进学校各项工作再上新台阶!

一、争创"六好",凝聚思想合力

(一)思想道德建设好

1.党的创新理论学习宣传入脑入心。通过校园电子屏、宣传版面、班级黑板报、班级图书角等营造良好的校园文化氛围,积极宣传社会主义核心价值观、习近平新时代中国特色社会主义思想等党的创新理论。全校版面、板报、图书角共计230余处,以校园文化,熏陶育人。通过开展主题党日活动、团队活动,党员、团员讲座,国旗下讲话等活动,使师生加深对习近平新时代中国特色社会主义思想的认识和理解。仅2023年,学校开展相关活动8次,以活动实践,体会育人。通过社区志愿服务活动、新时代文明实践站活动、俄乌冲突、中美会谈等国内国际诸多新闻,向学生阐释产生变化原因、民族精神、新时期外交政策等,使学生更好理解习近平新时代中国特色社会主义思想,寓教于物、寓教于事,以时事资源,融合课堂。结合不同学科的特点,将党的创新理论知识及思政元素融入学科教学。如道德与法治课上,和学生一起分析国内国际重大时政新闻,对学生进行思想政治教育。历史课上,对学生进行党史、国史教育。物理、化学、生物等学科通过对学科前沿科技的介绍,引领学生树立文化自信及民族自豪感。

2.将理想信念教育放在首位。学校组织领导干部、各处室、各学科组、政史学科教师、外聘专家等,开展专题讲座、主题党团日、领导干部思政课、开学第一课等活动，以课堂主阵地和活动渲染相结合的方式，在师生中推进学习，增强师生理想信念。2023年以来开展校园及社区宣传7次、主题党团日活动2次、开学第一课活动2次、中国特色社会主义和中国梦主题教育活动3次、领导干部上思政课活动6次、社会主义核心价值观大讲堂活动7次等。学校将理想信念教育纳入学校三年发展规划，以文件纲领的形式对学校思想政治工作进行了安排部署。2023年以来，学校以理想信念教育为主题的思政会议、论坛共计4次。学校以实际行动把理想信念教育放在了各项工作首位，保障学校健康有序发展。

3. 完善体系建设。成立德育工作领导小组，每周至少召开一次德育工作专题会议，每月书记兼校长屈新红参加一次学生日常思想道德教育，每学期开展一次文明创建评选活动，每年制订德育工作计划。组织师生到太行山、辉县小白杨劳动教育实践园开展行走的思政课活动，积极探索思政一体化教育方式，育人效果显著。

4. 坚持每月一次的社会主义核心价值观大讲堂活动。每年开展核心价值观大讲堂9次。利用宣传版面、跑操音乐，特别是用好课堂主阵地，扎实落实价值观进教材、进课堂、进头脑，活动有方案、见成效。

5. 深入开展"扣好人生第一粒扣子"主题教育实践活动。因疫情原因，我校坚持线上线下相结合的方式，扎实开展新时代好少年宣传和选树活动。2023年，9名同学荣获校级新时代好少年称号。凌岚钰、苏豫帆同学分别被选树为我校2021年、2022年新时代好少年。我校积极开展烈士陵园祭扫活动、"童心向党"歌咏比赛、征文比赛、"向国旗敬礼"、观看红色影片、网上清明祭英烈等传承红色基因主题教育活动，多次被新闻媒体报道。2023年以来，开展书法进校园、戏曲进校园、传统体育进校园等活动3次。在全校30个教学班开展劳动淬炼成长主题活动。除了日常卫生打扫常态化教育外，还开展农耕研学、厨艺大比拼、手工制作等特色活动，激发学生劳动的热情。在全体学生中广泛开展时代楷模、道德模范等先进典型学习宣传活动，号召学生向榜样学习！

6. 经典诵读活动和书香校园建设成效显著。我校组织开展形式多样、内容丰富的读书活动。2023年以来，组织汉字大赛、成语大赛、诗词大赛、名著知识竞赛、诗歌比赛、征文比赛、经典诵读比赛等，参与师生人数1500余人次，表彰师生80余人次。这些活动成为我校的常态化活动，培养了师生热爱阅读的兴趣，营造了浓厚的书香校园氛围。同时，逐步形成了以教师读书会、学生读书会、名师工作室读书研讨会等为主的书香校园特色品牌系列活动。这些品牌活动内涵丰富，辐射强效，不仅引领校园内的书香校园建设，而且也带动了家长及社区人员的阅读热情，社会反响很好。

7.日常德育活动抓养成。坚持每周一升旗仪式，有计划，有安排，做到周周有主题，月月有重点，期期有系列。共青团、少先队组织健全，活动丰富。宪法小卫士、宪法晨读主题教育活动；"继承先烈遗志，传承革命精神"主题教育活动；走进河南科技学院马克思主义学院爱国主义教育馆，开展思政课活动；400余名师生到卫辉市唐庄镇穗华心教育实践基地参观学习，开展丰富多彩的"学党史、听党话、跟党走"行走的思政课活动；红歌合唱比赛；前往延津县烈士陵园祭奠戍边英雄肖思远烈士；离队入团暨14岁青春礼等系列活动：将日常德育落在实处，成效显著。另外，开足开齐道德与法治课、思想政治课，努力提升思政教师能力素养，多措并举保证教育教学效果落到实处。

8.学雷锋志愿服务活动制度化、常态化。学校全体教职工全部完成"志愿云"志愿服务注册，注册率100%。全体注册志愿者在学校"善师志愿者服务队"组织下积极参与支教助学、教育扶贫、社区服务、关爱帮扶等志愿服务活动，志愿服务参与率100%。我校每年派出一名骨干教师到原阳、封丘开展为期一年的支教助学活动。"春雨行动"和乡村少年宫帮扶一直是学校扎实开展的工作。与荆乡回民中学、马庄原屯中学结对帮扶以来，先后在优质课输送、教师专业培训、班主任队伍管理、规划课题研究、体艺教学帮扶和教学器材资助等方面进行了精准扶贫。2023年以来，送优质课达14节、教学器材价值2000余元。另外，我校积极参与社区服务，和向阳办事处秋冬社区、南苑社区是结对帮扶社区。由于秋冬社区属于无主庭院，学校每周都派出师生志愿者对社区进行卫生保洁、杂物清理。文明城市创建期间，学校更是发挥主观能动作用，先后为秋冬社区制作文明城市宣传版面、捐献垃圾桶、开展文明宣讲志愿服务等活动。疫情期间，学校110余名教师到社区进行防疫值守。学校每月都会组织师生到南苑社区文明实践站开展宣教、交流、保洁、帮扶等活动。2023年以来共计开展帮扶活动7次。

9. "三位一体"的心理育人体系日渐成熟。我校有 2 名专职心理健康教师，33 名教师取得国家三级心理咨询师资格证。今年，全面提升了 6 个功能室的硬件建设。通过心理课堂、心理社团、心理活动，倾听学生心声，心心相伴、共话成长。通过家长学校开设心理健康讲座，帮助家长正视孩子青春期的各种表现，学会换位思考，引导家长做成长型父母，护航学生健康成长。坚持开展心理咨询入社区活动，向社区居民广泛宣传心理健康知识，引导他们提高心理健康意识，从而对我校学生及家长的心理健康引导起到促进作用。另外，我校建立了"班级—年级—学校"三级预警防控体系，一生建立一档案，通过家访等形成家校合力，使学生心理危机问题得到及时有效的处理和解决。

（二）领导班子建设好

1. 全面贯彻落实党的教育方针，落实立德树人根本任务。班子成员切实履职尽责，年终考评优秀率逐年提升，2021 年班子优秀率为 100%，2022 年班子优秀率为 100%。

2. 落实中心组学习制度。完善学习方案计划、学习内容要求、学习管理考核问责、学习服务保障等，使学习由"软任务"向"硬约束"转变，制度化推动中心组学习。

3. 贯彻民主集中制，提高科学决策水平。党支部能够结合实际制定"三重一大"事项决策有关制度，决策权限清楚，决策程序规范，决策方式明确。事关教师切身利益的各项方案，在充分征集教师意见建议基础上进行修改，经教代会表决通过后实施，公平、公开、公正地开展工作。2023 年以来，修改方案 2 个，受到教职员工一致肯定。

4. 切实落实全面从严治党和党风廉政建设。学校班子成员自觉增强政治意识、危机意识、责任意识和自律意识，保持作风纯洁，带头践行良好作风，带头落实中央八项规定，带头改进工作作风，以上率下，干在实处，走在前列。领导班子成员无任何违法违纪情况。我校获得教育系统先进基层党组织、中共红旗区委优秀驻区党组织、五星党支部等荣誉称号。

5. 高度重视文明创建工作。每年召开多次文明校园创建会议，动员全体师生文明言行，以实际行动推动文明校园创建再上新台阶。常态化开展文明班级、文明教师、文明学生评选活动，树立榜样、营造新风。在文明城市创建中，积极配合社区、上级教育部门做好各项工作。

（三）师德师风建设好

1. 完善师德师风建设长效机制。在师德养成、师德激励、师德考核、师德惩处、师德监督等方面做了明确规定并进行常态化教育和管理。

2. 强化师德养成。我校在师德师风建设方面有计划、有方案、有保障。教师通过家访、谈心、个别辅导等方式，融洽师生关系，关注学生个性成长。学生评教满意率达99%。

3. 畅通师德投诉途径。我校设有举报电话、举报邮箱、校接待室等，全天24小时接受师德师风相关问题的举报和投诉。通过谈心谈话、警示教育及时纠正不良倾向；对家长反映的师德问题及时调查取证，依规处理。

4. 完善师德表彰奖励制度。每学期开展师德典型选树活动，同时向上级推荐师德标兵。每年教师节对师德先进进行全校表彰。

（四）校园文化建设好

1. 制定了校园文化三年总体规划。用符号铸魂，形成学校的核心价值观；用制度修身，规范师生言行；用物质塑型，实施环境育人；用活动燃情，力促师生知行合一。围绕园林化、人文化、数字化的建设目标，整体规划校园文化，2023年投入资金120余万元，加固教学楼，全面改善和提升校园环境，打造精美校园，营造科学、人文、美观、和谐的氛围。

2. 开展丰富多彩的校园文体活动。开展"乐腾杯"校园3V3篮球对抗赛、首届乒乓球班级对抗赛、跑操比赛、跳大绳比赛、拔河比赛、阳光大课间健身操比赛等赛事活动，既强健身体，又增强凝聚力。目前，学校舞蹈、美术、合唱、播音、书法、国宾礼仪6个校级艺术社团，每周五下午延时课开展活动，每学期进行一次汇报演出。舞蹈社团多次荣获市级艺术类展演一等奖，合唱社团荣获市青少年素质展演比赛一等奖，书法社团荣获市学生艺术大赛二等奖。

3. 擦亮"精致教育"文化品牌。我校在传承学校文化的基础上，结合学校实际，提出了"追寻精致教育，促进品质发展"的治校方略。通过打造精巧校园，落实精细管理，实现精品育人。目前，学校楼宇文化、园林文化都是围绕"精致教育"命名，形成完整校园文化体系。2022年重新修建校史馆，梳理和呈现三十年办学历史，发挥校史育人功能。

（五）校园环境建设好

1. 校园环境规划合理，注重可持续发展和文化传承。学校总体布局合理，设施齐备，标识醒目，动静分离。600平方米的精华园，包含6大类15种花卉；400平方米精耕园包含花卉、中草药、果蔬三大类种植区；400平方米的精承园，包含武术、中医等18项中国传统文化；200平方米的开放式悦读厅，藏书1万余册；教学楼每层均有一个读书吧，藏书8000册。近年来，教室、办公室的照明灯逐步更换为LED灯；教室、办公室全部更换为真空双层玻璃；全校实现集中供暖，减少了冬季电力消耗；卫生间更换为节水水箱，把直饮水设备的循环水引到厕所水箱，实现了二次利用。2022年，我校荣获新乡市首批"绿色学校"称号。

2. 平安校园建设规范有序。我校平安建设制度健全、措施有力。安全教育常态化，尤其在防溺水、防疫情、防地震等突发事件方面，坚持常态化、制度化教育和演练，确保在灾难、突发事件发生时最有效地减少人员伤亡和财产损失。

3. 环境卫生干净整洁，学生卫生习惯良好。校园及班级卫生实行每天两打扫两保洁，每周一次大扫除。师生垃圾分类意识增强。学校每个角落时刻保持干净卫生，物品摆放整齐有序。常态化加强健康教育和生命教育，学生有较好的卫生习惯和生活习惯。

4. 构建"三结合"和谐育人体系。我校充分发挥家长学校、家长委员会、家访的作用，加强家校联系，形成教育合力。以志愿服务、帮扶贫困为载体，建立与社区、新时代文明实践中心合作育人的工作机制，取得较好效果。学校、家庭、社区的和谐育人环境极大地促进了我校的发展。

（六）活动阵地建设好

1. 加强图书馆、阅览室、校内广播、公众号等宣传阵地的建设和管理。做到制度健全、台账规范、正面引领。确保学校各种宣传阵地内容积极向上，弘扬主旋律、传播正能量，成为师生汲取健康的精神营养的不竭源泉。

2.落实"双减"政策,开展课后服务。自2021年7月"双减"政策出台以来,我校从"减学生负担,提教师素质""减课外负担,提课堂效益""减作业数量,增作业质量""减课外培训,增课后服务""减功利焦虑,增家校合作"五个方面,努力做好"加减法"。尤其是扎实做好每天延长两小时的课后服务工作,分类辅导作业,丰富延时课程,保证学生校内完成书面作业,同时满足学生个性化需求。延时服务增加了教师的工作时间和工作强度,因此我校一线教师弹性坐班,合理安排工作与生活,保障教师合法权益。

3.加强网络文明教育。建好管好用好网络平台,注重网络文明教育、网络安全教育,教育引导学生文明上网、绿色上网,不进入营业性网吧,不沉迷网络游戏,形成科学、文明、健康、守法的上网意识和习惯。

文明校园创建工作,有力促进了我校师生公民道德、职业道德、文明修养和法治观念。我们以积极的心态和行动创建全国文明校园,并以此为契机,全面提升学校各项工作再上新台阶!

二、书香校园,熏陶文化素养

文明之花在书香中绽放,成为学校文明创建工作中一道亮丽的风景线。

(一)书香沁校园,营造文明环境

学校图书馆坐落在精艺楼一楼,总面积1050平方米,包括藏书室、悦读厅、图书角、学生阅览室、教师阅览室、电子阅览室、学术报告厅等功能场馆。图书馆现有藏书72000余册,生均藏书量达46册,满足了师生阅读需求。其中悦读厅面积130平方米,藏书9827册;四个图书角面积100平方米,藏书2400册。课余时间,同学们走出教室,即可漫步书廊、游弋书海。他们三五成群,或坐或站,独自静读;他们目光闪烁,心无旁骛,手不释卷。悦读厅和图书角虽是实行开放自主管理,但阅读环境始终干净优雅,书目摆放始终素净如新,阅读氛围始终浓厚热烈。更值得一提的是,部分学生将自己家的图书主动放在书架上,与大家共享交流,图书数量不减反增。这正是书香育人、涵养品格、折射文明的最好见证。

(二)书香润师生,提升文明素养

"精致教育哺育桃李,书香校园润泽师生。"学校成立教师"精耕读书会",

常态化开展读书交流、读书论坛、读书推介、名家讲坛等系列活动,使书香润泽校园。教师在书香中聆听生命拔节的声音,享受生命成长的快乐,在思想上得到升华,在心灵上得到沉淀。阅读正如春风化雨般润泽教师心灵,陶冶教师情操,提升教师文明素养。

最是书香能致远,年少读书正当时。为启智增慧、树立理想、涵养品格,学校成立了学生"青衿读书会"。读书会定期举办丰富多彩、形式多样的活动,使学生保持浓厚的阅读兴趣,养成良好的阅读习惯。会员们浸润书海、探讨交流、涵养书香,从圣贤和智者的叮咛中顿悟人生的真谛,从名家和英雄的事迹中坚定奋斗的目标,精神和心灵得到一次次洗涤和升华。

正是因为阅读润泽心灵,校园中扔垃圾的少了,主动捡拾的多了;说脏话的少了,使用文明用语多了;见面不理不睬的少了,互相问好的多了……师生文明程度显著提升,校园文明之花遍地开放。

(三)书香育校风,催绽文明之花

教师的专业成长离不开终身学习,而终身学习的最好方法就是读书。为巩固文明校园成果,营造书香校园氛围,学校在名师工作室、学科组和学生中持续开展"同品书香"活动。通过活动引领师生崇尚阅读,指导教师科学探索专业发展路径,培养学生形成从阅读中探求知识的习惯。

学校名师工作室定期举行"读书研讨系列活动",截至目前已进行到第十期。每一期活动,学校都会分学科精心挑选教育教学、师德养成等著作,由学校领导将书籍逐一颁发给名师团队成员。名师带领各自团队成员结合教育教学实际开展读书活动。通过分散阅读、心得撰写、集中交流等多种形式进行深入学习研讨,促进师德养成,涵养文明品质。

学校以学科组为单位开展教师读书交流活动——精耕讲坛。各位教师认真阅读、积极反思,在精耕讲坛上分享心灵成长,碰撞思维火花,启发思考,积蓄能量,在丰富文化生活的同时提高精神境界,提升个人修养。

围绕书香校园的创建,学校积极开展成语大赛、汉字听写大赛、诗词朗读比赛、名著知识竞赛、各类主题征文比赛、三行诗大赛、书香班级评选、读书交流等活动。全校学生热情高涨,积极参与,不仅赛出了兴趣、赛出了水平,更赛出了浓厚的读书氛围和你追我赶、奋勇争先的士气。当获奖学生自豪地上台领奖时，学生们眼中流露出的不仅仅是羡慕、向往，更多的是期待、超越……

"共享阅读同品书香"系列活动的开展，不仅鼓励教师和学生积极参与阅读，养成良好的阅读习惯，更达到了通过阅读不断充实自我、提升自我的目的，营造了浓厚的文明校园创建氛围。

（四）书香架桥梁，共创文明校园

学校结对帮扶封丘县荆乡回民中学和新乡县京华社区中学。"三校"在少年宫活动开展、教育教学管理、文明校园创建、书香校园建设等方面进行合作共建，特别是"借助书香校园建设，创建文明校园"方面取得了一定成效。

市三十中经过周密策划和精心安排，帮助两所学校成立"麦田读书社"，并积极遴选图书，定期捐赠，捐赠图书共计600余册，价值12000余元。三校在"书香浸润校园，携手创建文明"方面，长期交流合作，定期开展同读一本书、同上一节阅读课、同办一场读书交流会等"同品书香"系列活动，既打破了地域的限制，又实现了心灵的沟通，点亮了文明创建之路。特别是新乡县京华社区中学，2022年成功创建"省级文明校园"，这是市三十中帮扶的硕果，也是书香浸润文明校园的集中体现。

书香满校园，文明伴成长。新乡市第三十中学全体师生正以昂扬的精神面貌，在书香校园中践行文明，在文明创建中阔步前行。学校将继续以"立德树人"为目标，以文明校园创建为主线，以书香校园建设为抓手，用习近平新时代中国特色社会主义思想铸魂育人。

三、文明师生，成就彼此精彩

在新乡市第三十中学这片教育的沃土里，文明之花正绽放其绚丽的光彩。我们的校园，作为培养未来社会栋梁的摇篮，不仅承载着传授知识的重任，更是塑造灵魂、培育文明新人的圣地。在这里，一批批文明教师、文明学生、文明班集体以及师德标兵、道德模范等榜样人物，正用他们的言行诠释着文明的真谛，用他们的精神滋养着校园的文明生态。

（一）文明教师，是校园文明的引领者

近年来，学校先后涌现出河南省文明教师路恺，新乡市文明教师李武军、袁领军、胡正伟、张领红、夏高峰等，他们不仅在教学上精益求精，更在师德修养上堪称楷模。他们尊重学生、关爱学生，用耐心和爱心点燃学生心中的希望之火。他们言传身教、以身作则，将文明的种子播撒在每一个学生的心田。在他们的熏陶下，学生们学会了尊重他人、礼貌待人，学会了团结合作、共同进步。文明教师的榜样作用，让校园充满了和谐与温馨。

（二）文明学生，是校园文明的践行者

2021级1班于程程、2021级2班张子轩、2020级3班张涵轶、2020级4班刘瑞雪、2019级1班赵甜甜等相继被评为"新乡市文明学生"。他们自觉遵守学校规章制度，尊重师长、友爱同学，积极参与各类文明实践活动和志愿服务活动。他们在课堂上认真听讲、积极发言，在课外活动中热心公益、乐于助人。他们的文明行为，不仅赢得了师生的赞誉，更成为其他同学学习的榜样。在他们的带动下，校园里的文明之风愈发浓厚，文明成为一种自觉的行为和习惯。

（三）文明班集体，是校园文明的缩影

2020年至今，2019级5班、2021级3班被评为河南省文明班级体，2021级3班、2021级4班、2019级4班、2018级3班被评为"新乡市文明班集体"，这些班级在班主任的带领下，形成了团结向上、积极进取的班风。班级成员之间互相尊重、互相帮助，共同为班级的荣誉而努力。他们积极参与学校的各项活动，展现出良好的精神风貌和文明素养。文明班集体的榜样作用，让其他班级看到了文明的力量，也激发了他们向文明班集体看齐的决心和动力。

（四）师德标兵和道德模范，是校园文明的典范

路恺教师被评为"师德标兵"，陈晨、姚晓艳、胡正伟、郝灵美等被评为"师德先进个人"，他们用自己的实际行动诠释了师德的高尚和道德的崇高。他们对待工作兢兢业业、一丝不苟，对待学生充满爱心、耐心细致。他们不仅关注学生的学业成绩，更关注学生的心灵成长和人格塑造。他们的道德风范和人格魅力，深深地感染着每一个学生，让他们在成长的道路上不断追求更高的境界。

这些榜样人物的存在，不仅让我们的校园更加美丽和谐，更让我们的教育事业焕发出勃勃生机。他们的榜样育人作用，不仅体现在对学生个体的影响上，更体现在对整个校园文明生态的塑造上。他们的言行举止、精神风貌，成为一种无形的力量，推动着校园文明的不断进步和发展。

当然，我们也要清醒地认识到，校园文明建设是一个长期而艰巨的任务。我们需要继续加强宣传教育，提高师生对文明重要性的认识；我们需要不断完善制度机制，为校园文明建设提供有力保障；我们还需要加强监督检查，确保各项文明措施落到实处。只有这样，我们才能真正实现校园文明的全面提升和可持续发展。

在这个充满希望的春天里，让我们携手共进，以文明为帆，以榜样为舵，共同驶向更加美好的未来。让文明之花在我们的校园中绽放得更加绚丽夺目，让榜样之光照亮我们前进的道路。我们相信，在全体师生的共同努力下，我们的校园一定会成为一个充满文明气息、孕育新人的乐园。

四、活动平台，铸就亮丽风景

文明校园创建过程中，全校师生迸发出活力四射的创建热情，激情四溢、齐头并进，积极参与文明城市和文明校园的各项创建活动，为学校各项工作取得显著提升提供助力。学校开展的丰富多彩的活动，更是成为了学校一道亮丽的风景线。

（一）践行核心价值观，孕育生命底色

学校统筹发展规划，合理利用学校每一栋建筑、每一个场所、每一种媒体，利用标语、宣传墙、电子屏、文化长廊等媒介，营造浓厚氛围，深入宣传社会主义核心价值观。目前学校围墙、大门、操场、办公室、教室共张贴核心价值观版面80余处，学校精志楼电子屏24小时滚动播放核心价值观内容，使师生在学校的每个角落，都能受到社会主义核心价值观的感染和洗礼。

制定培育和践行社会主义核心价值观实施方案，以重大节庆日、升旗仪式、入团仪式、班会活动为契机，开展"我们的价值观·我们的中国梦""我学习·我践行"主题教育活动。以每月一讲的核心价值观大讲堂为载体，进行广泛宣传。

近几年，开展各种社会主义核心价值观主题教育活动28次、社会主义核心价值观大讲堂30次。通过主题教育的形式，社会主义核心价值观在师生心中生根发芽，践行核心价值观成为师生的一种自觉行为，整体效果凸显。

根据初中生生理心理特点、认知水平和课程阶段特点，注重学科渗透，把社会主义核心价值观融入语文、英语、体育、艺术及校本课程等各学科的教学要求和考试评价之中，充分发挥道德与法治等学科教学的主渠道作用，有重点、分层次地开展社会主义核心价值观教育，以确保社会主义核心价值观进入学校、进入课堂、进入师生头脑。

（二）开展志愿服务，铸就奉献理念

学校与向阳办事处秋冬社区结对帮扶，每周都派出师生志愿者对社区进行卫生保洁、杂物清理。文明城市创建期间，对秋冬社区的楼体进行粉刷，对路面进行修整，制作宣传版面，捐献垃圾桶，开展文明宣讲活动。疫情期间，学校114名教师到社区进行防疫值守。学生积极参与社区"我们的节日"活动，用充满真情的诗歌朗诵、乐器表演、舞蹈演出丰富社区精神文化生活。教师积极进行心理健康咨询、学习方法指导和各类主题节日宣传等活动，受到办事处、社区及居民的高度赞扬。

我校路恺老师积极投身志愿服务公益活动，无偿献血二十年。曾荣获新乡市五一劳动奖章、新乡市岗位学雷锋标兵、红旗区第四届道德模范、河南省文明教师，2009年、2011年、2015年接连荣获中华人民共和国卫生部、中国红十字总会、中国人民解放军总后勤部卫生部联合表彰的无偿献血奉献金、银、铜奖。

学雷锋志愿服务活动的积极开展，对全校师生，特别是学生成长有着极其重要的意义，并且在学生德育养成方面发挥了举足轻重的作用。

（三）建设书香校园，涵养师生气质

我校在书香校园建设中重视硬件的优化，着力打造以校图书馆为核心的阅读场馆体系。校图书馆设备齐全，场馆完备，包括藏书室、编修室、教师阅览室、学生阅览室、电子阅览室、借阅室、"悦读"厅、图书角等场所，现有图书65262册，不仅满足全校师生的阅读需求，也为学生家长、社区居民提供借阅服务。2021年，我校获得河南省首批"中小学示范性图书馆"的荣誉。

我校积极发挥主观能动性和创造性，组织开展形式多样、内容丰富的书香校园系列活动。近年来，我校进行了汉字听写大赛、成语大赛、诗词朗诵大赛、名著知识竞赛、诗歌写作比赛、多种征文比赛、经典诵读比赛等，参与师生达4500余人次，表彰师生300余人次。开展的这些常态化活动，培养了师生热爱阅读的兴趣，营造了浓厚的书香校园氛围。教师"精耕"读书会、学生"青衿"读书会、名师工作室读书研讨会、暑假读书论坛等为主的书香校园特色系列品牌也应运而生。

我校经典诵读活动和书香校园建设工作活动多样，内涵丰富，辐射强效，不仅引领校园内的书香校园建设，而且带动了学生家长及社区人员的阅读热情，使教师、学生、家长以及社区在书香校园氛围中受益，社会反响良好，取得显著成效。

（四）社团活动丰富，培养创新能力

学校根据学生需求，开设了舞蹈、美术、合唱、播音、书法、模特礼仪、无人机、心理、物理、编程创客、足球、篮球、乒乓球、象棋、体能训练、文学阅读等24个社团，供学生根据兴趣自主选修。社团活动特色鲜明：一是混龄教学，培养学生合作意识。不同年级、不同年龄的学生，基于相同或相似的兴趣爱好，走进同一个社团，在团队中开展合作，进行人际互动，提高协同能力，不仅为自己的学习承担责任，同时也为其他同学的进步扛起一份担当。二是项目学习，增进学生生活体验。我校社团实施跨学科学习模式，倡导项目化学习，在一个相对完整的时段完成一项闭合的项目工程。例如心理社团排练心理剧，就是对学生语文、心理、音乐、美术等多学科素养的一项综合性训练和培养。三是个性学习，催生学生创新动能。我校社团规模不一，每个社团根据学生人数配置一到三位指导教师，保障一名指导教师最多面对30名学生，这样的师生配比有助于教师对学生的个性化学习从多角度、多层面开展指导。我校每周五社团活动时间充足，两个小时的活动时间为师生带来自由开放的课堂氛围，带来积极美好的心态，在良好的师生互动中，学生大胆质疑，放手尝试，勇于改变，成就自己的新奇创意和发展梦想。

学校搭建了各类平台，既让学生始终保持对社团活动的高度热情，又能够让学生充分展示学习活动成果。按学期组织篮球联赛、足球联赛、全校运动会，同时积极组织校队参加市内外各项体育比赛。举办社团学生优秀书画展,将优秀书画作品展览于校园每个角落;每年5月、9月举办校园艺术节,合唱团、舞蹈社团、播音主持社团的孩子们在艺术节上展示活动成果;无人机社团的孩子们在学校大型活动时展示他们的飞行技巧。我校在各级各类学生竞赛中勇争佳绩,取得了多项荣誉,学校也连年被评为体育、美育活动先进校。

丰富多彩的社团活动,深受学生喜爱,也得到了广大家长的认同和称赞。学生在活动中不仅激发兴趣、陶冶情操、发展特长,而且也涵养了品格,增强了体质,培养了创新能力。开展丰富多彩的社团活动已经成为新乡市第三十中学学生文明养成的有效途径。

新乡市第三十中学正以积极的行动,借文明校园创建之力,深耕学校各项活动,助力学生健康成长,书写立德树人奋进之笔,培育时代新人,提交满意答卷!

第三节　社团德育　成就"精美"风景

德育是素质教育不可缺少的重要一环,对学生今后的工作、生活乃至人生,都产生着深远的影响。班主任是与学生相处时间最长的学校管理者,德育工作是班主任日常工作的重点,是每位班主任不可推卸的重要职责。中学生社团组织在活动开展过程中,有力地发挥着德育功能,起着对学生德育的定向、塑造、矫正作用,是培养学生思想道德品质、合作意识的重要舞台。

我们认为,在丰富多彩的学生社团活动中,班主任可以通过提升社团文化、发挥社团职能、开展社团活动、引导社团成员学习榜样模范、发扬良好的社团人际交往等途径,有效开展班级的德育工作。然而,开展社团活动不可避免地牵扯到一些组织协调工作,给相应班主任增加了一定的工作任务,班主任难免产生一些抵触情绪。更何况,在实际工作中,由于班主任日常工作的繁杂、琐碎,很多班主任将大部分时间用在了保障教学、班级秩序维持等事务性工作上,很少有时间组织并参与学生活动。我校积极探讨如何处理好社团活动与班主任德育工作的关系,使二者相互渗透、相互支撑、相互促进,引导德育工作的直接执行者、教育教学第一线的班主任教师,认识并找到社团活动与班主任德育工作的契合点,实现对社团活动由怀疑到抵触,再到参与、支持的巨大转变,促进学校德育工作的有效开展。

一、社团德育活动实践案例

很多学者认为,德育的基本途径,在于通过生活实践使道德认知内化并外显为道德行为。也有很多学者强调学生主体参与的重要性。"我听到过,过眼云烟;我看到过,历历在目;我做到了,铭记在心;我体验过,深入肌髓。"我校学生社团活动开展得如火如荼,特别注重学生的实践性和主体性,在实践之中达到润物细无声的德育效果。

为了使学生社团的德育成效更加显著,我校特别注重提高班主任在社团中的参与比重。首先,学校领导带头担任社团指导老师,如副校长李新华担任象棋社团指导老师、团委书记李鑫鹏担任舞蹈社团指导老师、学生发展中心副主任周嘉丽担任英语社团指导教师等。在干部的示范引领下,多名班主任担任各类社团指导教师,如文学阅读社团,就有10名班主任轮流担任指导老师。此外,化学"氪铍"社团、物理科学院、英语戏剧社、生物探究社、数学思维训练营、历史知豫社等由多名班主任担任指导教师,为发挥社团德育作用奠定了坚实的基础。

(一)美术类社团

我校美术类社团共有4个分社团,分别为绘画社团(指导教师何老师,32人)、剪纸社团(指导教师李老师,25人)、创客摄影社团(指导教师路老师,22人)、书法社团(指导教师黄老师,18人)。其中2人(指导教师路老师、黄老师)同时还担任着班主任,1人(指导教师何老师)同时还担任着学生发展中心德育老师。

美术社团在我校美术教育中具有不可或缺的作用,培养了一批又一批具有特长优势的学生。参加美术社团的学生相聚在一起,在社团老师的指导下,在各班主任的通力协作下,共同参加学习活动,既增加了一定的美术技能知识,也丰富了学生课余生活,为学生德育工作起到了很大作用。

为促进学生德育工作,我校多次开展大型学生活动,涉及演讲比赛、诵读比赛、乒乓球比赛、篮球联赛等等。每次活动开始前,发动各个班级美术社团的学生制作黑板报、宣传栏来营造活动氛围。不只是大型活动，美术社团学生在其他班级特色活动中更是大显身手，承担了各班的啦啦队横幅设计、班级版面设计等工作，在黑板报、班级荣誉墙、校园文化墙上绘出美好青春，优秀的作品更被各班推举展示在校园内外，这些实践成果美化了校园环境，促进了学校精神文明建设，营造了学校良好的德育氛围。

针对学生学习兴趣多样化的问题，4位社团老师设计开展了一些动手性更强、更富创造力的特色社团活动，如"小小老师，今天你最大"。美术社团4个分社团每月开办学生生日聚会，把当月所有过生日的社团学生会聚在一起，由他们担当本次社团活动的小老师，试着安排社团活动，检查社团作业成果。学生们热情极高，有班主任反馈说，学生为了扮好此次"角色"，在班级中纷纷向班主任请教如何当好老师、当好班主任，甚至有同学写了《老师的一天》《假如我是班主任》等主题作文。经过此次活动之后，同学们的责任感增强，团结协作能力得到提高，自主意识得到了极大提升。

另外，学校特别为美术社团配备了斯沃白板，四位指导老师充分利用多媒体进行宣导，将各种知识元素融入美术社团，让社团活动与人文知识、传统文化融为一体，使学生受到多学科知识的浸润，综合素养得到明显提升。同时，为了让社团更加富有实践性，达到实践育人的目的，四位社团老师通过开展课外研学、室外素描写生课、植物园写生课等形式，引发了同学们对社团活动浓厚的兴趣，对培养学生健康向上的情趣等优良品质有着极其重要的作用。

（二）音乐类社团

音乐教育能有效促进学生爱国主义思想的形成，提升学生审美能力，帮助学生养成发散性思维，促进学生个性的全面发展。音乐社团是音乐教育的重要组成部分，是音乐课堂的拓展和延伸，既丰富了学生的校园文化生活，又使得学生身心健康发展，促进了学生德育水平的提高。

我校音乐社团共开设四个分社团，分别是播音社团（指导老师田老师，26人）、合唱社团（指导老师庞老师，42人）、舞蹈社团（指导老师李老师，36人）、吉他社团（指导老师张老师，22人）。学生在学习过程中，了解与学习中西方音乐，体验不同国家和民族优秀的音乐文化，有效提高了学生的音乐素养、集体意识和家国情怀。

1. 合唱社团

学生的团队协作意识是重要的德育品质，主要是指个人在团队中遵从集体的精神状态，以及与其他人的协调配合能力。合唱社团天然地要求合作、需要合作。在庞老师的指导下，通过一系列实践类、活动类的教学内容，有效提升学生的参与度，培养了学生的团队协作意识。在我校庆祝建党100周年文艺会演、建校30周年文艺演出及近几年的新年晚会中，合唱社团均有精彩演出，并在市级比赛中取得了一等奖的好成绩。成绩的取得、老师的鼓励，对社团成员有着极大的影响。无论是对本社团的访谈调查，还是听取相应班主任的反馈，我们都能看到，我校合唱社团学生团结协作意识较强，学生的自信心也得到明显提升，心态更加积极，对今后的学习和成长都有积极意义。

2. 舞蹈社团

舞蹈社团是校园艺术常见的一种方式。很多学校的舞蹈社团往往只注重提高学生的舞蹈技能，并不特别注重德育品质的培育。即便注重了德育品质的培养，也因德育方式与手段比较单一，导致德育教育效果不佳。我校李鑫鹏老师是一名专业舞蹈教师，他与我校领导共同探讨、制定了舞蹈社团德育方案，并贯彻实施。

（1）强化吃苦精神

高难度动作难学难练，容易打击学生的自信心。为解决此问题，李老师每个月请一名班主任亲临舞蹈社团现场，对学生加以鼓励，将德育课程搬到了舞蹈现场。当舞蹈社团成员回到各自班级之后，更将社团中培养到的吃苦精神、团结品质，带回到与班级同学的相处之中。

（2）内化舞蹈情感

舞蹈的创设、动作的设计融入了很多的情感元素，如爱国、思乡、感恩等，这些也是德育元素。李老师在排练过程中，注重引导学生了解舞蹈内涵，理解舞蹈情感，用舞蹈表达善恶美丑的同时，也让学生明辨了善恶美丑。

为了使舞蹈社团更好地开展德育教学，指导老师李老师以实际生活中先进典型为原型，编创相应舞蹈并进行展演。此类主题舞蹈的排练展演，有效激发了我校学生学习榜样精神，汲取先进力量的决心和信心。

（3）积极搭建平台

在历届艺术展演大赛中,舞蹈社团的演出都是精彩的压轴节目。同学们以饱满的精神状态把舞剧《传承》《血脉》《渴望》表现得精彩异常。德育功能便在圆满的参与、感受、体验之中完美达成。

3. 吉他社团

作为一门学生喜爱度较高的课程,我校吉他社团自2020年创立,主要教授民谣吉他。吉他社团的活动目标主要是提升学生音乐素养,培养音乐兴趣及审美能力,在开展日常社团活动过程中,同学们感受到了吉他丰富的和声与透亮的音色,并在活动过程中提升了组织能力、沟通能力,增强了自信心及团队合作能力。

目前吉他社团中最受欢迎的是流行歌曲的改编、创编环节,社团指导老师发现一些流行歌曲如《孤勇者》《爱如火》《奔跑》特别受到学生的欢迎。指导老师便在课堂上带领学生一起对这些歌曲进行改编,使得歌词更为贴近学生生活。歌词的改编使得课上学生的积极性高涨,改编后的歌词内容有校园励志,有青春友谊,有学业上的你争我赶,充满了积极的德育效果,为我校学生德育工作起到了极大的推动作用。

4. 播音主持社团

播音主持社团是以播音主持理论为教学基础,结合指导教师的实践经验所开展的播音、主持教育活动,用以指导学生更好地进行有声表达,在节目主持、诗歌朗诵中发光发彩。可以说,播音主持社团是能有效塑造孩子独立人格、增强自信心、培养创造力的一门课程,可以有效提高学生的道德素养。

首先,可以有效锻炼学生"说"的能力。升学压力导致语文教学内容更加侧重于听、读、写的能力,学生"说"的能力长久缺失。而播音主持社团以口语表达为核心,学生真听、真看、真感受,培养出了敢说敢干的学生风格。

其次,在我校所举办的各种大型活动中,播音主持社团为学校培养了一大批学生主持人。他们自信的台风、自如的气质、机智的补救,在舞台上大放异彩。每一次大型活动的成功离不开他们的辛苦付出,而他们也在此间得到了极大的锻炼,塑造了可以信赖的个人品质素养。

(三)体育类社团

体育社团作为常见的体育教育形式,对学生打好终身体育基础、培养团队精神、培育优良校风校貌、促进校园体育文化建设具有重要的意义。

在众多社团之中，学生对体育社团喜爱程度较高。可以说，体育社团是中学校园社团最具活力、人数最多的社团。我校开设乒乓球社团（42人，指导老师马老师）、足球社团（35人，指导老师夏老师）、篮球社团（78人，指导老师阮老师）、象棋社团（37人，指导老师李老师）、体训社团（43人，指导老师韩老师）五个体育类社团，总参与人数共计235人。丰富多彩的体育社团活动，承担着锻炼学生体质、增强合作意识、引导健康生活的三重使命。

1. 培养耐挫能力

体育社团有助于培养学生的挫折耐受力。体育社团日常训练强度大，需要不断地突破自我。而且，冠军只有一个，客观来说，每名学生都会经历多次的失败，失败后的努力为学生下次比赛的成功、未来人生的奋进，奠定了坚实基础。

2. 提高内在修养

适当的体育运动可以让我们处于兴奋状态，忘记消极情绪。因此，体育社团活动可以有效解决同学之间的纷争和摩擦，对学生的人际交往能力是一种历练和提高。与此同时，体育礼仪贯穿于运动的全过程，展现学生内在的道德修养，因此，具有着极高的德育功能。

3. 促进心理健康

心理健康是德育的重要内容。从生理学、心理学来说，运动促进多巴胺、血清素和正肾上腺素三种激素的分泌，使学生心情愉快、精神集中，快乐成长。

4. 培养协作意识

不会合作的人是无法健康生存和发展的。而在现实中，独生子女以自我为中心，合作意识淡薄。体育社团是以集体方式进行的，要求学生合理分工、相互配合，不仅引导学生学会了团结合作，也增强了他们的集体主义意识。

（四）其他社团

1. 生物探究社

生物社团指导老师为孟老师，社团成员35人。作为学科实践社团，孟老师开展了许多特色活动，如叶脉标本制作、植物园花草辨认等。为帮助生物社团进行实践活动，学生发展中心特别为生物社团开辟了一块"试验田"，为生物社学生量身打造了专属小菜园。孟老师带领同学们在此种植各式各样的植物，在实践主题活动中，有效引导我校学子学会劳动、学会生活、学会创新，培养了学生热爱劳动的优良品质，取得了极大的德育效果。

2. 物理研究院

同样作为学科实践社团，物理社团成员 38 人，指导老师秦老师。作为一名严谨的物理老师，在社团活动中，秦老师摒除传统的"压迫型"教学模式，平等地与学生进行交流。通过讲述牛顿等科学家的故事，引导学生认识到，科学知识就蕴藏在生活小事中，在生活中遇到不理解的事情时要学会积极主动地思考。秦老师更耐心鼓励学生的实践勇气，提升了学生实验探索的动手能力。

3. 文学阅读社

文学阅读社团是学生人数最多的社团，共计 89 人，指导老师为各班班主任，每周轮换。在日益增大的学习压力下，文学社团对于学生思想品德的培养、健全人格的塑造发挥了巨大的作用。在每次的文学社团课上，指导老师通过古今中外文学作品课程的阅读分析，以这些深蕴着生命内涵、人生意义的优秀文学作品来引导学生的思想道德，使我校学生在一种审美愉悦的情感中受到熏陶浸润。作为社团指导老师，各班班主任还通过文学家的鲜活事例及其传奇的人生经历，来对我校学生进行德育教育，培养他们坚强的意志，锻炼他们承受磨难与挫折的坚韧品质。

在文学社团活动中，学生发展中心盛情邀请了知名作家来社团开办文学讲座；各班班主任也不遗余力，组织学生进行有关文学作品的讨论，从而使讲座的作用发挥到极致。学生们在讨论中思想得到升华，在畅所欲言中与文人名家的思想发生碰撞，道德思想品质得到极为有效的滋养，使得我校德育教育取得极佳的效果。

4. 厨艺社团

我校创新设立了厨艺社团，成员 27 人，指导老师张老师。厨艺社团成立以来，张老师引导社团各成员提高烹饪技艺，丰富烹饪知识，努力办好每一次美食活动，让同学们在实际制作中体验到烹饪的乐趣，去真正地爱上烹饪。

可以说，厨艺社团集美食、礼仪于一体。张老师不仅教会学生做回锅肉、炒虾尾、拌黄瓜、水果拼盘、爱心煎蛋、蒸花馍等美食，还让学生把学到的厨艺带回家，做出美食让家长品尝，培养同学们孝老爱亲、懂得感恩的品质。同时，作为政教处德育老师，张老师还教会学生餐桌礼仪，让学生明白小餐桌传承了中华民族的优秀传统文化。最后，张老师将特色美食与教学相结合，让学生在学做美食的过程中了解本地美食文化，了解家乡传统，培养学生热爱家乡、热爱河南、热爱祖国的情感。

5. 礼仪社团

我国是"礼仪之邦"，讲文明、重礼仪是我国文化传统。为普及礼仪知识、传播礼仪风采，我校成立了礼仪社团。社团成员22人，指导老师李老师。在社团活动中，全体社员坐有坐相、站有站姿，训练有素、落落大方，有效地提高了同学们的自身形象、自身修养。学校组织的各大校园活动中，都有着礼仪社团的身影，成为校园一道亮丽的风景线。

6. 心理社团

心悦心理社团，成立于2011年，由我校各个班级的心理委员组成，他们充满阳光活力，热爱自助助人，在校园内积极传播向上向善正能量，组成了我们共同的、热心服务同学成长的心悦心理社团。

德育和心理健康教育是相互关联的两个方面。心理健康教育是德育工作的重要组成部分，为德育提供了基础和保障。德育工作为心理健康教育提供了方向和指导。心理健康教育可以帮助学生在道德认知、情感和社会适应方面得到更好的发展，为德育工作提供支持和保障。

首先，同伴互助，有爱友爱。"心灵关爱心灵，生命影响生命，分享心灵阳光，共享心理健康"，这是我校心悦心理社团的宗旨。学生的健康成长，离不开老师、家长、社会的关注，更离不开同伴的互助。在社团日常活动中，引导每一名成员都积极努力，在自己的班级中普及心理知识，帮助有困惑的学生寻求老师帮助，对问题学生持续密切关注，防止他们的心理问题进一步扩大。通过同伴互助，有效培养学生的同情心、责任感和正义感等道德情感，帮助学生形成良好的道德品质和行为习惯。

其次，缤纷活动，热爱生活。社团日常活动中，心理社团参加各项志愿者服务，参加义工活动，参加公益行动，走出校园，开阔视野，发现和培养对生活的热爱、对未来的规划。每年 5 月的心理健康教育活动月，成员群策群力，通过心理图片展、心理手抄报评比、团体游戏、校园心理剧展演、体验心理辅导等活动，带动更多学生认识心理健康，提升心理素质。缤纷的活动，帮助学生学会如何与人交往、沟通和使用社会资源，从而增强社会适应能力。

最后，家校携手，护航成长。学校周围的社区环境对学生的影响很大。心悦心理社团走进社区，向社区居民广泛宣传心理健康知识，向家长开展心理健康讲座，引导他们正确认识心理辅导，提高心理健康意识，从而对我校学生及家长的心理健康意识起到促进作用。帮助学生更好地认识自己、了解自己的需求和情感状态，从而更好地掌控自己的情绪和行为。

二、社团活动辅助班级德育

社团活动开展以来，绝大部分学生对于社团活动的德育效果是非常认同的。经教学实践和调查，我们认为在初中学生社团中开展活动辅助德育工作，其德育价值和意义体现在以下几方面：

（一）打造良好德育环境

社团活动的活跃和发展使得校园充满了青春阳光的文化氛围，起到了环境育人的作用。我校丰富多元的社团类型，充满生机活力的社团活动，在很大程度上促进了校园文化发展中最重要且最难实现的精神文明建设，从而弥补了说教式德育的苍白和不足。

潜移默化的德育环境，在耳濡目染中引导学生受到优秀德育的感染和美的陶冶。例如为体现社团对校园文化建设的参与，我校特别鼓励社团积极创作，将学生优秀的美术作品、书法作品、摄影作品、手工作品展示在校园的最显眼处，把抽象的校园文化落实到校园每一个具体的角落，把最直接的校园实践活动凝练为校园的文化精髓，一起营造富有活力与朝气的校园文化氛围，积极地推动了校园精神文明建设，从而使校园文化更加丰富，更加富有育人属性，德育效果更加出众。

（二）促进创新能力培养

在学生社团活动中，采用的是做中学的学习方式。任何问题的发现和提出，设计解决方案并实施都需要每一个社团成员从不同角度、用不同方法来探索和研究，众人拾柴火焰高，社团成员的团结协作凝聚出来不少独特创新的思路和方法。思想的火花只有在碰撞中产生！社团成员们不同的创意和灵感在互动中相互摩擦和碰撞，不断产生新的看法、新的认识。这种互动越是活跃，创新的思潮越是涌动，使得社团成员的创新意识在活动中得到提升，同时促进学生综合素质的全面发展。

（三）提高心理健康素养

初中阶段的学生面临许多人生重要任务，如人格塑造、辨别是非、融入社会、自我完善等重大问题。这是人生的一大转折时期，是学生从儿童到少年的青春发育时期。而社团为同学们提供了一个情感交流的机会。当学生处在一个社团里时，他以自己是社团中的一名成员感到自豪，获得了极大的归属感、认同感，会感到自己的存在，不会感到孤独。有社团做自己强大的后盾，提高了信心，增强了勇气和力量，对学生的人格完善、心理健康发展起到了极大的促进作用。

（四）培养社会生活能力

在社团活动中，逐渐培养和形成的自理能力、组织能力、合作能力是学生步入社会后不可缺少的优秀品质。社团活动也是学生在进入社会之前建构自己的人际关系、储备社会资源的一种很好的途径。与此同时，我们也能看到，很多社团开展的活动都得到了社会团体的支持和帮助，反过来，这些社团也通过服务社区、开展科普活动，引导学生进一步深入社会。可以说，学生在社团活动中学习、实践，为逐步走入社会打下牢牢的根基。

（五）培养团结协作意识

在学生社团活动中，为了更好地建设社团，有效地组织社团互动，社员必须进行分工合作，只有体会到团结合作的重要性，才能促进社团成员之间合作技能的提高。因此，社团对培养学生的团队意识是非常重要的。其次，如果社团中有不合作的成员，集体环境会对其产生无形的压力，督促他纠正自己的行为，从而使得合作和竞争起到规范的作用。

第四节　图书品牌　达成"精致"境界

"中学图书馆"和"育人价值"在国内外相关研究领域中都属于热点问题。近年来，各级各类部门相继提出了"书香校园建设""弘扬中华传统优秀文化""立德树人""五育并举""双减""新版义务教育课程标准"等，更是将中学图书馆功能的相关研究聚焦于育人价值上，并具体落实到图书馆品牌建设中。在对国内相关文献的梳理过程中发现，诸多专家学者和一线教师对中学图书馆品牌建设及其育人价值有不同的见解，但同时也积累了丰富的理论经验和成果。于是，我校组建课题组，有计划、有组织地打造一批特色品牌，具体包括五个部分：

第一部分为阅读研究品牌，包括教育科研阅读研究中心、德育工作阅读研究中心、心理健康阅读研究中心、校本课程阅读研究中心、社团活动阅读研究中心等。

第二部分为阅读组织品牌，包括教师读书会、教师读书论坛、学生读书会、学生读书论坛、名师工作室读书会等。

第三部分为阅读活动品牌，包括汉字大赛、成语大赛、诗词大赛、名著知识竞赛、诗歌比赛、征文比赛等。

第四部分为阅读标杆品牌，包括书香教室、书香学科组、书香学生、书香班级、书香家庭等。

第五部分为阅读成果品牌，包括教师读书会文集、名师工作室文集、教师诗歌集、学生读书会文集、学生诗歌集等。

以上五个部分相互配合、相互补充，构成一个书香校园特色品牌体系。

一、中学图书馆育人功能的背景、现状及实施路径

（一）中学图书馆育人功能的政策背景

党的二十大报告指出，教育是国之大计、党之大计。培养什么人、怎样培养人、为谁培养人是教育的根本问题。育人的根本在于立德。全面贯彻党的教育方针，落实立德树人根本任务，培养德智体美劳全面发展的社会主义建设者和接班人。

习近平总书记的系列重要论述，提出了全员育人、全过程育人和全方位育人的要求。学校、家庭、社会和个人都是育人的主体，其中学校是有组织、有计划地实施育人工作的主要阵地。在校园中，育人的途径有多种，如管理育人、课程育人、活动育人等。在校园中，也有着诸多可以利用的场所来育人，如常规教室、功能教室、活动园地、会议室、工作室以及图书馆等。

学校图书馆作为传播文化、指导阅读的重要场所，在育人方面具有天然的优势。近年来，在各级教育行政部门的指导下，各级各类学校不断加强图书馆的建设和管理，在完善硬件设施的基础上，更加注重图书馆的育人功能。《关于加强新时期中小学图书馆建设与应用工作的意见》，明确了六大重点任务，其中包括"充分发挥育人作用"；《中小学图书馆（室）规程》特别强调"图书馆是促进学生全面发展和推动教师专业成长的重要平台"。因此，我们要充分开掘中小学图书馆的育人功能，让图书馆成为涵育学生的重要场所。

（二）中学图书馆育人功能的现状分析

国外书香校园背景下的图书馆品牌建设是在终身教育思想的影响下，以培养学生的阅读习惯，丰富学生的知识结构，营造校园文化环境为目标，培养学生良好的阅读兴趣，为素质教育改革提供保障。其中，在"书香校园"建设中培养学生阅读兴趣的研究中，美国心理学家鲁梅尔哈特借助"图式理论"，以激发学生的自我内在阅读需要，培养阅读的图式习惯，构建多样化的阅读模式，同时，通过阅读图式的引导，帮助学生建立阅读个性，并提倡反复阅读能力，提高学生的阅读技巧和阅读水平。

近年来，国内各级各类部门相继提出了"书香校园建设""义务教育均衡发展""弘扬中华传统优秀文化""立德树人""五育并举""双减""新版义务教育课程标准"等，更是将中学图书馆功能的相关研究聚焦于育人价值上，具体落实到图书馆品牌建设中。在对国内相关文献的梳理过程中发现，诸多专家学者和一线教师对中学图书馆品牌建设及其育人价值有不同的见解，但同时也积累了丰富的理论经验和成果，为中学图书馆特色品牌的开发及其育人功能的研究提供了相当大的空间。在中学校园内，图书馆的育人功能还未得到充分开发，育人价值仍未得到充分体现，这就是教育工作者当前要着力解决的问题。

（三）中学图书馆特色品牌的育人路径

在书香校园的背景下，为凸显图书馆品牌效应，起到示范引领作用，由学校有计划、有组织地打造一批特色品牌。在实践中，图书馆作为领导者和协调者，使各个部分相互配合、相互补充，构成一个书香校园品牌体系，有力保障了中学图书馆育人价值的实现。

1. 阅读研究品牌

阅读研究品牌包括教研科研阅读研究中心、德育工作阅读研究中心、心理健康阅读研究中心、校本课程阅读研究中心、社团活动阅读研究中心等。基于办学的基础和特色，学校成立若干阅读研究中心，旨在将中学校园内不同的教育领域进行整合与分配，从而实现图书馆育人的精准化与专业化。

教研科研阅读研究中心主要通过组织教师对教研科研方面的资料进行阅读与研讨，共同研究如何通过课堂教学、作业设计、实践活动和课题实施来实现育人的目的。

德育工作阅读研究中心主要通过组织德育专、兼职教师对德育方面的资料进行阅读与研讨，共同研究如何通过团队课、班会课、主题活动以及日常班级管理等实现育人的目的。

心理健康阅读研究中心以学校心理专、兼职教师为核心，组成学校心理健康教育团队，在对心理学相关著作的阅读和研究的基础上，提升对学生心理健康的教育与指导能力。

校本课程阅读研究中心基于校本课程教师对课程育人的需求而成立，在对校本课程相关资料的阅读和教研中，丰富教师对地方和社区中思政元素的挖掘，逐步提升育人与课程、教材、资源等相融合的能力。

社团活动研究中心以社团指导教师为主要参与者，在对社团活动相关著作的阅读与研究的基础上，充分发挥各社团的特色，将育人过程特色化、个性化、趣味化。

2. 阅读组织品牌

阅读组织品牌包括教师读书会、教师读书论坛、学生读书会、学生读书论坛、名师工作室读书会等。

教师读书会由学校内一群热爱读书的教师自发、自愿组织而成，通过分散阅读和集中交流的形式引领全校师生积极阅读，逐步形成书香校园的良好氛围，使广大师生在阅读中丰富知识，开阔眼界，提升道德修养水准。

教师读书论坛作为集中展示教师阅读成果的平台，不仅组织校内教师进行专题发言，而且邀请校外教师、专家、学者等前来做报告，使全校师生能够接触到更多的阅读实践者和推广者，从而开阔视野，活跃思维，感受到阅读带来的熏陶与感染。

学生读书会在全校范围内吸收喜爱阅读的学生参加，在语文教师的指导下，进行经典阅读、诗歌朗诵、课本剧表演以及研讨交流等活动，促进学生阅读水平的提高。

学生读书论坛作为专门为学生打造的阅读交流平台，为广大学生提供了展示阅读成果的宝贵机会，让优秀学生登台发言，不仅锻炼自我，而且树立榜样，使更多的学生爱上阅读，更加注重通过阅读丰富知识，提高素质。

名师工作室读书会不同于教师读书会，它由若干省级名师主持，每位名师带领若干青年教师组成团队，其中一个主要的活动项目就是读书。名师定期选择本学科的教育教学著作，团队成员定期交流阅读成果，共同提升教育理论水平和教学研究水平，同时提升育人的能力。

3.阅读活动品牌

包括阅读活动品牌汉字大赛、成语大赛、诗词大赛、名著知识竞赛、诗歌比赛、征文比赛等。

"培养担当民族复兴大任的时代新人"，这是中国特色社会主义进入新时代对社会主义建设者和接班人的新要求，是新时代实现中华民族伟大复兴对教育培养人的新要求。继承和弘扬中华优秀传统文化，增强中学生的民族自豪感和自信心，实现文化育人，正是图书馆需要承担的重要任务。在实践过程中，图书馆可以根据学校的实际情况组织一系列的阅读活动，使全校师生广泛参与，全身心融入中华文明和传统文化的熏陶之中。

汉字大赛旨在引导学生认识汉字的起源、演变、结构、释义以及书写等，感受汉字的形与意的美。

成语大赛旨在引导学生学习中华成语的来源、结构以及含义等，感受成语的博大精深与精妙组合。

诗词大赛旨在引导学生了解中华诗词的发展脉络、时代背景、深刻含义以及作者生平，感受诗词的意境与音韵。

名著知识竞赛旨在引导学生养成热爱阅读名著的习惯，从名著中汲取营养，增进对中华民族文化的深入理解。

诗歌比赛旨在引导学生在感受诗歌美的基础上，培养发现生活中的美的意识，用简洁的文字表达美的能力。

征文比赛旨在引导学生通过一定数量的高质量阅读，积累丰富的素材，培养驾驭语言文字的能力，用文章来表达自己的思想观点和真情实感。

4. 阅读标杆品牌

阅读标杆品牌包括书香教师、书香学科组、书香学生、书香班级、书香家庭等。

阅读标杆品牌的选择与树立，是基于阅读活动的开展而确定的。在各种活动中，表现优异的积极分子自然地成为师生学习的榜样与楷模。

书香教师为教师群体中阅读的数量和质量突出者，同时能够承担阅读的宣传者、推广者和引领者，示范效果显著。

书香学科组为在阅读活动中表现突出的专门教师群体，他们以学科为单位，共同阅读教育教学著作，深入研究和探讨教研教学理论和方法，成为全校教师着力提升专业能力的楷模。

书香学生为在阅读活动中表现优秀者，无论是在阅读方面，还是在学校组织的系列阅读活动方面，都取得了优异的成绩，成为全体学生学习的榜样。

书香班级是班集体的荣誉，在班主任的带领和指导下，全班同学有计划、有组织地进行阅读活动和交流活动，在学校组织的系列活动中取得的集体荣誉和个人荣誉均为领先者，成为各个班级争相学习的标杆。

书香家庭则以家校合作为基础，将阅读活动延展至每一位学生的家庭，鼓励父母以身作则，鼓励亲子阅读，营造良好的书香家庭氛围，实现家校共育的目的。

在有组织、有计划地深入开展阅读活动的基础上，将会涌现出一批榜样人物和典型事例，及时地发掘和宣传这些人物和事例，使其起到示范引领作用。评选书香教师、书香学科组、书香学生、书香班级以及书香家庭等。这些模范性的品牌无疑是一个个具有导向性的标杆，通过先进的群体和个人以身示范，广泛宣传，在校园内外能够带动更多的学生、家长、教师以及社区人员参与到阅读当中。这些标杆品牌在实践中不断弘扬社会主义核心价值观，弘扬中华优秀传统文化，宣扬公德与美德，形成社会主义道德新风尚，使学生能够浸润其中，感受到德育带来的成长与进步，体现育人价值。

5.阅读成果品牌

阅读成果品牌包括校报、教师读书会文集、名师工作室文集、教师诗歌集、学生文集、学生诗歌集等。

在学校图书馆的指导和引领下，群体或者个人的阅读具有了明确的方向和目的，在育人实践过程中，积累了丰富的素材和经验，通过系统化的研究，可以总结出若干不同形式的成果并进行更大范围的推广。

定期刊发的校报是成果体现的主阵地，具有连续性、稳定性和广泛性，能够使成果直观且及时地呈现在师生面前，在更大的范围内起到良好的教育效果。

学生读书会文集和学生诗歌集是学生阅读成果的汇编，是中学生展现昂扬向上、积极进取的精神风貌的平台，可以使人从文字中感受到学生道德的发展水平。

教师读书会文集和教师诗歌集是教师阅读、教研、反思与总结的成果体现，能够反映出教师作为教育工作者对自我学习的总结与评价，对育人的理解与思考，对育人策略与成效的展示。

名师工作室文集从课程与教学的角度集中反映了名师与骨干教师群体在课程育人方面的实践与反思，是集体智慧的结晶，也是课程育人的成果体现。

中学图书馆特色品牌的研究成果集中体现教师在阅读过程中总结出来的育人成效，不仅可以在学术交流平台、教育行政部门、中学等场域推广使用，而且有助于中学图书馆特色品牌建设的进行，提升校园文化品味，完善校园育人功能，实现中学高质量育人，促进学生的全面、健康发展。

二、多措并举，发挥图书馆育人功能

中学图书馆在学校开展教育教学工作中承担着重要任务，为发展学生核心素养,培养学生适应未来发展的正确价值观、必备品格和关键能力,引导学生明确人生发展方向,培养德智体美劳全面发展的建设者和接班人提供坚强助力,也是落实立德树人根本任务的思想宣传阵地。新乡市第三十中学图书馆于2021年被评为首批"河南省中小学示范性图书馆",积极探索发挥图书馆育人作用。

（一）环境建设,育人无声

1. 将校园文化与图书馆文化融合

优美的环境可以对思想行为产生重要影响,可以使学生在潜移默化中受到教育,从而达到寓教于情境的目的。学校在设计图书馆文化时不仅要典雅大方、突出文化氛围,更要与校园文化整体规划,和谐统一。名言警句、名人雕塑可以激励学生奋发向上；柔和光线的灯具可以创造舒适优雅的氛围；展示校园文化的文化长廊等宣传阵地能够充分体现人文内涵。文化环境和谐统一,能够全面发挥图书馆环境育人功能。

2. 全方位打造读书场所

我校图书馆坐落在精艺楼一楼,总面积1050平方米,包括藏书室、悦读厅、图书角、学生阅览室、教师阅览室、电子阅览室、学术报告厅、教室读书角等功能场馆。其中开放式悦读厅和四个图书角面积达230平方米,完全满足学生随时阅读的需要。

（二）资源建设,筑牢根基

1. 加强资源建设

我校图书馆现有藏书72000余册,生均藏书量达46册。其中悦读厅藏书9827册、四个图书角藏书2400册,能够充分满足师生的阅读需求。在知识更新日新月异的今天,需要常规性对需求进行调研分析,了解师生阅读需要,分析现有藏书资源利用情况,及时进行相关内容的采购补充,不断提升资源质量。同时还要做好意识形态工作,严格审核,抵御防范渗透。

2. 推进信息化建设

将信息技术融合到图书馆各个部分工作中,使图书馆各项工作效率有效提升。合理使用图书管理系统,将书目管理、借还管理、读者管理等模块整合。开发检索功能，培养学生对图书的阅读兴趣和正确的阅读方法，让学生积极探索图书馆各类资源的使用。积极开发使用网络资源，使馆藏信息载体向现代化的多类型、多品种、多载体方向转变，将网络信息有序、有价值地呈现，推动图书馆数字化转型。开发网站或微信公众平台，为师生提供研究性学习的环境，培养学生创新实践能力，达到育人目的。

（三）课程建设，提升素养

1. 开设阅读课

阅读是教学的重要内容，不仅能帮助学生理解文本内容，更能够培养学生批判性思维、提升学生信息整合和鉴别的能力。利用图书馆开设阅读课，将培养阅读者定为阅读教学目标，指导理解性阅读和应用性阅读，注重学生阅读过程的评估指导提升学生阅读能力。

2. 开设校本课程

图书馆可以参与校本课程开发，探索图书馆综合实践活动课，训练学生查询、搜集、筛选信息的能力，充分开发利用图书馆资源，在巩固课堂所学内容的同时拓宽知识面，提升素养。

（四）活动建设，调动热情

1. 开展读书会活动

我校在教师中成立精耕读书会，利用名师工作室、学科组，持续开展"同品书香"活动。通过活动引领全体教师崇尚阅读，指导全体教师科学探索专业发展路径，培养全体学生形成从阅读中探求知识的习惯。

学校名师工作室定期举行"读书研讨系列活动"。每一期活动，学校都会分学科精心挑选教育教学、师德养成等著作，由学校领导将书籍颁发给名师团队成员，名师带领各自团队成员结合教育教学实际开展读书活动。通过"分散阅读＋心得撰写＋集中交流"的形式深入学习研讨，促进师德养成，涵养文明品质。

学校以学科组为单位开展教师读书交流活动——精耕讲坛。教师认真阅读、积极反思，在精耕讲坛上分享心灵成长，碰撞思维火花，启发思考，沉淀能量，在丰富文化生活的同时充实精神境界，提升个人修养。

我校在学生中成立青衿读书会，定期举行丰富多彩、形式多样的活动，使学生保持浓厚的阅读兴趣，养成良好的阅读习惯。会员们浸润书海、探讨交流、涵养书香，从圣贤和智者的叮咛中顿悟人生的真谛，从名家和英雄的事迹中坚定奋斗的目标，洗涤提升精神和心灵。

学校结对帮扶封丘县荆乡回民中学和新乡县京华社区中学，帮助两所学校成立"麦田读书会"。遴选、捐赠图书共计600余册，总计12000余元。三校在"书香浸润校园"方面长期交流合作，定期开展同读一本书、同上一节阅读课、同办一场读书交流会等"同品书香"系列活动，既缩短了地域的限制，又实现了心灵的沟通。

2. 开展书香活动

在教师中常态化开展读书交流、读书论坛、读书推介、名家讲坛等系列活动，使书香润泽校园。教师在书香中聆听生命拔节的声音，享受生命成长的快乐，在思想上得到升华，在心灵上得到沉淀。

在学生中积极开展成语大赛、汉字听写大赛、诗词朗读比赛、名著知识竞赛、各类主题征文比赛、三行诗大赛、书香班级评选、读书交流等活动。全校学生热情高涨，积极参与，不仅赛出了兴趣、赛出了水平，更赛出了浓厚的读书氛围和你争我赶、奋勇争先的士气。

三、阅读组织品牌"青衿读书会"

每年4月23日是世界读书日。习近平总书记在给首届全民阅读大会的贺信中指出，阅读是人类获取知识、启智增慧、培养道德的重要途径，可以让人得到思想启发，树立崇高理想，涵养浩然之气。我校积极响应习近平总书记号召，创办了学生读书会——"青衿读书会"。

读书会成立以来，我们按计划举办了多场读书会活动，覆盖了不同年级的学生和不同领域的图书。我们通过学校官方平台、微信公众号、班级通知以及口头宣传等渠道，广泛宣传活动，并邀请同学们积极参与。同时，我们与学校图书馆及相关学科教师进行了紧密合作，确保活动的顺利进行。

（一）活动宗旨

"青衿读书会"以习近平新时代中国特色社会主义思想为指导，始终把阅读作为培根铸魂、启智增慧的重要途径，引导师生爱读书、读好书、善读书，不断增强阅读兴趣、养成阅读习惯、提高阅读能力，全面加强书香校园建设，助力书香河南建设，培养德智体美劳全面发展的社会主义建设者和接班人。

此外，切实落实《河南省青少年学生读书行动实施方案》中的举措要求，推进全面阅读、加强课堂阅读、用好数字资源、发挥教师作用、建立指导机制、优化读书环境、丰富读书活动、实施十大行动、健全激励机制、汇聚各方评价，营造良好书香氛围。

（二）具体举措

1.多样化的读书活动。除了传统的读书分享会，可以引入更多多样化的活动形式，如读书讨论小组、读书影视欣赏会、作者座谈会等。这些活动可以更好地满足不同同学的需求和兴趣，激发他们的参与热情。

2.定期举办书评比赛。组织书评比赛可以鼓励同学们积极参与阅读并表达自己的观点和感悟。可以设立奖项，给予优秀书评者一定的奖励和认可。

3.邀请学术专家和作家。定期邀请学术专家和作家作为读书会的嘉宾，分享他们的专业知识和观点。这不仅可以提升同学们的学术素养和思辨能力，还能为读书会增添更多的亮点。

4.学生推荐图书。鼓励同学们推荐自己喜欢的图书，并提供一个渠道让他们分享推荐理由和读后感。这样可以增强同学们的参与感和主动性，同时也能够扩大读书会的图书资源。

5.与校外读书会合作。积极与其他学校或社区的读书会进行合作，举办联合活动或互相参观交流。这样可以扩大读书会的影响范围，并与其他读书会分享经验和资源。

6.组织读书会志愿者团队。招募一支读书会志愿者团队，他们可以协助组织活动、宣传推广、场地布置等工作。志愿者团队的参与不仅能够分担工作负担，还可以培养同学们的组织能力和领导能力。

（三）工作成效

1. 提升了学生阅读兴趣。通过精心挑选的图书和多样化的活动形式，我们成功吸引了更多学生参与读书会。同学们积极借阅图书，参与讨论和分享，培养了良好的阅读习惯和兴趣。

2. 促进了学术交流与思辨能力。我们邀请了学校内外的教师和专家作为读书会嘉宾，分享他们的专业知识和观点。通过与嘉宾的互动交流，同学们提高了学术素养和思辨能力，深化了对书籍内容的理解和思考。

3. 增强了集体凝聚力。读书会活动不仅仅是单纯的阅读，也是同学之间交流和互动的机会。同学们在读书会上相互分享自己的感悟和见解，增进了彼此的了解和友谊，提升了集体凝聚力。

（四）努力方向

1. 加强宣传推广。我们将通过班级通知、校内广播、海报和社交媒体等渠道，加大对读书会活动的宣传力度，提高同学们的参与度和关注度。

2. 创新宣传方式。除了传统的宣传方式，可以尝试使用现代科技手段进行宣传，例如在学校网站、社交媒体平台上创建专属的读书会页面，发布活动信息、读书推荐和同学们的阅读心得。

3. 拓展读书资源。我们将积极与学校图书馆合作，争取获得更多的图书资源，并根据同学们的需求和兴趣，增加各个领域的图书种类。

4. 创新活动形式。除了传统的读书分享会，我们计划引入更多多样化的活动形式，如读书讨论小组、读书影视欣赏会等，以满足不同同学的需求和兴趣。

5. 建立评估机制。定期收集同学们的意见和建议，进行问卷调查或座谈会等形式的反馈，以了解他们对读书会的期望和改进建议。根据反馈结果，及时调整和改进读书会的工作。

"青衿读书会"取得了一定的成效，但也面临一些挑战。我们将以积极的态度，进一步改进工作，提升读书会的质量和影响力。希望能够有更多的同学参与进来，共同享受阅读的乐趣，提升学术素养和人文素养。

四、阅读组织品牌"精耕读书会"

我校"精耕读书会"成立以来，收效良好，起到了极大的"以读促学、以读促研、以读促教"的作用，有效提高了我校教师的理论水平和人文素养。

（一）工作举措

1. 领导重视，率先垂范

新乡市第三十中学党支部书记、校长屈新红，带头参与"精耕读书会"，并亲自撰写专题讲稿。在每次读书活动中，屈校长都认真聆听每位老师的读书分享，并向与会老师提出中肯的意见和建议。

精耕读书交流活动由教师发展中心承办，教师发展中心领导将各位主讲老师的笔记摘录、心得体会收集整理，并挑选精彩心得在学校公众平台、宣传栏进行宣传分享。

为了激励教师参与，每年8月份，教师发展中心都组织开展为期三天的精耕读书论坛，并集合人力开展评比活动，为获奖老师颁奖。

2. 制度健全，措施到位

（1）确立书目

阅读书目包括《叩问课堂》《从有效教学走向卓越教学》《万古江河》《陶行知教育名篇》等十余本，涉及教育、科学、历史、文学等多个方面。"精耕读书会"每名成员根据自身喜好，自选1—2本书目外的书籍进行阅读，以阅读开阔我们的视野，以教师阅读的实际行动影响三十中的每一位学生。

（2）深研细读

"学而不思则罔，思而不学则殆。"在"读书促进思考，思考促进成长"原则的指导下，"精耕读书会"倡导成员教师，将精读与泛读相结合，在学习中思考，在思考中成长。"精耕读书会"特别倡导阅读《如何阅读一本书》，希望老师们学会将读书与反思相结合，不断促进自己的专业成长。

（3）读写结合

不动笔墨不读书，为激励教师读写结合，"精耕读书会"积极开展读书交流活动，定期检查教师的摘抄笔记，对教师读书情况作以评定，确保精耕读书活动的质量。

(4) 读书评价

每个学期,"精耕读书会"的几名成员写一篇高质量的读后感,在读书交流活动中分享,由"精耕读书会"每名成员进行点评。在评价活动之后,我校领导对当次活动优秀作品进行宣传推荐,并予以表彰。

(5) 营造氛围

在我校领导的努力下,新乡市第三十中学积极营造浓郁的文化氛围,加强良好的校园书香文化建设。通过书香校园创建活动、省级市级书香班级评比活动、经典诵读活动等,"精耕读书会"在师生中大力倡导阅读,推进素质教育,建设书香校园。

(二) 工作成效

"精耕读书会"各项活动的有效开展,充分起到了引导三十中教师读好书、讲经典的作用,有效提高了我校教师教育理论素养和教育教学能力。

1. 增强阅读的主观能动性

"精耕读书会"成立至今,教师"被读书"的现象得到了极大的改变。原本老师们循规蹈矩的备课、讲课,很少有时间会用来读书、充电,这在一定程度上导致我们的教育观念片面、狭隘,落后于时代,不利于教书育人。

"精耕读书会"活动开展以来,明显看到许多教师有了极大的提高,能按计划进行读书,并按要求写出读书笔记、读书心得,提高了对教育教学的认识,营造了良好的教学氛围。

2. 激发发展意识

我们都是发展中的教师,在"发展"中才能有所进步。在"精耕读书会"第一次读书交流结束后,很多老师感觉到"一日不学习,会落后",甚至"要面临下课的危险"。教师这一职业,决定我们必须终身学习、研究。在经历了精彩的读书交流之后,很多老师产生了危机感和紧迫感,有了思想上的提高,开始认真地读书学习,甚至许多教师开始带着学生们一起读书,教育教学也有了很大的提高。

3. 引导教师成为教育的研究者

时至今日，传统教师的"一个人的演讲厅"教学法已被彻底否定。一个教师与几十个学生相比，我们在太多地方不如学生，甚至可以说，随着信息时代的发展，很多学生在某些方面的知识可能比我们丰富得多。

而阅读，能让我们能够认识到自己的浅薄不足，做一个善于反省的人。"精耕读书会"的老师们坚持阅读，坚持写读书笔记、阅读文章、交换阅读经验、进行激烈的讨论。通过这些活动，老师们开阔了视野，给思维注入了新鲜血液，为学生的教育带来了更广、更美好的可能性。

（三）工作亮点

1. 丰富多彩的阅读活动

教师的成长离不开阅读，学生的成长更离不开阅读。丰富多彩的阅读活动，是确保师生获得身心成长的有效途径。

"精耕读书会"经常面向全校师生组织开展主题阅读活动，如"我推荐一本好书""讲述我的教育故事""经典诵读""阅读演讲""世界读书日亲子共读"等主题活动。这些活动有力地调动了师生的兴趣，让师生更深刻地理解阅读的真谛，让书香飘满校园。

2. 与学生社团共读

读书不仅仅是为了自己，分享知识的喜悦充盈于心。身为教师，将自己的读书心得进行提炼，分享给学生，是我们至高的乐趣所在。在"精耕读书会"成立以后，我校成立学生阅读社团"青衿读书会"，每周五，教师与学生一起交流，分享自己的读书经验，在轻松愉快的氛围中激起智慧的火花，让读书成为一种乐趣，让孩子们更快乐地成长。

五、阅读活动品牌

为鼓励全体教师和学生积极参与阅读，养成良好的阅读习惯，引导全体师生通过阅读不断充实自我、提升自我，逐步营造浓厚的书香校园氛围，我校着眼全局，认真部署，积极开展"书香校园"建设工作，成效显著。

（一）工作举措

1. 成立领导小组，认真谋划部署

我校成立了由屈新红校长任组长，三位副校长王军、李新华、胡威任副组长的"书香校园"建设工作领导小组，以教师发展中心为牵头部门，与党政办公室、学生发展中心、后勤服务中心相互配合、统筹协调，并制定具体实施细则，分配部署各项工作，整体效果良好。

2. 重视硬件优化，完善阅读场所

我校在书香校园建设中重视硬件的优化，着力打造以校图书馆为核心的阅读场馆体系。我校图书馆设备齐全，场馆完备，包括藏书室、教师阅览室、学生阅览室、电子阅览室、借阅室、"悦读"厅、图书角等，现有图书65262册，完全满足全校师生、家长的阅读需求。2021年，我校被评为河南省首批中小学示范性图书馆。

3. 师生积极参与，活动形式丰富

为提高师生的阅读积极性，我校教师发展中心积极组织开展形式多样、内容丰富的读书活动，如汉字大赛、成语大赛、诗词大赛、名著知识竞赛、诗歌比赛、征文比赛、经典诵读比赛等，这些活动现已在我校常态化开展，有效培养了师生热爱阅读的兴趣，营造了浓厚的书香校园氛围。

4. 打造特色品牌，发挥示范功用

我校在进行"书香校园"建设工作中，特别注重总结经验，在经验中提炼成果，建构了我校的阅读体系，形成了特色书香品牌，逐步形成了以教师"精耕读书会"、学生"青衿读书会"、名师工作室读书研讨会、暑假读书论坛等为主的书香校园特色品牌系列活动，这些特色活动在我校的书香校园建设中，发挥了示范引领作用。

（二）工作成效

"书香校园"系列活动的有效开展，充分起到了引导我校师生读好书、好读书的作用，有效增强了我校的书香校园氛围。

1. 丰富多彩的读书主题活动

丰富多彩的读书主题活动，能有效鼓励学生提升读书兴趣，提高读书技能。

我校常态化开展以演讲比赛、朗诵比赛、师生同台讲故事、课本剧活动等形式为主的读书活动，激励学生们多读书、读好书。这些活动有效把"读书"和"活动"紧密结合起来，让学生们通过实践学到知识，得到锻炼。

2. 温馨良好的家庭读书氛围

父母是孩子的第一任老师，家庭、学校是孩子一生教育的两个重要方面。家校携手，能有效促进学校教育教学管理，促进构建和谐的亲子关系。我校特别重视读书活动，通过开展世界读书日亲子共读等活动，引导家长以身作则，为我校学子创造良好的阅读环境，培养良好的阅读习惯。

3. 形成了浓郁的读书氛围

常态化开展的多彩活动，有效引领我校师生共同参与到读书活动中来，目前，我校已经形成了浓郁的读书氛围。师生读书内容更加拓展广泛，学生们也能踊跃进行诵读展示，愿意把自己的学习成果与大家分享，起到了提高读书效果的作用。

（三）工作亮点

1. 太阳村捐书助学

世界读书日，我校开展了为期两周的"书香满校园"读书周系列活动。各班开展班级读书分享会，主讲学生"俱怀逸兴壮思飞"，台下师生浸润书香兴致昂扬。随后，各班为新乡县朗公庙镇太阳村的孩子们进行了图书募捐活动，共计捐赠1831册图书和价值3185元的生活用品。捐赠当天，我校八年级500名师生前往太阳村，太阳村孩子的不幸身世令人唏嘘，但他们的各项表现更让人赞叹不已！历次读书周系列活动，让三十中学子感受到了读书的魅力，更让他们体会到了奉献与分享的乐趣。

2. 书香班级评比活动

在校园内开展书香班级评比活动，能够有效地传播读书乐趣，使各个班集体成为传承优秀文化的阵地，成为师生共同成长的乐园，让每个孩子与书为友，享受阅读的乐趣，养成热爱读书的习惯。

我校常年开展校级书香班级评比活动，其中，班级图书角的建设是非常重要的评比指标。走进校园，经常看到班级图书角周围，同学们踊跃借书，积极读书。各班读书气氛热烈，吸引着每一个同学。各个班级内积极开展读书交流、诵读、诗词比赛等各项比赛，有力地促进了各班班级管理建设，使得校园阅读蓬勃发展。

我校书香校园建设系列活动，丰富多样，内涵深厚，辐射强效，不仅引领学校的书香校园建设，而且带动我校家长及社区人员的阅读热情，使教师、学生、家长以及社区在书香校园氛围中受益，社会反响良好，取得显著成效。今后，我校将进一步努力，让我们的学生和老师品读更多的书香，实现更全面的发展，体验更实在的幸福！

后　记

践行精致教育　成就精彩人生

如何把教育思想转化为全体师生的共同信念，转化为新质教育生产力，转化为办学目标而顺利实施，转化为人民满意的教育实践，是一项紧急而迫切的任务，需要我们全力以赴做好教育思想的跟进实践。许多学校存在的问题是有概念没策略，有要求没评价，有评价没标准，有标准没细则，所以理论指导实践的工作难以落到实处，更遑论做到精致。

一、跟进实践讲究学以致用

跟进实践就是瞄准先进理论，学习先进理论，比照先进理论，践行先进理论。通过理论引领，让学校各项工作保持一个高起点，让教育发展争取一个高速度，让教育质量达成一个高品质。

跟进实践具有三层意思：首先，通过教育实践凝练一种教育思想，或者通过比较选择一种或几种适合学校办学理念的教育思想，让办学理念、办学定位、办学目标有一个理论支撑，有一种理论依据。其次，强调理性思维和结构化思维，用理论武装头脑，用理论指导实践，用理论明辨是非，用理论坚定自信。最后，相信实践是检验真理的唯一标准，用教育实践来验证理论，用深度反思来感悟理论，用自己的经验来丰富理论，使理论更有生命力。

学以致用指学习了知识就要到实际中去应用，让学习变得具有实际意义，使学习起到事半功倍的效用。如果把这个"用"仅仅理解为当下的实际用处和未来的谋生手段，那么做教育的眼界就窄了些，格局就小了些。一则，"用"有大用、小用、实用、虚用、需用、备用之区别；二则，我们还可以有"学以致思""学以致通""学以致慧"的说法。

学以致用强调在实践中加深理解、掌握方法、巩固概念，反对无用知识。学以致用强调知识的整合与转化，用跨界的思维，打通学科知识的藩篱，尝试跨学科的主题学习。学以致用，既反对机械套用，又杜绝僵化借用。"用"字的精髓在于教会别人，这是一种最有效的学习方法，符合学习金字塔的原理，且与费曼学习法有异曲同工之妙。

教师学习既有成人学习的要求，又有专业学习的内涵；既具有业务进修的必要，又有终身学习的必须。学校总结了精致教师专业学习的八项注意：

1. 阅读中的积累，拓宽自己的视野；
2. 思考中的沉淀，提升自己的学识；
3. 探索中的发现，掌握教学的规律；
4. 反思中的感悟，理解教育的秘诀；
5. 写作中的转化，生成自己的观点；
6. 交流中的碰撞，捕捉智慧的创意；
7. 工作中的收获，分享教育的幸福；
8. 精致中的追求，体验成长的快乐。

二、三项举措保障行动落实

（一）顶层设计与跟进落实

教育思想的本质是以校长为首的领导班子对于办学定位、办学目标的系统思考、长期规划与顶层设计。精致教育作为学校发展的顶层设计，不仅要引领学校的发展，制定未来五年的发展规划，形成一种办学愿景，更重要的是让全体师生对未来办学目标更清晰，学校发展思路更清楚，教育工作更有条理性与逻辑性，重点解决基础教育"是什么、做什么、怎么做"的认知问题。思想是行动的先导，解决了思想认知问题之后，下一步就要解决行动问题。

教育思想是学校的文化标识，既要简洁上口、通俗易懂，又要内涵丰富、寓意深刻,还要深入人心、思想认同,更要激励上进、精神支撑。如果是上万师生规模的学校,你就顾不上讲"精致",也谈不上精致教育。少于100人规模的学校,将面临生存危机,也无暇谈及精致教育。500—1500人规模的学校是推进精致教育的最佳空间和最佳选择。

践行精致教育关键是思想上明确精致教学的六项要求:

1. 分析学情精准定位,实施分层教学;
2. 剖析教材精教细学,做到个别指导;
3. 启发思考精巧创意,联系生活案例;
4. 点拨思路精进思想,培育核心素养;
5. 思维导图精辟结论,实现化繁为简;
6. 好课五灵精益求精,锤炼精致品质。

(注:"好课五灵"是指有灵魂、有灵气、有灵性、有灵动、有灵感。)

跟进实践是指用教育思想、办学理念来引领、指导、规范学校的各项工作,把办学理念作为学校的工作流程和评价尺度。跟进实践强调思想的引领作用和实践的验证作用相结合,意味着学校领导和教师团队要想在前、干在前、冲在前,要以积极的姿态奋力跟上前进步伐,骨干教师不能掉队,青年教师也不能掉链子,大家齐心协力,努力工作,形成前浪带后浪、后浪推前浪的姿态。

跟进实践有四层意思:

1. 用理论指导工作,让工作更有条理性;
2. 用工作验证理论,让理论更有指导性;
3. 坚持"教学做思"四位一体的工作方法,在实践中不断完善理论、丰富理论、提升理论;
4. 形成认识上的思想统一、行动统一和标准统一,让教育思想形成精神凝聚力,生成教学战斗力。

一位教师想要有所成就,就要让读书成为一种习惯。为了把跟进实践落到实处,促进教师深入学习,形成良好的学习氛围,提升专业素养,学校出台精致教师自主学习的十项规定:

零星时间自己学;

规定时间集体学；

知行合一做中学；

理论先行引导学；

课改实践跟进学；

课改动态网络学；

项目攻关重点学；

课题研究深度学；

教育经典刻苦学；

专业发展终身学。

学校为促进教师的专业成长，还提供了精致教师学习的六种方式：

1. 基于问题的跟进学习，解决问题，总结经验，共同分享，共同进步；

2. 基于项目的合作学习，明确主题，任务分解，资源共享，通力合作；

3. 基于反思的深度学习，比较特征，发现差异，梳理概念，感悟哲理；

4. 基于探究的发现学习，选择切点，深入探究，总结概念，发现规律；

5. 基于品质的素养学习，学以致用，行动第一，修炼品格，提升素养；

6. 基于未来的智慧学习，着眼未来，适应变化，数字校园，人工智能。

一种教育思想能否在学校生根发芽成长，必须具备三项条件：首先，思想认同，主动执行；其次，跟进实践，成效显著；最后，既要简洁上口、通俗易懂，又要内涵丰富、寓意深刻，还要激励上进，提供精神支撑。

（二）实践优化与实践创新

优化是一个递进过程，只有优化才能达到精致的境界。怎样把教育思想通过实践转化为教学行为，强化为教学习惯，优化为职业品格，内化为职业信仰，这是学校文化建设面临的一个严峻挑战。

思想既要转化为行动，产生教学效益，达成教学目标，还要转化为信念，形成思想共识，达成共同愿景。这就需要我们把精致教育的思想进行详细的解读，提出可操作的方案，"精致教学"不再是一个空泛的口号和空洞的要求，做到可分解、可执行、可评价、可检测；同时"精致教育"还要做到有层次、有选择、有创意、有意义。

以思政课为例，要提高思政教学的针对性和实效性，就要贴近社会的热点问题，提供观察社会、分析社会的基本方法；贴近学生的生活实际，解决学生的思想困惑；贴近学生的成长需求，提供思想信仰的精神坐标；贴近学生的语言风格，课堂话语要做到通俗化、口语化、具体化、形象化，让思政教育既悦耳动听，又入耳顺听，做到真正入心入脑入灵魂。

学校为提高思政教学的说服力、影响力和渗透力，概括出思政课教学的"十讲"，即抽象问题讲实在、社会问题讲联系、历史问题讲对比、具体问题讲清楚、疑难问题讲根源、复杂问题讲透彻、原则问题讲具体、执行问题讲方法、深入浅出讲原理、润物无声讲传承。

用心践行精致教育的人，需要付出实践创新的不懈努力，然后时间会给你一个精彩的答案。

创新主要分为理论创新、实践创新、制度创新和技术创新。理论先行，它是行动的指南。实践跟进，它是理论与实践的良性互动。实践创新主要分为四个步骤：问题意识、问题解决、技术应用与理论丰盈。对于基础教育而来说，我们的主要任务是通过自己的实践创新来验证新理论，检验新理念，应用新模式，解决新问题。

在精致教育思想引领下，我们全力打造精致文化，它包括七个方面的内容：

学校精以求道，彰显办学之魂；

教师精以求真，探究导学哲理；

学生精以求实，掌握求学之法；

课程精以求美，引导文化传承；

管理精以求细，做到执行有力；

思想精以求善，立志报效祖国；

品质精益求精，达成卓越品质。

（三）跟进反思与沉淀提升

教育思想和学校文化的跟进研究，主要包括两方面的内容：一方面是中外先进办学理念的比较研究，另一方面就是办学实践的反思研究。前者让我们开阔眼界，汲取先进经验，后者让我们扎根中国大地，厚植文化基础。通过反思、感悟、改进、提炼，我们的教育思想一定会更有生机与活力，更有特色与光彩。

教师的专业成长，一方面是基于教学实践的跟进反思，另一方面是基于理论学习的沉淀提升。基于这两方面的考虑，学校做好精致教师专业发展的顶层设计，提供了一个"五成公式"，概括了一个"六环递进阅读"，设计了专业成长"八项工程"。

精致教师专业生涯的"五成公式"——

1. 成绩公式＝目标＋努力＋进步＋增值＋欣慰；

2. 成人公式＝心态＋价值＋思维＋选择＋情商；

3. 成长公式＝梦想＋努力＋方法＋心态＋激励；

4. 成才公式＝志向＋情趣＋潜力＋机遇＋平台；

5. 成功公式＝目标＋行动＋团队＋坚持＋感动。

"六环递进阅读"，促进精致教师有序成长——

一环：阅读—分享—点评；

二环：实践—比较—反思；

三环：感悟—写作—交流；

四环：碰撞—捕捉—灵感；

五环：研讨—提炼—观点；

六环：见解—学识—主张。

精致教师专业成长的"八项工程"——

1. 设计职业规划，明确成长目标；

2. 打造书香校园，推广阅读工程；

3. 落实行动研究，破解成长障碍；

4. 实施项目驱动，鼓励课题研究；

5. 强化团队合作，组织协同攻关；

6. 规范五课联动，促进教研深化；

7. 实施五星晋级，引领有序成长；

8. 养成职业自觉，提升专业境界。

三、三重尺度，引导精致教育的落实

学校工作当然要提高政治站位，抓整体、看大局，这是学校领导班子应有的政治素养。但是具体到执行层面，更强调从小处着眼、细处用心、巧处用力，提高教学执行力，这样学校工作才能做得更精致，更出彩。

（一）从细节入手，谨慎周到不留缺口

"天下大事，必作于细。"没有对细节的认真把握，说明我们的工作漫不经心；没有对细节的精心雕琢，教学效果就显得非常粗糙；没有对细节的恒久坚持，就说明我们缺少职业素养。什么时候我们才会对教学细节格外用心、反复推敲？通常是校长听课、讲校内公开课或者是参加省市优质课大赛的时候。用讲优质课的心态来做日常教学工作，我们一定会成长得更快，我们的课堂也一定会很精彩。一般人才与优秀人才的差距，很大程度上就在于对日常工作的细心、用心与精心。

教学工作重在抓落实，贵在抓落细，妙在抓落小。教学目标一定要有监测，这叫落实；教学设计一定要有情境，这叫落细；教学任务一定要有分解，这叫落小。有人总结得好，"千招万招，不落实都是虚招；千条万条，不落细都是白条；千重视万重视，不落小都是空重视"。工作落细是工作落实的必要前提，工作落小是工作落实的必然归宿，工作落实必然以落细与落小为标志：三者之间互为因果，互相促进。

工作落实不是写在文件上、讲在口头上、填在表格中、画在图表上，绝不能以会议落实会议、以文件落实文件，而是强调落实到具体部门、具体人、具体时间、具体地点、具体事项和具体标准，呈现出"人人有事做，事事有人管"的局面。

（二）从细心发力，问题清单对标典范

人们都愿意做大事，而不愿意做小事，因为做大事需要有大能力，容易建立大功劳，更能引起领导的关注。殊不知大事是由无数个小事组合而成的，做大事始于做小事。只有用心做好每一件小事，才会有机会和能力做好一件大事。做好一件事情，需要用心思考，细心雕琢，耐心跟进，悉心打磨，诚心尽责。

何为用心？一般解释为注意力集中，认真思考，专心致志，全力以赴。它包括

四层意思：心理上的专注、情感上的投入、道德上的责任和事业上的勤奋。它可以解释清楚，为什么有些人对待工作非常用心，有些人则漫不经心。用心还说明一种正确的工作方法、良好的工作态度；表现出对他人的关心、对学校的关注；对教育事业的持续努力和不懈追求。

用心公式＝专注＋思考＋行动＋改善。

何为细心？一般解释为用心缜密，思考周到，杜绝差错，不留遗憾。细心是一种品质，表现为对事物及其周边环境观察、分析、思考的能力。细心对应的是粗心大意、心不在焉、马虎应付，表面看是性格问题，实质上是品质问题。细心出于热爱，源于忠诚，工于雕琢，求于精湛。

细心公式＝观察＋比较＋雕琢＋精品。

精致教育要求把复杂的概念用最简洁、最生动的方式进行表达，让学生理解内涵，掌握步骤，执行操作，自我评价。

（三）从精致对标，知易行磨炼品质

许多事情看着别人做很容易，似乎不费什么事儿，感觉自己做也没啥问题，但真的等到了自己上手的时候才会发现执行力常常是制约我们发展的主要因素，很难做到精细、精准与精致。

据说兰州拉面有七个标准：大宽（两手指）、二宽（一手指）、类韭菜叶子、二细（四毫米）、三细（三毫米）、细（类铅笔芯）、毛细（类细铁丝）。这就是精细标准的生动例子。

1.精细是指精密细致，一丝不苟，注重细节，尤其是在细节上的关注与处理，表达上的准确与周到。精细的背后是一种工作态度和工作品质，做到细致入微，精心设计，精细处理。

精细教学的"五学"修为：

了解学情，做好学生的良师益友；

调动学趣，让学习成为自己的事；

指导学法，夯实继续深造的基础；

提升学识，引导深度学习的契机；

滋养学旨，落实核心素养的培育。

2.精准包含三层意思。第一层意思是非常准确、分毫不差，强调目标与结果的高度契合。精准导学就强调使用科学有效的程序和方法，对学生进行精准识别、精准帮助和精准管理，便于进行个别化辅导、激励性支持和精神引领。第二层意思是决心坚定、意志坚强，不因外界条件而动摇，不因困难挑战而退缩。第三层意思是精密确切，针对问题产生的原因，侧重于细节的准确性和严谨性。

什么是真正的成长？用精准的教育语言就是在任何一个时段、任何一个场合，不管面临任何困难，都在坚持不懈地努力进取，奋力拼搏去成就最好的自己。

3.精致不仅指一件物品的设计、制作精美，也指它的工艺精巧，具有艺术性和观赏性，更重要的是它的内在品质。如果评价个人精致，具有四重寓意，即礼貌、教养、内涵与品味。

精致教育包括了精致教师、精致学生、精致课程、精致教室、精致操场、精致校园、精致品质等概念。

精致教师的成长格言：优秀是自己的追求，而非领导的要求；成长是源于内在的需求，而非外部的要求。

论精致教师专业成长的"六心"修炼：

（1）虚心学习，比较行业位次，发现同行优势，提升专业素养；

（2）用心观察，常见细节入手，发现身边案例，积累教研素材；

（3）安心教学，尊重主体地位，探索教学创意，完善导学设计；

（4）热心研究，反思课改经历，感悟教育规律，提炼实践智慧；（5）静心写作，提升学识见解，形成教学主张，推出学术成果；

（6）潜心事业，牢记使命初心，追逐教育梦想，创造精彩人生。

论精致教学的十个参考指数：

学习目标达成度；

课堂展示充分度；

概念解读精准度；

主题探究拓展度；

学习活动参与度；

师生情感融洽度；

批判思维深刻度；

心理体验愉悦度，

有效评价激励度；

学生需求满意度。

论精致教师坚持修炼的十个"度"：

（1）潜心阅读，专业积累有厚度；

（2）开阔视野，联系生活有宽度；

（3）批判思维，学识见解有深度；

（4）整合教材，导学创意有亮度；

（5）问题导向，有效提示有效度；

（6）解疑释惑，课堂精讲有力度；

（7）严于律己，师德修炼有硬度；

（8）人格魅力，君子修为有风度；

（9）守望杏坛，教育情怀有温度；

（10）终身学习，专业发展有高度。

四、智慧校园，为精致教学插上翅膀

学校完善开发了智慧校园平台，通过大数据跟踪分析，从入学到毕业的所有教学监测都有数据跟踪，为精致教学提供了数字依据，为个性化教学提供了技术保障，使课堂教学更具实效性。

在教学质量分析中，既有年级、班级、小组的总体成绩分析，又有学生个人每个学科的精准分析。能够描绘出年级、班级的上行线、下行线和波动线，从中发现优势学科、一般学科和薄弱学科，同时坚持找出学生的出彩点、增值点和薄弱点，然后制定个性化的帮扶方案。每个学生的每门学科都要有一个保底线、一个努力线和一个希望线。

在精准分析的基础上，学校坚持"精教细学"，把学生分为四类，即尖子生、希望生、特长生和进步生。把他们混编为学习小组，推进合作学习，实现优势互补，促进共同成长。依据学习金字塔的原理，最有效的学习是教会别人，学校搭建平台、提供机会，让不同层次的学生都有机会当小先生，调动学习热情，锻炼表达能力，展示个性才华。

为每一位学生"精打细算"，建立三本制，即课堂笔记本、阅读摘抄本、作业纠错本。强调课堂教学的精准指导，作业设计的精准练习，教学反馈的精准评价和教学互动的精准激励。精打细算包括学业进步的精打细算、时间安排的精打细算、学法指导的精打细算、品质培养的精打细算和帮扶时间的精打细算。

智慧校园平台尝试为每位学生做"毕业画像"，进行性格分析，指出优势所在和潜能所在。同时尝试进行职业规划，帮助学生更好地认识自己，初步做好自己的职业规划。

五、精研苦练，让精致教师快速成长

青年教师是学校发展的未来和希望，教师的茁壮成长为学校发展提供人力支撑。为此，学校实施了"青蓝"工程，为每一位青年教师配备一位师傅，进行业务指导和师德帮扶，在师徒结对中进行"苦练"，要求备好每一节课，聆听每一节课，研讨每一节课，打磨每一节课，出彩每一节课，做到"一课五练"。同时，为青年教师建立成长档案，提供成长平台，量化工作成效，促进快速成长。学校还配套实施了"群雁工程"和"头雁工程"，结合名师工作室的设置，由教师发展中心统一协调，统一部署，统一评价。

学校提出精致教研的"四化"要求，即教研常态化、活动项目化、拓展主题化、成果课题化。"教而不研则浅，研而不教则空"，这句话生动说明了教学与教研的关系。如果一个人只注重教学而不进行深入研究，那么他的教学将会显得浅薄；相反，如果一个人只进行研究而不将研究成果应用于教学，那么他的研究将会显得空洞无益。常态化教研着眼于日常教学的状态，在组织学习的基础上，开展教师读书活动和岗位大练兵活动，同时加上研究的色彩，丰富研究的内涵，提升研究的价值，明确研究的导向。岗位练兵包括师德培训、教学技能、实验操作、教具制作、教学设计等内容，涉及教学教研的方方面面。活动项目化，在大家习以为常、不以为意的问题中发现研究的问题，并把这些不起眼的问题分门别类进行梳理。把问题进行归类，把专题进行提炼，通过问题专题提升研究主题。

学校组建名师团队，围绕课程改革实施的课题，进行课题攻关，破解课程障碍，总结课改经验，努力打造精致教育的品牌。